竹内好という問い

竹内好という問い

孫歌

岩波書店

まえがき

本書は、竹内好を主軸にして論じたものである。ある意味では、私と竹内好の「格闘」の記録でもある。

歴史において問題とすべき人物(以下、歴史上の人物と略す)との出会いというのは、人文学の研究者にとって一種の宿命のような出来事なのかもしれない。とはいえ、このようなプロセスは必ずしも意識化されず、問題化されてもいない。だから、歴史上の人物に「出会う」や、その人物とどう向き合うべきかという問題に往々突きあたる。

歴史上の対象人物を扱う基本的な立場は、しばしば見受けられるところでは、つぎのようないくつかのパターンに纏められよう。

その一、そのような人物から教わることが多いところから、ある種の崇拝に近い感情が生まれる。やがていつの間にかこの人物の目で世の中を見、物事を判断するようになり、果てはこの人物の口真似さえをもするに至る。その二、逆に、人々から崇拝されているその歴史上の人物の言説に対して反発し、この人物の私生活の検証などによってその「人間性」を明らかにし、そのカリスマ性を壊そうとする。この種の反発は、当の歴史上の人物に対してというより、しばしばこの人物に関する研究などに対して発せられたものであるほうが多い。その三、歴史上の人物は自らが生きた歴史の行く末を知ることなくこの世を去る。後に生まれその結末を知っているわれわれの眼からみて、当時の彼らの判断はその後の歴史の成り行きとの間にズレを生じていることも少なくない。そのズレは、しばしば政治判断の過ちとして現れる。そこでこのズレに対して、裁くか、弁護するか、それとも同情的に理解するか。――歴史的事件の結末を知り、有利な立場に立っている後人としての研究者が、前人の「歴史的限界」をどう処理するか、ということ自体が、研究の中身になることさえある。その四、その歴史上の人物の言論によって、ある種の知的カテゴリーが構成されてきたとして、その人物を批判することによって、既成のそのカテゴリーを乗り越えて、新しい知的展開を図ろうとする。いわゆる「批判的継承」というのが、このパターンであろう。

以上のような四つのパターンは、さらに諸々のバリエーションを生み出している。竹内好についての研究は、おそらく第三と第四のパターンで行われる傾向がつよいと思われる。現に、戦後日本の中国研究者は、彼の「魯迅」や「現代中国論」から再出発したため、彼を批判的に継承するというスタンスを確立した。

おそらく日本の中国研究者にとって、竹内好は疑いなく重要な存在であった。ただし、竹内好をどう認識すべきか、という議論より、竹内好をどう乗り越えるかという発想のほうが、彼らにとっては遥かにリアリティに富んでいると思われていた。というのも、竹内好はいまだに、中国文学研究の分野では古典になっていないからだ。竹内好の時代はあるいは終わったかもしれないが、しかし、竹内好の思想課題は過去形になっているわけではない。まさにこの遺された一連の課題にぶつかったとき、それが私にとって竹内好との出会いのときであった。

文学者たちはしばしば、「歴史上の人物と邂逅する」といった意味のことを口にする。それは、あたかも生存中の人間と出会うかのように、文献の中の歴史人物との対話を想像の空間において求めることを指している。半世紀前に、このモチーフでもって、「昭和史論争」の口火を切った文芸評論家もいた。そしてまさにこの「邂逅論」が、歴史学の側からの激しい反撃を招いた。その理由は、歴史学の立場から言えば、時代の文脈を無視して、歴史上の人物に隔たりなく邂逅するということは、つねに「歴史」そのものを解消する危険性を孕むというにある。ただその挙句に、歴史学は文学と異なり、人物の心理を描く学問ではないといった類の結論しか出せなかったのは、「昭和史論争」のもっとも不毛なところだったといわざるを得ない。「出会い」を排除して始めて歴史の法則性が見えるとか、歴史上の人物との邂逅なるものはただ人間の心理描写の場面にすぎないとか、このような単純化された理解の上にこそ、歴史学の弱点が露呈していたというべきかもしれない。歴史学は確かに文学研究とは異なるが、そもそも歴史学の「客観性」というものは、想像力の排除を意味するのか、それとも想像力を文学とは異なる方向へ働かせることなのか——このこと自体はすでに議論されるべき問題であるだろう。

思想史研究が歴史学に属するか否かは、さして重要な問題ではないかもしれない。思想史というカテゴリーについての定義はここでの問題にはならない。そしてまた、思想史研究のパターンがひとつでなければならないという必要もないであろう。ただ、思想史研究者にとって、歴史上の人物を扱うことが避けられないということは、誰もが否定できないであろう。なぜなら、思想という行為は個体から離れては発生できないからだ。しかし思想史研究においては必ずしも歴史上の人物そのものに出会うことは必要とされない。現に、歴史上の人物の言論の一部を選択しながら、異なる文脈においてある種の言説空間を新たに再構成する、といった思想史著作が少なからずあるし、そのなかに優れたものがあることも否定できない。ただし、この場合には、研究対象の全体像をつかむ必要は必ずしもないし、対象のもつ思想的ロジックもある程度無視されることになる。

かくして歴史上の人物の「全体像」が不在であることによって、研究主体と研究対象の間の架け橋は絶たれることになる。かりに思想史上の人物の言動だけをその全体像から切り離して扱う場合でも、その人物が組み込まれて存在する思想史の文脈を無視することは決してできない。個別人物の置かれた歴史状況に対する深い洞察力が欠けていれば、その思想史研究には観念的な「思想」はあるとしても、「史」は欠けることになるからだ。そういう意味において、歴史上の人物に「出会う」ということは必要である。それは「史」に深く入るための一つの入り口なのである。

思想史人物には、諸々のタイプが存在している。人間は矛盾を抱えていないものはないが、すべての歴史上の人物が必ずしも自己の矛盾を問題化するわけではない。むしろそれを控えて現実の立場と思考の内容との間に一貫性を保つことのほうが、より容易であろう。しかし竹内好はこのようなタイプの人物ではなかった。彼は生涯をかけて、自分の抱いた思考の矛盾を問題化し続けた。そのために、彼は既成の概念をそれぞれの文脈から解放して、新たな文脈において作り直した。竹内好の「論理」は、彼と似たような思考のプロセスを経ていなければ、おそらく十全には理解できないであろう。諸々の概念をまるで生まれたばかりのような新鮮な状態に戻す、というほぼ不可能に近い努力を、竹内好は見事に果たしていた。竹内好の論文と向き合ったときの緊張感は、このような竹内の努力から生じているといえよう。そうである以上、竹内の思想世界の全体像を摑むことなしには、彼の言説の一部を正確に把握することさえ到底無理である。

かくして、総身の竹内に総身で向き合うことが必要となる。

ところが、おそらく厄介な問題はここから生じる。そもそも竹内好に向き合うということは、一体どのような行為をいうのであろうか。彼に没入し、彼の口調で彼の語りを語るということが、彼に向き合うということになるわけではない。なぜならば、「出会い」とは、自分だけではなく、相手も主体的にかつ流動的に存在する(すなわち「生きている」)という前提のもとでのみ、発生する行為なのだから。すなわち、竹内好に出会うということは、研究主体と竹内好とが、互いに「他者」にならなければならないということを意味するのである。

文学研究の場合とは異なり、思想史的「出会い」には「人間研究」だけではなく、「歴史研究」という狙いが横たわっている。想像力は、思想史的に働く場合、人物だけに集中するというわけにはいかない。言い換えれば、思想史的に歴史上の人物に出会うというときには、出会うのは具体的人間というよりは、その人間の思考論理の全体像であろう。このような「全体像」は、決して個人的なものに止まらず、歴史的なものでなければならない。その全体像との出会いによって、研究者自身が歴史に入る行為が可能となる。ただしそれは、個別性から一般的なものを抽出するといった行為ではなく、歴史上の人物が抱えた内在的矛盾、および歴史上の人物と時代の間に存在していた緊張関係の中から、いまだ見えてこない思想史的要素を練り上げることであろう。そしてこの場合には、歴史上の人物が「生きている」からこそ、既成観念からはみ出した思想史的要素を発見するチャンスが生まれる。研究者の思想史的な敏感さは、歴史上の人物の「他者」になることによってはじめて鍛えられるといえるのかもしれない。

竹内好の文学の世界は、「出会い」によってはじめて入れる空間である。しかしそれは決して竹内好という人物を調査し、その人となりを理解することを意味しない。「出会い」を現実生活の位相で理解するのは、思想史的な創造性を抹殺することになる。このことは、竹内本人が魯迅との出会いによって見事に示したことであった。竹内好は「他者」に対して厳格な思想的手続きを踏んでいる。それは、「『中国文学』の廃刊と私」からはじまり、『魯迅』を経て、「近代とは何か(日本と中国の場合)」(初出は「中国の近代と日本の近代——魯迅を手がかりとして」)に至って形成された「自己否定」の手続きである。この「掙扎《そうさつ》」と名づけられた手続きは、ほかでもなく、自己と他者の「出会い」の仕方そのものを暗示している。それは、「近代とは何か」の中で、竹内好が魯迅を通して強調したような「彼は自己であることを拒否し、同時に自己以外のものであることを拒否する」というスタンスとなる。すなわち、他者という媒介によって自己解体が行われながらも、他者に追随しない形で自己を再建することである。かくしてこのような再建が他者を他者としての自足性から解放し、自己を自己としての排他性から自由にする。このような「再建」は、結末のない永遠の革命でなければならない。言い換えれば、自己と他者の出会いは、一つの流動的な「場」として前述の二重の意味での「拒否」を果てしなく生み出さなければならない。竹内が繰り返し「中国」という他者は自分にとって肉体的な苦痛を与えるときこそ他者になる、ということを強調したゆえんである。この手続きこそが、竹内の精神世界に入る唯一の入り口に違いない。そしてこのような二重の「拒否」によってはじめて、竹内との思想的な出会いが可能になるに違いない。

竹内は身を以て歴史に入ることの困難さを経験した。彼は「近代とは何か」の中で、競馬の喩えによって、生きながらも同時代史に入らない「傍観者」の立場を戒めた。それをただ日本の「優等生文化」批判として理解するならば表面的であろう。歴史に入らないことによって優等生ないし先駆者になれる。逆に、歴史に入ることによって先駆者になれない。このモチーフは『魯迅』の基調に繋がっている。竹内の生涯の思考において、このモチーフは持続しているのであった。六〇年安保闘争期を除いて、竹内はほとんど啓蒙者を演じてはいなかった。彼は日本の「あるべき姿」についてほとんど語らなかったし、日本の未来についても予言しなかった。逆に、彼は日本の近現代史におけるもっとも混沌たる部分にコミットしようとし、そのコミットによって少しでも歴史を変えようとした。「近代の超克」、日本の「アジア主義」をはじめ、竹内好は歴史的に評判の芳しくない脈絡を摑んで離さなかった。彼は日本の民族独立や民主主義の根元を明治思想(明治天皇の五箇条の誓文までも)の中に執拗に探索しようとした。同時代においても現在においてもこのような発想によっては到底啓蒙的な先駆者にはなれないだろう。現実の結果から言えば、竹内は歴史を書き換えることには成功しなかった。しかし彼が後世に残したもっとも生産的なテクストはまさにこのような不成功な試みそのものであったのだ。彼のむしろ拙い表現から、今日のわれわれは依然として貴重な何かを読み取れるのではなかろうか。

かくして問題はさらに進む。このような竹内好とは、我々が一体どのようにして「出会う」ことができる人物なのか、と。

竹内好が魯迅と出会ったのは、「中国文学研究会」が解散し、雑誌『中国文学』が廃刊になった頃だった。それまでに、彼は「魯迅論」を書いたとはいえ、会の解散までには、出会いは発生しなかった。中国文学研究会は九年間続き、雑誌は八年間刊行された。いわば竹内好は自分の青春時代のすべてをこの会にかけた。一〇年近くの歳月を費やして後、彼は一つの真理を身につけた。人間が全力をあげて闘い、自ら新しい世界を創造しようと意図するにもかかわらず、物事は自分の考えどおりにはならない、むしろ主体の意図と客観的結果が不一致であるほうが現実的ではないか、という認識。この真理は若い竹内好にとって、歴史そのものの力を認識させる鮮烈な契機となった。

果てしなくかつ混沌たる歴史の動きのなかで、すべての主体は目に見えない力関係の磁場において始めて行動でき、その主体と主体の間に、意志の格闘があって始めて歴史の動きが可視的になる。どの主体も自分の意志を歴史に押付けることができないのは、歴史が無数の主体の行為の格闘によってつねに変動しているからである。接点が見付からない支那学者たちとの不毛ともいうべき思想的論争をへて、竹内は二年間の北京留学の間に歴史に拒絶されたという焦燥感を強めていたが、その焦燥感の中で「生のための死」という断崖の選択をあえてした。自分の青春時代が刻印されている中国文学研究会を解散し、この一〇年間の活動に断然たる区切りをつけたのである。それは、竹内好にとって、魯迅と出会う前提条件が整った、ということだった。

今日、歴史上の人物を扱うにさいして、人は往々にして裁くか弁護するかの対立的な二パターンに陥りがちである。それは「歴史的批判」と「歴史的肯定」とを惰性的に固定化する思考様式であり、「出会い」のためには大きな障害となっている。なぜならば、そのいずれのパターンも歴史認識としてある種の価値判断を絶対的な前提としたものであるから。しかし竹内好と魯迅との出会いは、そのどちらでもなかった。竹内は自分の一〇年間の思想遍歴を踏まえて、魯迅の生の苦悩に近づいた。その苦悩こそが、思想家魯迅を生み出したものなので、魯迅の思想営為そのものよりも根源的なものだと竹内には見てとれた。この生の苦悩とは、個人的なものでありながら、歴史がそこに投影されているからこそ、竹内はそこから鋭く中国の現代史を感じ取った。歴史に入るという強い願望のため、竹内には魯迅を説明するだけでは満足できないものがあった。

興味深いことに、同じ竹内の手による他の時期の魯迅論と比べれば、一九四三年の『魯迅』はユニークであった。そのユニークさは、このテクストがただ竹内と魯迅の出会いの場となっていて、魯迅を解明する目的などは副次的なものであった、という点にある。

魯迅を他者として、竹内は自分を魯迅に投入した後、再び自分をそこから「取り出した」。その行為によって、『魯迅』において、竹内と魯迅は研究者と研究対象という既定の約束を破り、思想的な「共同生産」を行い、新たな思考の道を開いたのであった。『魯迅』は決して客観的な魯迅研究ではない。魯迅に属しながらも決して魯迅に還元できないような何ものかが、そのテクストの底に横たわっている。それこそ、『魯迅』を通しての、竹内と魯迅の出会いの成果といえよう。その出会いから生まれたのは、魯迅の「時代」と竹内の「時代」の深い課題意識であり、その課題意識はただ単に魯迅のものでもなければ、竹内のものでもない。それはその深さの故に、当時においても後世においてもつねにさまざまな具体的な問題意識を喚起し、そして吸い込むことになる。

ところで、われわれにとって、同じようなプロセスで竹内に出会うことは果たして可能であろうか。このことは思想史の理論の問題というより、むしろ現実の実践的な問題である。この実践的な問題とは、おそらく次のような問いかけを意味する――今日という時代を生きるわれわれにとって、竹内は必要なのであろうか、もし必要とすれば、なぜ必要なのか。

竹内は魯迅と同様、裁くことも弁護することもできない人物である。彼がもし過ちを恐れない人間であれば、過ちを鞭に彼を責めることは意味をもたないだろう。彼が論争や対話で自己弁護をすることなく真剣に相手の批判を受け入れるなら、後世の弁護も余計なお世話となるだろう。しかし、その竹内の個人的な素質よりもさらに重要なファクターがある。抽象的な政治的正しさを自分の思想原点にしなかった竹内好は、だからといって決して無原則な人間ではない。むしろ、かれほど原則にこだわる人間は少ないであろう。ただし、竹内がこだわっていた思想的原則は、観念によって構成されたドグマではなく、複雑な現実状況につねにコミットできるような闘いのダイナミズムそのものであった。これは決して日和見主義ではなく、むしろ日和見的な無原則の立場に対立するものである。竹内にとって、戦争責任を始めとして、戦後日本の民主主義、民族問題などすべての大きな政治思想課題は、ただ額面通りに、表象に従って解説すればすむというものでは到底なかった。日本の歴史状況や社会現実は、決して舶来の概念によって把握できるものではなく、これらの概念はいずれもある種の「転換」の手続きを経なければ、分析の道具として役には立たない。竹内は、生涯、諸々の外来的な概念を、すでに定着された文脈から「解放」するために命をかけた。その試行が同時に、竹内をして歴史に向き合わせる行為ともなっていたのである。

竹内は、このようにして、裁きや弁護を無効にしうる「歴史へのコミット」という力を備えていた。ここには、彼の個人的な素質に還元できない思想的原理が介在している。思想はそれが創造的であるためには、歴史にコミットすることを避けては通れない。そしてこのような行為は、固定化された観念によっては決して行われ得ない。竹内において「歴史とともに揺さぶられる」という行為を可能とした条件を想起しよう。それは、先駆者にならないこと、そして「あるべき姿」を語らないことである。

もしも竹内における「原則」あるいは「原理」が、歴史にコミットするというところにあるとすれば、彼にとっての「歴史」とは、一体どう理解すればよいのであろうか。

一九五七年に書かれた「アジアにおける進歩と反動」は、竹内好の歴史観を語ったものである。彼はアジアの歴史から考えれば、ヨーロッパ啓蒙主義歴史観に出自する進歩と反動の指標は、そのままでは決して有効ではないと指摘した。「アジアにおける進歩とは何か。それは西欧的進歩と同一物と考えていいか」と。そしてさらに、「進歩の観念は歴史的に形成されたものだから、当然人間の努力で変えうるはずだ。どう変えるか。指標を単純化したためにイデオロギイ的に評価が分裂したのだから、包括的な複数の指標を立てるほかに救う道はない」と提案した。興味深いことに、引き続き、彼は丸山真男から出された歴史の進歩に関する「複数の指標」(丸山はテクノロジーの進歩、大衆の勃興、アジアのナショナリズムという三つの指標を提出した)に控え目ながら疑問を呈する。丸山のバランスのとれたこの指標は、当時の日本における「呪文を暗誦するような進歩主義」への批判としては意味をもつものの、アジアの現実に合致していない部分があることは否定できない。すなわち、「複数の指標」を並べるだけでは、「進歩」や「反動」をイデオロギーの対立から救うことはできない。竹内はさらに上原専禄を引用しながら、自分の意見を述べた。彼はアジアのナショナリズムに独立の価値を認めなければ、ガンジーや孫文に対しての評価が偏ったものになり、包括的な評価が到底できない、と。なぜならば、竹内はアジアのナショナリズムの底に流れているアジア的心情は、もっと本源的なものであり、そこからこそ進歩が可能か否かについての問いが発生すると考えるのだから。ここでは、竹内の複雑な立場が見えてくる。ガンジーと孫文を生み出した「アジア」の歴史は、決してヨーロッパ式の進歩主義に嵌め込めることはできない。しかし、その一方で、アジアの人々にとって、土着の保守的流儀に対抗するためには、ヨーロッパの思潮を生かさなければならない。ただし、そのような思想闘争においては、ヨーロッパの思想の役割はせいぜい「生かす」程度までのことであることが忘れられがちであり、アジアの人々はヨーロッパの思想ないし思潮を絶対化し、そのようなドグマ主義の態度を「進歩」として理解する傾向さえ生じる。まさにそのような「進歩主義」に対して、竹内はアジアの本源的なものからは、「進歩が可能か」という疑問も発生しうると注意を促した。

竹内の時代において、今日のような「ナショナリズム批判」という流れが発生する余地はなかった。しかしだからといって竹内の右の議論を時代遅れとすることができるだろうか。同じ文章の最後に、竹内は上原のつぎの鋭い指摘を踏まえて、アジアの「実情」に目を向けた。「「ナショナリズム」というと、アジアの場合でも、アフリカの場合でも、なにかちゃんとした「国家」というものや、「民族」というものが、存在していて、その「国家」なり「民族」なりが、ヨーロッパの植民地主義にたいして、自己主張をやるように、理解されるかもしれません。しかし、こういう理解のしかたは、はなはだヨーロッパ的なのであって、アジアやアフリカの実情には、多くの場合、合致していないのです」(上原専禄『世界の見方』七四―七五頁)。

同じ方向において竹内は、ヨーロッパ的価値が進歩を独占すれば、例えば魯迅と林語堂のフェアプレイ論争で、フェアプレイに反対した魯迅はその限りでは反動であり、西南戦争の反革命巨頭である西郷隆盛も反動であった、と指摘し、進歩と反動は具体的状況に応じて互いに転移するという興味深い問題提起をしていた。そこで竹内は、アジアにおける進歩と反動を歴史の状況に応じて再定義するように、と要請した。

『魯迅』において発展段階論を拒否した竹内好だが、歴史に「進歩」があるという主張は拒否していなかった。竹内はまた「進歩」とは人間の幸福であるという説明も加えていた。しかし彼の認めた「進歩」と「反動」は、絶対的な価値判断ではなく、時として反対の極に転移もできるような歴史的動きでしかない。竹内にとって、「進歩」という啓蒙主義の普遍的価値は、アジアの歴史を解明する場合の媒介に過ぎず、前提ではない。逆に、彼にとってのアジアの歴史は、ヨーロッパ式の合理主義進歩史観を壊すための手段ではなかった。もしもヨーロッパの歴史主義と啓蒙主義の複雑な対立関係の中に竹内好の主張を嵌め込んでしまうならば、おそらく彼の真意は発見できないであろう。ここでは、ヨーロッパに対抗するか否かは問題にならなかった。それよりはるかに重要な問題は、アジアの歴史が、ヨーロッパ出自の価値判断にそのまま適応しないという事実から、アジアの歴史の中においてヨーロッパをも「歴史化」しようとした、ということである。ヨーロッパ史の産物として、「近代」を初めとした諸々の概念は、アジアの歴史の中では決してヨーロッパ史のなかでと同じ位相や同じ意味合いを持たない。そればかりではなく、場合によっては正反対の意味合いさえもつ。概念がそのまま現実に適応しないという現象から、竹内はさらにアジアの歴史のあり方を追究した。

今日の視点からみれば、竹内のいう「アジア」および「ヨーロッパに対抗するナショナリズム」というカテゴリーは粗末なものと言わざるを得ない。「進歩」と「反動」の概念は歴史化されたとはいえ、竹内の表現の中で「アジア」はかなり観念的なものだった。さらに、彼にとって、「民族」ないし「国民」は複数的な存在ではなく、日本のアイデンティティも単一なもののように見える。今日の思想風潮から見れば、竹内がいかにも「国士」のように見えるのは不思議ではない。

しかしながら、もしもわれわれがそれらの粗末なカテゴリーに囚われず、そしてそれらに頼らずに竹内の精神世界に参入する能力をもっているならば、問題はおそらくそれほど単純明快ではなくなるだろう。なぜならば、かりに竹内の口から出るこれら一連の粗末なカテゴリーを消去したとしても、彼にはなお、語り続けることができる本領が厳としてあったから。「それぞれの特殊の用語を呪文のように暗誦できる能力をもっぱら進歩の指標に採用している」(「アジアにおける進歩と反動」)進歩主義とは異なり、竹内好にとって、言葉(=概念、カテゴリー)だけにこだわることは歴史を犠牲にする危険性を伴なっているに違いない。生涯にわたって、言葉に裏切られることを警戒しながら言葉に生命力を注入し続けた竹内好は、すべてのカテゴリーに対して、逆説的な態度を取っていた。その態度とは、カテゴリーの流動的な「生きている」部分は定義によって固定化される(場合には殺される)ことを承知したうえで、あえてその固定化のプロセスと格闘しながらカテゴリーを使うというものであった。竹内好が頼っていたのは、言葉によって表出されたカテゴリーではなく、言葉がうまく表出されていない「歴史感覚」そのものに違いなかった。強いて言えば、歴史感覚は言葉に宿っているのではなく、言葉の流動性に宿っている。竹内は、その流動性を目指しながら、「アジア」を始めとした一連の概念を駆使していた。当然なことで、竹内にとって、これら一連の概念は出発点でもなく到達点でもなかったのである。

竹内好は歴史家ではない。がしかし、彼は深い歴史洞察力を備えている。彼にとっての歴史とは、激しく変動しつつある「状況」そのものだった。このような竹内に出会うためには、歴史に対する敏感さが要求されるであろう。果たしてわれわれには、概念から出発しない勇気と能力があるのか。果たしてわれわれは、額面通りに史料を読むことを越えて、歴史の動きを読むことができるのか。そしてそれによってわれわれは竹内のように、同時代史の状況性から真の思想課題を練り上げることができるのか。竹内好を、裁くことも弁護することもできないゆえんである。そしてこの事実を認めてこそ、はじめて竹内との出会いが可能となる。おそらく独り竹内だけではなく、すべての歴史上の人物に「出会う」ためには、このような自問が必要であろう。裁くことや弁護を止めたときに、初めて歴史上の人物の「原理性」が浮かびあがってくる。というのも、その原理性にこそ、歴史の論理が潜んでいるからである。

竹内好は、日本における現代中国文学研究という領域の創始者だった。ところが、彼を学者として位置づけることはほとんどなされてこなかった。なぜならば、彼の書いたものは評論の色彩が強く、中国を理想化しすぎていて「客観性」に欠けているからである。戦後のある歴史段階においては、竹内好を乗り越えて中国研究を発展させる必要があり、事実、竹内好を乗り越えることによって日本の中国研究は新しい展開も遂げていた。

ところが、この状況自体も一種の「歴史的な現象」にすぎないということを忘れてはならないし、それを絶対化することはもっと許されないであろう。今日の学問には竹内が必要なのか、それとも彼は学問とは無縁な評論家なのか。この問題はおそらく日本の中国研究だけに止まらず、今日において緊急のより一般的な問題として我々に迫ってくるのではないか。

学問の制度に関する議論は盛んになった一方、学問の「想像力」に関してはいまだに問題化されていない。現に、歴史的洞察力を伴わない「客観的研究」が、資料の面白さによりかかって思考の貧弱さを覆い隠しているという例も少なくない。このようなことはおそらく、世界的な現象とはいえよう。このような精神風土においては、出来上がった観念をしばしば安易に歴史に嵌めこむことはあっても、観念そのものが歴史の状況の中で成長を遂げるということはできないのだ。

竹内好が学問を「評論化」させてしまったという弱点は否定できない。がしかし、今日の形骸化されつつある学問ないし「思想」を考えたとき、再び竹内に戻る必要は本当にないのであろうか。現に、歴史上の人物としての竹内好がアカデミーの世界で扱われにくい存在であるというそのことが、すでにこの「戻る」ことが要請されているということそのものなのではあるまいか。竹内の世代と比べて、いまのわれわれが歴史上の人物に出会う能力は明らかに衰退しつつある。そのことはある意味では、我々が状況の流動性から遊離して、観念の世界に安住しがちであることと表裏の関係にある。観念の世界に安住できるということは、観念の安定性を前提としている。今日われわれが使っている概念のほとんどが欧米伝来ということを考えれば、観念を「歴史化」させるプロセスがいかに重要かは自ずと明らかであろう。もしも竹内好を今日に蘇らせることに意味があるとすれば、それはなによりもまず「観念」の安定性を崩し、歴史的にそれを相対化するところにあるに違いない。

本書は竹内好に出会うことの試みであった。竹内に「内在する」というプロセスを経て、自分自身を竹内から「取り出」そうとした。そのような格闘のなかで、もっとも困難であった作業は、竹内の弱点をどう指摘するかではなく、むしろ逆に、竹内言説の真の生産性を発見することによって、自分の思想的創造力をどう養うかということであった。このことは困難の極みであった。なぜならば、その竹内に対する発見とは、竹内個人から何かを学ぶのではなく、竹内を媒介にして、自分の中にもある根強い「アカデミー根性」の惰性と向き合うことだったから。言い換えれば、自分自身の惰性的思考パターンを崩さないかぎり、竹内の中に何ものも発見できないのである。

竹内は日本にはアカデミーがないと放言したことがある。彼は日本の支那学に対する厳しい視線をついには日本の学術全体にまで及ぼそうとしていた。その判断が正確であったかどうかはともかくとして、竹内がアカデミーに創造力を期待し、挙句に落胆したという事実は、留意されるべきである。学問を知識の累積として理解するいまの「常識」に頼れば、すべての観念は安定している。このような情況においては、「変化」や「流動」さえも言葉としては安定したものとなってしまう。今日のように歴史が加速している時代において、もっとも変化が乏しい領域はアカデミーをおいてほかにはない。その乏しさは言葉が変動しないという意味においてではなく、変動しているかのように見える言葉においてさえ、その「変動」は直観的な感覚のレベルに止まっており、結局何一つ変わらない、ということによるものである。言葉の流動性から新しい言葉を生み出すのではなく、固定化された言葉を「改造」することによって、新たな固定的な言葉を作り出すだけだ。かくしてアカデミーの世界はつねに安定した概念によって激動的な現実を分割し、静態化させる。竹内はかつて、惰性的なアカデミーの世界と闘った。一七巻の「竹内好全集」(筑摩書房、一九八〇年九月―一九八二年九月)は、その闘いの記録であった。その闘いは、はたして安易に「学問ではない」ということで片付けられてしまっていいのであろうか。

そもそも竹内好の精神はいかにして学問的な栄養に転じ得るか。緊張感に満ちた学問というものはあり得るのか。学問的な「批判」とは一体何を意味するのか――さまざまな疑問が、竹内との出会いによって生み出された。竹内好に吸い込まれないように、私は研究対象との格闘を余儀なくされた。その格闘の結果、「批判」という作業に関していままでにない感覚が得られたことは、意外な成果であった。

一般的には、「批判」という行為は相手の過ちを暴露あるいは否定することによって自己自身の正当性を主張することと理解されがちである。特に歴史上の人物において、その当時には見えなかった情況が後人には見えるというような場合には、なおさらそうなりがちである。このイデオロギー闘争に基づいていた「批判モデル」は、ほとんど媒介なしに学問の領域で使われている。竹内好にそのようなあと知恵の「批判」を加えるのは、おそらくたやすいことであろう。ところが、このような「批判」は、過ちに対する恐怖感を生み出すことはできても、竹内好を歴史化することはできない。なぜならば、歴史化するということは、あと知恵の価値判断に従うことと絶対に相容れないことであるから。同じように、同時代史にコミットしようとすることも試行錯誤の繰り返しを避けられないだろう。裏返して言えば、批判という行為は、歴史的な論理を踏まえないかぎり、歴史認識や現実認識に関係することができない。とすれば、もし静的な概念によって現実を分割するといった惰性的な知の習慣から自分を解放したいと思うならば、あと知恵による静的な「批判」などはどうしても拒否されなくてはならない。

われわれの文化の中で、「批判」という思考様式についての検討は、残念ながら欠けているといわざるを得ない。批判という重要な知的生産様式が安易に「正しいか否か」といった安っぽい判断に置き換えられるというのが一般的である。われわれの文化において、自分の研究対象に「正しくない」という指摘を加えなければ、弁護あるいは礼賛と見られてしまうといった危惧をいだくことさえある。ところが、自らの問題性を持たず、ただカントの「批判」の定義を借りてくるだけならば、およそこのような現状を改善することはできないであろう。「批判」が生産性を持つか否かは、何を基準とするかということと大いに関係があるが、我々がなじんできた基準とは、歴史的、現実的に練り上げた、生きている理論判断というよりは、西洋から借りてきた理論の結論が圧倒的多数であるだろう。まさにそのことが原因になって、その結論から遊離することが恐れられ、「正しさ」への欲求が異常に強くなるのだ。生産的な批判を行うためには、生きている理論感覚が欠けていてはいけない。まさにその感覚の欠如によって、我々の文化においては「正しさ好み」が圧倒的な風潮になっている。このような「好み」から生み出された議論ないし批判というものが、いかに不毛なものなのかは、日ごろの学問の世界の状況を一瞥すれば充分にわかることだろう。

竹内好は戦後まもなく書いた「近代とは何か(日本と中国の場合)」で、あたかもこの現象を予見していたかのごとく、次のように論じている。「観念を取り出すのが科学的だと思っている学者は、科学的という観念のなかにいるだけである。人間を取り出すのが文学であると思い、人間は究極には取り出せると信じている文学者は、文学という観念のなかに人間を押しこんでいるだけだ。かれらは、かれらをのせて動かしている場については、考えない。もし考えれば、かれらの学問なり文学なりは成立しなくなるから。(中略)日本で学者になるには、あらゆるものを疑っていいが、最後の疑いだけは疑ってはならぬ。もし疑えば、かれは学者でなくなるから」と。

その「最後の疑い」とは、小さく言えば、竹内好がかつて支那学者との論争の中で引っ掛かったいわゆる「学科意識」への疑いであり、大きく言えば、内外を問わずすべての知的遺産を静的に「応用する」態度への抵抗であろう。竹内好のこの「疑い」こそが、知的生産における「批判」のあり方そのものを指しているのである。それは、何よりも歴史感覚(ここでいう歴史感覚とは、歴史をイメージとして捉える意味ではなく、流動的な情況から思考を生み出す感覚である)によるものであり、史料を理論の結論に当て嵌めるといった行為とは正反対であろう。この立場に立って、竹内好は同じ文章において、「すべてのものを取り出しうるという合理主義の信念がおそろしいのである。合理主義の信念というより、その信念を成り立たせている合理主義の背後にある非合理的な意志の圧力がおそろしいのである」と鋭く指摘し、理論感覚が欠如している「理論活動」のイデオロギー的性格を看破した。

竹内好の優れた点は、彼の思想的限界と密接不可分的であった。思想家としての貢献と限界とを対立させるという発想法によっては、竹内好への理解はその全体に及ばないであろう。そもそものような単純な「学問」の存在価値は、すでに竹内好によってとっくに疑問に付されていたのではなかろうか。竹内好によって考えさせられる問題はさまざまであるが、おそらく根本的なのは、このような単純な価値判断を崩し、複雑な歴史感覚を確立する必要性があるということである。日本思想史研究において主流となった二項対立式の発想法が、竹内好本人にまったく影響しなかったとはいえない。その二項対立の発想法によって、彼は日本を批判するために一方で中国を理想化した面があったことも否定できない。がしかし、竹内好はそのような二項対立の構図には決して回収されず、逆にそれを突破する思想資源をも同時に創出していた。アジア主義と近代の超克に関する彼の発想法は、その可能性を暗示している。とはいえ、その可能性はあくまでも可能性としてあるだけであり、出来上がったものとしてそれをそのまま援用することはできない。思想家たちが後の世代に残した思想遺産は、想像力を働かせてこそ初めて継承可能となる。竹内好もその例外ではない。竹内好はわれわれのために問題解決の方法までを用意していたわけではない。ほとんどの思想家について言えるように、彼の思想も直観的感覚だけによっていては継承できない。われわれの間の思想の貧弱さを乗り越えることができれば、「最後の疑い」という場所で、「批判」という創造的な瞬間において、竹内好の思想遺産ははじめて継承可能となるだろう。

竹内は半世紀以上も前に、魯迅との真の出会いを遂げていた。「竹内魯迅」は、実物の魯迅とは異なる点において、すなわち魯迅という人物に還元できないという点において、学問に思想性を注入するという営みが果たされた実証であった。竹内好自身は学問の今ひとつのあり方に関しての自覚をもたなかったかもしれないが、今日、学問が死に瀕している情況の中、本当の意味での「批判」を通して、竹内の暗示した今ひとつの学問のあり方を発掘することが、緊迫した課題になっているのではなかろうか。

二〇〇四年八月　東京にて

目　次

まえがき

第一章　魯迅との出会い……1
一　支那学者たちとの論争　6
二　『魯迅』の誕生　28

第二章　文化－政治の視座……51
一　近代をめぐって——世界構造としての文学　53
二　民族独立の文化－政治　80

第三章　戦争と歴史……115
一　歴史的瞬間における「誤った」選択　117
二　主体が歴史に分け入る渇望　137

第四章　絡み合う歴史と現在……153
一　敗戦体験の深化――戦争責任論と文明の再建　155
二　安保運動――戦争体験の「現在進行形」　179
三　内在的否定としての「伝統」　196
第五章　「近代」を求めて――「近代の超克」座談会の射程……225
一　座談会の基本的輪郭　229
二　竹内好の「近代の超克」　243
三　荒正人の「近代の超克」　255
四　廣松渉の『〈近代の超克〉論』　262
五　西尾幹二の『国民の歴史』　273
注……283
あとがき……313
竹内好略年譜……317

第一章　魯迅との出会い

竹内好(一九一〇―一九七七)はきわめて特異な思想家である。その特異性は、位置づけの難しさに現れている。竹内は東京帝国大学の支那文学科を卒業し、日本における中国近現代文学研究の基礎を築いたという歴史的功績を残した。にもかかわらず、彼自身は厳密な意味での「学者」ではなかったし、アカデミックなやり方で仕事をしたこともなかった。彼は終生、中国研究者もしくは「中国と関わりのある人間」をもって自認していたが、彼が関心を寄せていたのは日本近代思想史のなかのあらゆる重要課題であり、そのため、彼が生きた時代の日本の思想界で真の精神的リーダーとなったのであった。したがって、彼の功績を、単純に中国研究の領域内でのみ考えることはできない。竹内はまた、つねに「文学」を自己の魂の帰宿とみなしていた。とはいえ、彼によってあらためて位置づけ直された文学は、すでに今日の「文学研究」が規定する意味内容を大きく超え出ており、開かれた、オリジナルなものとなっている。竹内好の生涯にわたる思考と行動は、すべてこの「文学」を原点としており、それこそが彼の思想と創見の源泉となっていると言ってもよい。しかしながら、このことはまた竹内をして、丸山真男のごとく思想史家の「倫理意識」を謹厳に守るという行き方を許さなかった。竹内独特の文学的な気取りは、時代の課題の複雑性を暴き出すと同時に、分析の不備(時には分析を拒否する)をも免れえなかった。かくして、当然ながら、生産的な、あるいは非生産的なさまざまな誤読が生み出されることになったのである。

上記のようなさまざまな特異性＝位置づけの難しさを孕んでいるがゆえに、言い換えれば、現代の学術制度や知のモデルと相容れない人物であるがゆえに、つねにあれこれ議論されてきたわりに、竹内好の精神的遺産は、これまでどの学問領域においても、きちんと整理ないし継承されるということがなかった。そのため、ある意味で、祭り上げられて終わっていたと言える。新しいもの好きの日本の知識界においては、丸山真男と同様に、竹内好もいきおい「過去の人物」と見なされがちだったのである。とはいえ、竹内好は、丸山真男以上に不幸であった。というのも、竹内は、後者のようにアカデミズムのなかで確固たる専門領域とその思想を受け継いだ弟子をもたなかったからである。したがって、竹内好なきあとに吹きぬけるうすら寂しさは、ある意味で、日本の現代学術の盲点をよりいっそう際立たせるものと言えるだろう。

しかし、竹内好は幸運でもあった。なぜなら、彼のように自己の精神世界の参照軸を見つけ出せる人間はめったにいないし、彼のように生涯にわたってひとりの人物を自己の魂の原点とすることも、なかなかできるものではないからだ。

その人物とは、魯迅にほかならない。そして、その参照軸とは魯迅文学である。まさに藤田省三が見事に言い当てたように、竹内好は魯迅を起点とし、魯迅を終点としたのである。と同時に、この起点と終点の一致性こそ、彼が後世の人々に残した一つの時代の課題でもあった(1)。おそらく、文学の特質にかんする竹内好の思考は、魯迅をめぐる彼独特の読みを経由しつつ、さらにそこから出発して、同時代の重要課題に対するその思考を理解するよう努めてはじめて理解することが可能なのだ。そして、いったんそう試みたとき、竹内好は、たんに日本近代思想史に対する私の理解に変更を迫っただけでなく、魯迅に対する理解をも覆したのであった。

一　支那学者たちとの論争

竹内好が一九三四年に東京帝国大学文学部支那哲学文那文学科を卒業したとき、卒業論文は『郁達夫研究』であった。当時、支那哲学、支那文学科の三四名の卒業生の中で、中国の近代文学、それも同時代作家を論文のテーマに選んだのは、竹内好ただ一人だった。一九三〇年代には、日本の中国近現代文学研究はまだ発展途上で、その前には長い蓄積のある支那学の伝統がそびえ立っていた。当時、東大や京大といったアカデミズムの中心地で教鞭をとっていたのは、主として支那学者だったのである。支那学のうち、文学研究の分野におけるパイオニアといえば、狩野直喜(一八六八―一九四七)であろう。彼は東京帝国大学漢学科の一期生で、東京帝大の学風に不満で京都に転じ、内藤湖南らとともに京都支那学を打ち立て、ディシプリンとしての支那学の建設に汗馬の労を取った人物である[2]。支那学の目指すところは、フランス・シノロジーの枠組みを参照しながら、日本の伝統的な漢学の散漫な知識とは異なる「科学的な」中国研究を打ち立てようとするところにあった。つまり、これまで伝統的な日本漢学のなかで牽強附会的に論じられてきた中国の古典を、厳格な実証的態度でもって解釈し直し、中国の小説や戯曲といったジャンルに「純文学」の地位をあたえ、さらに現代的な価値観のもと、中国研究を外国研究の学問とみなすことを目指したのである。初期の支那学が学術研究の客観性を強調したことが、当時にあって画期的な意味をもっていたことは疑いない。狩野直喜以後、日本の支那学は、傑出した後継者を輩出した。京都であれ東京であれ、そこでは不朽の研究業績が生み出された。例えば、青木正児、吉川幸次郎、倉石武四郎といった人々が、中国の古典戯曲や詩歌、典籍、言語研究等のそれぞれの領域において、日本の中国研究史上の輝かしい成果をもたらしたのである。しかし、なるほど彼ら支那学者も同時代の中国文化のゆくえに関心を寄せてはいたとはいえ——例えば青木正児も文学革命にかんする研究論文を執筆していたし、吉川幸次郎も胡適の『四十自述』を翻訳するなどしていたのだが——、全体的に見れば、同時代の中国は彼らの研究の主要な対象とはなっておらず、学術研究の対象は依然として古典を主としていたのであった。

このような状況のもとで、竹内好が公然と同時代作家を卒業論文のテーマに取りあげたとき、彼の主観的な意志ないし自覚がどれほどのものであったかはともかく、客観的には、それは彼自身を当時の中国研究の「学術性」の反対側に立たせることを意味した。竹内は後年、大学受験のときに支那文学科だけが無試験で入学できたこと、働かずに実家から生活費をもらうための口実がほしかったので、東京帝大の支那文学科に入ったに過ぎないと、ふざけ半分に語ったことがある。事実、在学中の竹内は、たしかに優等生ではなかった(鶴見俊輔の分析によれば、大学に入学するまで、竹内はずっと優等生であったが、大学在学中、彼のなかで優等生の価値に対する懐疑と否定がうまれ、それによって竹内の東京帝大内における支那学ないし漢学の伝統に対する反抗が決定づけられたという)。彼と親友の武田泰淳とは同じ授業をとっていたにもかかわらず、卒業間近になって結成した「中国文学研究会」で知り合うまで、なんと互いの存在をまるで知らなかったという。つまり、二人ともめったに授業に顔を出さなかったということだ。竹内好を支那学の学者と見なすことができないことは、このことからも分かるだろう。

しかし竹内好が、完全に個人的素質に属すと言うべきその生き方を、ある種の思想的オリジナリティにまで転化させることに成功したとき、それはもはや彼自身が軽妙に描き出したような個人的な怠惰のままでいたとは言えないだろう。じっさい、竹内および中国文学研究会の同人たちは、まさにそうした「怠惰」を武器としつつ、それを支那学の伝統に対抗するためのイデオロギーへと見事に転成させたのであって、ここにこそ問題のキーポイントが横たわっているのである。

一九三四年三月、卒業を間近にひかえた竹内好は、武田泰淳らと語らって「中国文学研究会」を正式に結成。翌一九三五年二月には会報『中国文学月報』を刊行した（一九四〇年の第六〇号からは『中国文学』と改名）。この雑誌は経費不足と日増しに緊張の度を高める時局のもと一九四三年まで発行を続け、全部で八巻九二号を世に送った[3]。初期の竹内好の主たる活動がこの雑誌をベースとしていることは、研究者の間で周知の事実である。従来、一般に竹内好の思想を前期・後期に分け、『中国文学月報』時代を竹内の前期と呼ぶことがしばしばだが、しかし私はそれは皮相な認識だと考える。事実、竹内好の生涯を貫く基本思想は、たんにこの時期にすでに形成されていただけでなく、生涯にわたって変わることがなかった。変わったのは、その時期その時期におけるさまざまな問題に対する彼の反応のみであって、基本的な思考のあり方ではない。私がもっとも興味を覚えるのは、この時期、竹内好がどのような形態で、いかなる問題を通じて、彼独自のそうした基本的な思考様式を形成するに至ったか、である。

『中国文学月報』をひもとくと、ふたつの基本的問題に気づくであろう。第一に、同時代の中国文学の状況について考察や紹介をおこなう際、この雑誌が自覚的に日本の思想的伝統を作りあげることを目指していたという点である。たしかに相当な比率で支那学者の意見も分け隔てなく採りあげていたとはいえ(こうした懐の深さは、しかし、おそらく若き中国学の寛容を体現するものではなくて、たんにいまだ自己の陣営というものを形成できていない時代の特有の姿だったに過ぎないと見てよいだろう。創刊当時およびその後の一定の時期まで、竹内は主体的な態度で漢学や支那学について議論しているが、それは彼がその陣営の外ではなくその中で新たな枠組みをつくりだそうとしていたことを物語ると同時に、漢学と支那学そして中国文学研究の三者が当時はまだ厳密に区別されず、同一の学問領域に属していたことをあらわしている)、この雑誌と日本の支那学とのあいだには、思想の主体性を備えているか否かという点において、すでに対立が生じていたのであった。

第二に、竹内好がこの雑誌のなかで占めていた特異な位置の問題である。主たる発起人として、竹内はたんにこの雑誌のために大量の物理的労働をおこなったばかりでなく、後記や一部の原稿の執筆を通じて、つねにこの雑誌の方向性を定め、修正をほどこしていた。竹内の手になる原稿とそれ以外の原稿とが鮮やかなコントラストを見せていることは、興味深い事実であろう。中国文学研究会を一枚岩の全体と見なすのは不適切なのだ。竹内は親しい戦友たちとのあいだで、ことの最初から基本的な認識上の差異をかかえていたのである。いやむしろ、この差異によってもたらされた孤独感こそが、戦後の竹内好をして中国文学の圏域を飛び出させ、他の領域の知識人たちとの協力を可能にした、その基本的な動力のひとつとなったと言うべきである。

第一の基本的問題について言えば、それは極めて複雑な歴史の転換形態にかかわっている。ここで日本の漢学と支那学がかつて直面していた課題について簡単に振り返っておく必要があろう。ひとつの緩やかな知の領域として、日本漢学は各時代ごとに、それぞれ異なった機能をもっていた。しかしある側面は基本的に変わらなかった。それは「外国学」としての性格をもたなかったという点である。日本漢学は時の統治者のイデオロギー的な道具の役割を担ったばかりでなく、自らの「儒家的伝統」を確立することを目標としていた。それが歴史的に果たした役割は中国の古典にかんする研究ではなく、なによりもまず中国の古典から「国籍を失わせ」て日本化することにあった。まさにそれゆえ、日本漢学は、明治維新前後に表面上は思想界の表舞台から姿を消したにもかかわらず、依然として知らず知らずのうちに日本の知識界と日本社会とに影響を及ぼし、さらに日本の「洋学」の特性にも影響を与えていたのである。いっぽう、一九世紀末に誕生した日本支那学は、日本漢学のこうした「学際」性をひとつの具体的なディシプリンへと転換させるべく努力を続けてきたのであった。学問の制度のなかで考えた場合、このことは、漢学なるものが一般的な教養ないしイデオロギーの道具から、実証可能なひとつの独立した学問へと性質を変えたことを意味している。これこそまさに支那学がその創設当初から高く掲げた「科学性」という目標にほかならない。(4) 中国を他者として認識し理解するという支那学の他者的立場は、すべて科学性という大前提のもとで打ち立てられたものなのであった。

支那学が科学的な実証主義の伝統を確立するまでには何世代にもわたる時間を要したが、その基本型ができあがったのは吉川幸次郎らの世代においてであった。この時期、支那学の学術的客観性はすでに自覚的な学術規範となり、「言に必ず根拠がある」か否かが、知が成立しうるか否かを量る際の基準になっていた。それと同時に、狩野直喜が提唱した純粋学問的立場も、支那学者の趣味に影響を及ぼす学風へと変貌しはじめていた。『中国文学月報』がその初期に掲載した青木正児の文章「支那かぶれ」は、そうした伝統的漢学とは異なる趣向を典型的に反映するものであった。(5) そして、竹内好がその知的活動をはじめたのは、まさにこの時期であった。『中国文学月報』が漢学者と支那学者をも含む「中国学研究」を同時に掲載していた時代、それは竹内にとって、実に複雑な知の伝統に直面しているということであった。伝統的漢学について言えば、その知は体系性と実証性とを欠いており、他者意識も自己意識も備えぬものであった。いっぽう、支那学について言えば、それが知識レベルで進めた改革によって、たしかにその中に厳密性と体系性が持ちこまれ、それと同時に中国を一つのトータルな世界として把える他者意識ももたらされた。しかし、これらすべてが「科学性」の前提のもとに推し進められたために、支那学研究者の主体性の「欠如」という弊害を招来せずにはいなかったのである。この主体性の欠如が直接引き起こした結果として、反省と批判精神に乏しい新たな学閥の形成があった。狩野直喜の世代が知のための知というかたちで意識形態の革命をやり遂げた後、知はそれが備えていた活力を日増しに失い、たんなる固定化された知識の対象へと姿を変えていったのである。竹内好は時あたかも、かかる知の変貌期に際会したのであった。竹内は、一面では、ひたすら過去を踏襲するばかりの旧漢学の守旧性と硬直化に不満であったが、他面では、漢学の非科学性を改造しようとする支那学が、同時にその守旧的体質と硬直化を無意識裡に継承してしまっていることにも同じく不満であった。言い換えれば、竹内にとって、支那学が温和な態度で旧漢学に対して進めた「科学的改造」、および前者が日本において確立した、学術的客観性を基盤とする近代的アカデミズムの精神は、尊い財産などでないばかりか、かえって清新で健康な学術的空気の形成を妨げる障害物となるものと見なされた。興味深いことに、竹内は当初からその批判の矛先を旧漢学と同時に、支那学にも向けていたのであり、しかも「漢学」という語で支那学を称《よ》んでいたのである。

『中国文学月報』第五号に発表された漢学者竹内照夫の「所謂漢学に就て」という一文は、当時、批判の的となっていた漢学に対し弁護を試みたものであった。彼は、漢学の特性は森羅万象を包括することと「述べて作らぬ」態度にあると同時に、実践性をも備えている点にあると言い、したがってそれは啓蒙の手段としてもっとも適切なものであり、かつその総合性によって真善美を把握するがゆえに聖学となったのであると強調した。この竹内照夫の漢学弁護論のねらいは、当時の支那学の学問的専門化がもたらした知の細分化に反批判を加えることにあった。というのも、当時かかる科学精神を旨とする専門化の趨勢は漢学の非専門性と非科学性に対する批判に呼応したものだったからである。竹内照夫の言い分によれば、当時の学界の科学精神に対する熱狂は、たんに学術の全体性を見失うものであるだけでなく、思想というものが現実の人生において発揮すべき機能をも喪失した態度であった。したがって、「漢学がその諸部門を解放して箇々の科学を建設することは、必然性への反逆であると同時に、此の世界から、人間に真の福祉を与え得る唯一の精神を喪うことである」。

たしかに、竹内照夫の文章は、論理的には完璧なものであったと言えるだろう。しかし、その最大の問題点は、当時日本の知識界の中で漢学が置かれていた実際状況から遊離し、それを無視していた点にある。事実、漢学は、当時から今日にいたるまで、竹内照夫が期待したような啓蒙の手段や聖学となることはなかったのであり、むしろ日増しに閉鎖的で保守的な儒学者の寄生の場となっていった。したがって、竹内照夫のこの机上の空論は、その主張でなく立論のしかたに問題が孕まれていたのであり、その問題点は、現実状況に対する鋭敏な感覚をそなえた者にしてはじめて抉り出される性質のものであった。

編集者として竹内好は、この文章の掲載後、誰かが反駁を加えるであろうことを期待していた。しかしながら、反論は誰からも送られてこなかった。そこで、やむなく自らレスポンスするしかなかった。彼が第八号(一九三五年一〇月)に発表した「漢学の反省」は、竹内照夫の立論のしかたに対して鋭い批判をおこなったものである。「漢学(勿論支那学の意味で)の歴史的基礎を説く点では流石に論旨首肯を促しむるものがあるが、一度現実の漢学を批判する段になると、賢明の余りか、之を漢学の理念にすり換えて直接触れようとしない論者の態度は頗る奇怪である」。さらに竹内好はそこから一歩進んで、漢学の堕落、すなわちひたすら踏襲をよしとする閉鎖性、論争や批判精神の欠如を批判していった。「同人増田が我々の処すべき態度を箴言化して「学界に媚びんよりはむしろジャナリズムに迎合せよ」としたのは、この意味では至言とされる。今日の漢学に最も必要なものは爽涼なディレッタントの精神である」。「漢学の理念は如何にあろうとも、現実の漢学が既に学問する情熱の雰囲気を失っていることは掩い得ない。……漢学の不振は固より漢学の罪であろう。

しかし、所論に対して半句の抗議も申込まれなかったとなると、罪はむしろ我々自身の肉体的現身に転化されてくるのである」。

この短文は竹内好が『中国文学月報』に書いた最初の批判的文章であった。その後の著述と比べると、たしかにいささか幼稚ではあったが、竹内好の思想的起点における方向性はすでにはっきりあらわれている。竹内は自分の言っているのは「支那学の意味での」漢学であると強調していたが、それは他の人々が一般に表層的なレベルで漢学と支那学とを別物と考えていたのとは異なり、新興の支那学がその「科学性」によって顕著な業績をあげていたそのとき、それと旧漢学の限界とに通底するものを竹内が注視していたことを物語っている。こうして、問題のベクトルには変化が生じたのであった。つまり、支那学がつくりだした新たな学術規範と旧漢学との齟齬(それは主として厳密なディシプリンとしての分化と謹厳な考証精神にあらわれた)はもはや問題の核心ではなく、竹内照夫が支那学の「科学的」態度に対しておこなった攻撃は、竹内好の批判の重点ではなくなったのである。そうではなく、竹内好が指摘しようとしたのは、支那学と漢学とが共有している現実生活からの遊離、人生の熱情の欠如という致命的な弱点であり、そのために両者はともに開かれた論争の精神を欠いているということであった。同時に、書斎式の学問は知識を蓄積することはできても、思想を生み出すことはできないこと、とりわけ「現実の汚濁を直視する」ことができないのであり、それゆえ竹内はこうした「学界」に失望を表明し、むしろジャーナリズムの方に活気があると考えたのであった。

二五歳のときに書かれたこの短文は、その後の竹内好の一生をつらぬく思想的基調を定めるものとなった。彼が生涯力を注いだのは、まさに「現実の汚濁を直視する」ことであり、人生への熱情でもって日本の思想的伝統の形成のしごとを推し進めることであった。しかも、こうした現実の汚濁のなかで頑迷なまでに思想的伝統の形成に努力するその執着こそ、彼の生きかたそのものをかたちづくった。有り体《てい》に言えば、竹内好は「アカデミック」な形式によってでは自己の思想を表現し切れなかったのであり、彼が終生、言い続けた「私は学者ではないので、この問題はよくわからないが」という口癖は、もちろん謙遜などでなく、思想的オリジナリティの欠如した現代のアカデミシャンに対する竹内の反感と拒絶だったのである(ここで興味深いのは、竹内好と丸山真男とが、後者が文学の素人であり厳密な意味で学者であったにもかかわらず、思想上のパートナーシップを築いたことであるが、この問題については後述)。

ここで私たちは『中国文学月報』における第二の基本的問題に逢着する。すなわち、竹内好のこうした思想的基調は他の同人たちとのあいだに鮮明なコントラストを生じていたという点であり、まさにそのことが竹内をしてこの雑誌のなかで特異な存在たらしめているということである。全八巻九二号におよぶ本誌を通覧する人は、その中でつねに現実に対する関心と思想界知識界に対する強烈な批判精神を抱き続けたのはほとんど竹内好ただひとりであったことに気づくに違いない。しかも、およそ彼だけが、ある種の論争的姿勢を保持し続けたのであった。彼の親しい友人たち、例えば武田泰淳や岡崎俊夫、松枝茂夫らは、たしかにともに雑誌を創刊し、同じく雑誌のために労苦をいとわなかったとはいえ、むしろ学術的な枠組みの中で思考し表現することを好み、自己の激情をもっと温和な態度のなかに隠す傾向があった。

ひとつの典型的な事例は、第五七号(一九三九年一二月)に載った竹内好の「二年間」という一文である。一九三七年一〇月から三九年一〇月までの間、竹内好は外務省対支文化事業部の奨学金をたよりに北京に留学した。のちに「竹内好全集」に収められた二巻の日記のなかに、その留学生活が詳細かつ率直に書きとめられているが、それはまさにおよそ「学者」とは似ても似つかぬ「留学」体験であって、酒池肉林、風流遊びの放蕩三昧、飲食男女の日々のうちに、竹内は彼なりのしかたで異国での生活を体験したのであった。しかも、かの非常時において「歴史の証人」になってみせるのだと放言していたのだ。なるほど竹内自身、のちには自分はとてもその任に耐えないと意識するにいたったわけだが、少なくとも、特異な個人的経験のなかで、彼が追い求めていたのは、けっしてたんなる肉体的満足だけでなく、人間味のある「生」の感覚であった。それ以上に重要なのは、かかる経験ののち、戦雲ますます深くたれこめる日本国内に戻った竹内がすぐさま、このかんの二年間の『中国文学月報』の穏健でアカデミックな作風に強い不満をぶつけたことである。「二年間」のなかで竹内はこう書いている。「我々は今日すでに『月報』を呰にする孤高の精神を失っているのだ。『月報』を見ることは形骸を見るように傷ましい」と。文中で竹内は、彼の親しい友人たちの中国文学研究会に対する熱情に思いやりをこめて言及したうえで、いかにもおだやかな語り口で、自己と友人たちとのあいだに認識のしかたと表現のしかたの面でズレが存在していることに触れている。「某日、武田云う。君の『月報』を政治的に転換しようとする意図には賛成出来ない。我々は今が如何に不調な時代でも『月報』自身の持つ意味がそのために将来の約束に関してまで無益になったとは思わない。……あくまで文化的でいいではないか」。竹内はそこで、親友のこの議論に自分なりの解釈をほどこしている。「武田のいう意味は「支那の夢」を追い求める行為の中にも、我々自身を直に生活の歓喜にまで高め得る人生の何物かが蟄伏しているに相違ない、また蟄伏していると信ずる力を以て我々の行為の批判の目安に当てることからやり直そう、というのだと思えた」。「僕云う。それはあまりに趣味に堕すではないか。武田昂然として云う。趣味ならいいのだ。いまの我々は趣味にさえ到達していない」。

これはやはり、竹内が自分の人生態度と思想的態度を無理やり武田泰淳に押しつけたという面がある程度あったと言わざるを得ないだろう。彼のこうした解釈は、武田泰淳に寄り添うものというより、むしろ魯迅のことを想起させるものではないだろうか。実は武田泰淳は、竹内が竹内照夫の漢学の理念を批判した後に、やはり短い文章を発表していたのであるが、そこでは「水に落ちた犬を痛打する」竹内の態度とは逆に、「フェアプレイ」を求めていたのであった(6)。思想的起点において、親友ふたりは微妙なズレを見せていた。たしかに武田泰淳は魯迅を含む中国文学に対して非凡な理解力を備えていたし、高レベルの文化的趣味を備えてもいた。しかし、彼には竹内の言うような「何物かが蟄伏していると信ずる力」は備わっていなかったのだ。竹内好が武田泰淳の議論を借りて展開した、人生の痛苦から発する「大歓喜」、あるいは自己否定と自己懐疑の批判精神、という主張には、必要なものは教養ではなく、力の支えである。これこそまさに魯迅精神の精髄にほかならなかった。かかる「蟄伏」した人生への性向は、竹内をして、かつて熱中したことのある郁達夫を最終的には捨てさせ、真に魯迅に向かわせることになったのである。

「二年間」の発表後、竹内はすぐに『月報』の「孤高の精神」を救い出す仕事に着手した。「二年間」と同じ号には支那学者・目加田誠の「文人の芸術」が発表されていたが、その二カ月後の一九四〇年二月、竹内好は『中国文学月報』第五九号に「目加田さんの文章」を発表してそれを批判、竹内と支那学者との論戦が開始された。かくして竹内の批判対象は、あいまいなる「漢学」から支那学へと明確に転換させられたのであった。

竹内の「目加田さんの文章」は「事にもたれて事を論ずる」式の文章にすぎず、それは竹内がおこなった論戦のなかでも最も読みごたえに乏しいものの一つである。しかし、この文章によって、竹内の支那学者(しかもそのうちの最も優秀な部分)に対する戦いの火ぶたが切って落とされたのであった。漢学を批判したときの姿勢と異なっていたこととして、支那学者との論戦のなかでは、竹内の矛先はつねに極めて具体的な個人に向かい、たんにある種の趨勢ないし空気の批判にとどまらなかったということがある。彼が挑んだ論戦のなかで名前のあがった相手には、目加田誠(五九、六〇号)、吉川幸次郎(七〇、七二号)、倉石武四郎(七三号)らがいた。これら論争のなかで、竹内は主として具体的な技術的問題(例えば目加田論文の論理的混乱と凡庸な視角、吉川幸次郎の翻訳における文体の低俗さと誤訳など)を取りあげて相手に対する批判をおこなっている。しかし、それ以上に注目に値するのは、竹内が、こうしたやり方を借りて、漢学と支那学に対し檄文を送りつけたということである。「俺はこの綴方を「長沢(規矩也)、吉川、倉石、目加田」という題で書き出すつもりで居た。この品種は俺にはなかなか興味深い」(7)。「僕は自分を他と分つ慾望を感じた。漢学や支那学の伝統を打ち倒すために、中国文学という名称は是非ともこれを必要としたのである」(8)。それでは、竹内は漢学と支那学とに対し、いったいなぜかくも強烈な拒絶反応を示したのか。彼がこだわったのは果たしてほんとうにそうした技術的なレベルの問題だけだったのであろうか。

竹内好と鮮明な対照をなしているのは吉川幸次郎である。傑出した支那学者として、吉川は支那学の知的態度に関する反省を持ちながらも、終始ある種の観照的態度で研究対象に向き合い、「支那(支那の思想を含む)」を一種の知識と捉えて対処していた。したがって、竹内から翻訳の技巧上の問題を指摘されると、吉川はかなりの紙幅を費やして自身の翻訳技術について自己弁護をおこなった。それと同時に、この「中国学」からの挑戦に対して、すかさず反撃を試みた。竹内好との論争に触れて、吉川は次のような、いささか晦渋な比喩を用いている。「手毬岩という石が、物理的には只のでこぼこした石にすぎないに拘らず、私の子供の目には、あたかも手毬の如く映じた」と。ここで吉川は子供の目から見た事実と大人の目から見た事実の差異を問題にした。「しかし視角を変えることによって対象の形が変化することは、あり得ることであり、また対象に対する態度としては、物理的な観察を先にすべき場合がある。現在の支那学は、従来の見方とは異なった立場に立つことが必要であり、またむしろ分析的な物理的な観察を必要とする時期である」。吉川が支那学の改革のために設定した立場が、このような「分析的な物理性」を基礎にしていたことは注目に値しよう。これはいわば「大人の目」である。「私は童心をも尊敬しているのである。……ただ私は童心万能では困る場合も世の中にはあるというのである。……「われわれの学問などは、むしろ大人の目が必要な時期じゃないかな」」。そして吉川が批判している中国学の「戦士たち」の陥穽とは、まさにこうした「大人の目」によって看て取ることができた問題であり、彼はそれを「事項尊重主義」ないし「粗枝大葉主義」に帰した。吉川は「科学的な体系は、精密な実証の上に、即ち精密な読書の上に、打ち立てられねばならぬ」と強調したが、明治以来の漢学に内在的な矛盾とは、まさにその体系性のために読書と実証の精密さを犠牲にした点にこそあったのである。かくして、書物を読むとき、ことばによってあらわされる事項を調べるばかりで、ことばとことばのあいだのつながりを重視しない「事項尊重主義」が生み出されたのだ。吉川は攻撃の矛先を岡崎俊夫が訳した郭沫若の『黒猫』に向け換え、そこにも批判したような支那学の旧弊が存在しており、新しい科学精神などみじんも備わっていない、と考えた。吉川はさらに皮肉を言った。旧来の支那学者がもっとも「粗枝大葉主義」の教育を受けてきたので、他人の言語に対する洞察力が欠けても不思議ではないが、支那学に反旗を翻した中国学の「戦士たち」も同じ欠点においては、旧来の支那学とは何ら選ぶところがないのではないか、と。[9]「事項尊重主義」への批判は、今日においても存在している低劣な学風を戒める上で、無視すべきではない提言だが、これを一種の技術として固定化しようとした点から言えば、「大人の目」の要求する実証と精密さは、日本の現代学術に対する吉川幸次郎の貢献と限界をあらわしていると言えよう。ここで認めるべきは、竹内好の「童心」なるものを吉川が実に正確に言い当てていたということ、にもかかわらずそれを理解する力をもたなかったということである。なぜなら、竹内が追い求めていたのは、まさに支那学の実証性と精密な議論からはこぼれ落ちてしまうような、知識として究明することは永遠に不可能であるような思想だったのだから。

これこそ竹内好と支那学者とが相容れなかった原因である。竹内がどうしても受け入れることができなかったのは、けっして近代的アカデミズムやその的確な知識それ自体ではなく、あらゆる精神活動を「知識」へと変換し、さらにそれに「科学」の名をかぶせるそのやり方だったのである。中国の「五・四」以後の社会思潮に似て、日本の近代知識界も「科学」というものを疑うべくもない絶対的前提とし、その名のもとに多くの関連する事物を絶対化した。たしかに三〇年代に思想界・文化界におけるマルクス主義の退潮に伴って、文学が「科学」に取って代わろうとする努力がおこなわれたが、(10)科学に対する崇拝は根本的な変化をこうむることはなかった。竹内好にとって、こうした文化的空気と学術的空気は学術の主体性の喪失を意味したのであった。したがって、竹内が支那学者の学術それ自体に対して攻撃を加えたとき、その矛先は、実はこうした科学の実験性と証明可能性を絶対化する「大人の目」にこそ向けられていたのである。

吉川幸次郎とのあいだで数回にわたって戦わされた翻訳をめぐる論争とその後に書かれた文章のなかで、竹内好は次のような問題を指摘している。「学者としての吉川氏は僕の尊敬するところだが、文学者として、従って文学作品の翻訳者としては僕は絶対に承服出来ない(11)」。「知識は、それを否定する契機(情熱であろうか)なしには、知識として生きない。知識は、否定せんがために追求さるべきである。それは、文学の態度である。僕は、註釈なしに中国文学というとき、いつも態度としての文学を云っているつもりである(12)」。

では、態度としての文学とはなにか。そして文学の追求する知識とはなにか。

最初の「目加田さんの文章」の結論部で、竹内好は「茫漠としながら何か官能的な生々しさ」によって自分を苦しめる「支那文学の幻影」の存在を訴え、持ち合わせのことばでその幻影を表現する力がないことを告白していた。そして、自分がことばを求めていることを強調している。「美しい言葉。愛しい言葉。高らかな言葉。おおどかな言葉。天空に斬りむすぶ火花の言葉。柱に凭れてつぶやく嘆息の言葉。言葉が思想である言葉。思想がそのまま行為となる言葉。異国の詩人に世相の不如意を悲しむ勿れと伝える言葉。はしけやし吾が子に汝こそ正しく生きよと励す言葉。争いをやめさす言葉。炭のないときは炭となり紙のないときは紙となる言葉。あることを云わなければならない時に他のことを云ってもあることを云ったことになる言葉。教壇を下りた途端に忘れぬ言葉。学問やら芸術やらでないものを学問やら芸術やらに見せかけぬ言葉。政治や観念や日常生活を政治や観念や日常生活以上のものにしない言葉。だが政治や観念や日常生活を離れて歴史はないことを知っている言葉。言葉がなくてもその言葉の居る空間だけは残されている言葉。神々の言葉。人間の国と河童の国や雀の国を結ぶ言葉。無意味な言葉。疲れて力ない言葉……」。

こうした「ことばが見つからない」無力感は竹内に一生つきまとった。だがそれを文学者のひとりよがりと見なすことはできない。なぜなら、竹内は支那学者のことばに対する考え方とは相対立するところから自己のことば観を提示していたからだ。竹内が探し求めていたのは、近代的な知の制度のなかで濾過され排出されてしまった、ことばの魂だったのである。彼の無力感はまさに、近代的な知の制度のなかでは彼が求めていたような「ことば」――すなわち態度としての文学が追求する知識――が欠如していることを証明しているのだ。仮にわれわれが世の中の物事が孤立した形でわれわれの外に「客観的に」存在できないということを承認したとしても、これは直ちに人間の思惟と外部世界との関係はすべて「言葉」の位相に回収され、処理されるということを意味しない。ある種の「ポストモダン主義者」たちが行っているように、歴史と社会過程を直接に言葉の位相に設置し、言葉の位相に安住することは、歴史と社会過程の複雑さを隠蔽してしまうばかりではなく、人間と世界の関係を切断することにさえなる。竹内はその「言葉が見つからない」という困惑を通して、きわめて的確にこのジレンマを伝えた。

人間と外部世界との真の関係は、まさに言葉に対して、不断にその現実を表現する能力を調節し、苦しみながら新しい言葉を求めるというような緊張関係においてしか、存在するすべがない。その諸々の緊張関係を決定したのは、まさに竹内好が表現したような言葉に対する無力感や懐疑能力そのものだ。それはただ思想課題のあり方を決定したばかりではなく、言葉に対する無力や懐疑にもかかわらず、思想の言葉によってしか現実に介入することはできないという逆説的なプロセスをも示している。知識人は言葉を通してしかこの世界を認識し、それに介入することができないにも関わらず、言葉がそれ自身で完結しないという性質への認識こそが、その認知や介入の真実性を担保する前提となる。

まさにこのような意味において、竹内好と吉川幸次郎の間で行われた、翻訳の「言葉」をめぐる論争を深く考察することは、今日われわれが置かれている知的状況に対する省察を深めることになるのだ。この論争が成り立つ理由は、論争の双方とも問題を言葉の位相において展開しようとしたことである。前述した「事項尊重主義」に対する吉川幸次郎の批判もまた、まさにことばの問題をめぐるものであった。もっとも、批判の方向はまったく異なり、吉川はことばを「単語」と「単語の複合によって生ずる観念の綾」とに分け、後者は文法的規則と文化心理としてあらわれると考えていた。吉川の批判する「事項尊重主義」とは、次のような学界の現状を指すものであった。「単語に対する注意力が極度に緊張するのと反比例して、単語と単語とが織りなして行く観念の綾、それは恣意によって解されることになった。しかしそれを弁護する口実として、支那語には文法がないのだから、どう読んでもいいのだという説さえ唱えられることになった」(13)。もちろん、吉川の批判が価値あるものであることは言うまでもない。しかし、この批判はひとつの仮説のうえに立てられたものであった。すなわち、単語と観念の綾はあらゆる現実をカバーし尽くしており、しかもそれを十分に解釈し説明することが可能であって、問題はそれに自分が近づき突きとめることができるか否かに過ぎない、というわけである。そのため、吉川は、竹内の「言葉感覚」とある種の接点を見出し得る地点まで来ていたにもかかわらず、急に議論を逆の方向へ転回させた。彼は中国語の音韻学にかんする知識を滔々と述べた挙句、中国語は文法がないのではなく、文法が複雑すぎて帰納することが難しいのだという結論を導き出した。文化心理の問題は、ここで純粋な技術の問題に転化されてしまったのである。吉川幸次郎は一度たりとも支那学の「知識」の有限性に苦しめられることはなかったのであり、彼にとって、支那学という大前提は絶対的なものであった。彼の最大の悩みとは、現代の日本人のように「自己の完成をあせる人間は、他人の人生には冷淡である。他人の人生に冷淡である以上、他人の言語、それに投影される細かい心理のくま、そんなものにかかわっているひまはない」ということにあった(14)。吉川から見れば、自分と竹内との齟齬は、自分が築きあげた支那という観念の綾を竹内が理解しない点にあった。その「支那という観念の綾」がいかなる基盤のうえに築かれたものなのか、その存在根拠や限界はどこにあるのかといった問題は、吉川幸次郎の関心の埒外にあったのである。

これこそ、竹内好と支那学者たちの知識をめぐる態度の基本的違いである。目加田誠との論争のなかで竹内は、「言葉の背中合せになった世界」が存在することを強調し、目加田を「一度も言葉に背かれたことのない」人間だと批判していた。[15] さらに吉川幸次郎との翻訳論争にいたると、竹内は問題を「主体的に把えるか、旁観者に立つか」というレベルにまで推し進めた。この意味で、吉川の「誤訳可避」説とは異なり、竹内は主体の介入によって、誤訳は不可避なものであることを強調したのであった。[16] さらに、倉石武四郎が支那語教育の改革案を発表した際、竹内はより直截に、支那学が学問の客観性のもとに覆い隠している主体的精神の脆弱さを指摘した。「倉石さんにとって、支那学とは、疑うことすら想い及ばない実存の世界なのである。……支那学の学問としての存立の根拠が失われているとき、学問の手段の改革を志すことは、その方法の欠如をあからさまに示す働きを助けるであろう。今日、倉石さんは、支那学の貧困を、手段の改革によって救い得ると信じている。実は支那学にとっては思想そのものが貧困なのである」。同時に竹内は、支那学者のような心のよりどころが自分のなかには存在しないことを強調している。言い換えれば、支那学者の自己肯定的なあり方とは異なり、竹内はつねに自己否定の立場に立っていたのである。[17] そして後述するように、こうした自己否定が、ついには竹内に中国文学研究会の解散を切り出させることになるのであった。自己否定は竹内好の思考様式のなかでも最も逆説的なものである。戦後竹内が日本とアジアの問題に対してとった一連の具体的態度を正確に理解するためには、『中国文学』時代の論争に淵源をもつこの自己否定の精神をしっかり把握しなければならないのである。

一連の論争において、竹内は劣勢であった。といって、それはなにも多勢に無勢だったからというわけではない。そうではなく、彼が戦いを挑んだのがけっして衰退するいっぽうの旧弊な学問分野などでなく、生命力をそなえた日本の近代的学術であったからである。しかし、この学術の主流の最大の問題は、不断の蓄積によって一世代一世代と巨大な知の王国を築きあげながら、自己否定は言わずもがな、なんらの自己反省能力さえもたなかったことにある。この意味で、竹内好が支那学と漢学とはなんの違いもないと考えたことは、正鵠を得ている。竹内が「かつて人間は、あらゆるものを疑ったではないか。疑うことを都合悪くさせているものは何だろう。人はなぜ疑わないでいられるのだろう。なぜ世の中が進歩すると思っていられるのだろう(18)」と慨嘆したとき、そして「漢学は不死身で動いている。そうしたことから、僕は事ごとに無力感を抱かずにいられない。つまりは力の強いものだけが生きのこるであろうと思われる(19)」と悲しげに宣言したとき、彼はすでに自分の置かれている立場を明確に意識していたのであった。しかし、まさにそれゆえにこそ、竹内が提起した問題は高度と深みを備えていたのであり、その強烈な自己否定の精神によってかたちづくられた逆説は、いまなお輝きを失っていないのである。今日において、学界の主流を占めている知の生産は、吉川、倉石式の「大人の目」に頼って行われており、竹内式ではない。問題の厄介さはそればかりではない。思想的に貧しい「専門家」だけではなく、いわゆる批判的知識人さえも時として、竹内の「言葉に裏切られること」への警戒を忘れ、事実上吉川のように言葉を信用する立場に近いところに自分のスタンスを設定する。こうして、衝撃力を備えた批判的思潮は、いつのまにか空洞化して、言葉のゲームに変質してしまう。

問題はおそらく、それがけっして日本の学術の問題にとどまるものではないというところにある。

この問題は、世界の知識界においても一般的な現象となっているように見える。フランス知識人がこの状況を突破するために「脱構築」の戦略を創出したとはいえ、状況改善にどれだけ役に立ったかは、容易に答えが出ないであろう。それらの精緻な理論を伝統的思惟様式に回収させたのは、ほかでもなく、まさに一世代前の日本の支那学者らによって表された、疑われることのない知的大前提が確定できなければ仕事の意義が理解できないという、実に分かりやすい知的立場であった。しかし竹内はむしろこのところで道を分かった。彼が自己の思想創造の起点において表現したこのような警戒、すなわち言葉が自足せず、確定しないという言葉の性質に対する警戒は、ついに彼を思想生産のプロセスそのものに対する懐疑へと導いたのだ。まさにこの意味において、思想家としての竹内好は、必然的に魯迅に出会うことになるのである。

二　『魯迅』の誕生

雑誌『中国文学』の時代に支那学者との白兵戦を演じた後、竹内好は思想と感情の両面において、魯迅と出会うための準備を終えた。比類ない論争経験と孤独感をかかえながら、竹内は、魯迅という、独自の「主体的誤読」によって無限の輝きを放ったひとりの中国文学者の世界に、真に分け入っていくことになったのである。と同時に魯迅精神は、竹内という特異な理解者媒介者によって、日本において形づくられ、かくしてその後の日本知識界における、ひとつの精神的原点となったように思われる。

一九四三年一月、竹内好の提案で、中国文学研究会は解散し、雑誌『中国文学』は廃刊した。そして同年、竹内は名著『魯迅』を書き上げたのであった。(20)

> 魯迅の文壇生活を過した十八年間は、時間としては長いものではない。しかし、中国文学にとって、それは近代文学の全史である。(中略)「文学革命」以前から最後まで生き残ったものは、魯迅がただ一人である。魯迅の死は、歴史的人物としてでなく、現役の文学者としての死である。(中略)なぜ彼が、この長い生命を得たのであるか。魯迅は先駆者ではない。(「序章——死と生について」)

魯迅のような啓蒙者を持ったことは、中国の近代文化のため誇るに足ると私は考える。しかし文学者魯迅は、啓蒙者としての自己に反逆した魯迅は、それよりも更に偉大なのではないか、むしろそれあるがために啓蒙者魯迅が現在的に成り立つのではないか、従って啓蒙者魯迅を氷漬にすることは彼が死をもって贖ったただ一つのものを没却することではないか、という疑問が私にはあるのである。(「伝記に関する疑問」)

彼の文章を読むと、きまってある影のようなものにぶつかる。その影は、いつも同じ場所にある。影そのものは存在しないのだが、光がそこから生れ、そこへ消え入り、そのことによって存在を暗示させるようなある一点の暗黒がある。うかつに読み過せば気づかずに済ませるが、一度気がつくと気になって忘れられない。華やかな舞踏場に髑髏が踊っているように、しまいには髑髏の方が実体に思えてくる。魯迅は、そのような影を負って一生を過した。私が彼を贖罪の文学と呼ぶのは、その意味である。(「思想の形成」)

「絶望の虚妄なることは正に希望と相同じい。」これは言葉である。しかし、魯迅文学を説明する点では、言葉以上のものである。言葉としては象徴的な言葉であり、むしろ態度、行為と云えるものである。私の考える魯迅の回心を、もし言葉で現せば、やはりこのようなものになるより仕方ないのではないかと思う。絶望の虚妄なることは正に希望と相同じい。人は「絶望」と「希望」を説明することは出来るが、その自覚を得た人を説明することは出来ぬ。それは態度だからである。その態度を与えたものが「狂人日記」である。「狂人日記」が近代文学の道を開いたのは、それによって口語が自由になったのでも、作品世界が可能になったのでもなく、まして封建思想の破摧に意味があるのでもない。この稚拙な作品によって、ある根柢的な態度が据えられたことに価値があるのだと私は考える。そして、そのことの故に、「狂人日記」の作者は小説家として発展せず、むしろ小説を疎外することによって自作の贖いをしなければならなかったのだと考える。「路は漫漫として其れ修遠」である。「狂人日記」は一個の文学者を可能にした。しかし同時に「吾まさに上下して求め索めん」とする文学者を可能にしたのである。中国の近代文学の最初の記念碑は、魯迅にとっては、楚国の古代詩人と同じ悲劇の誕生を意味するものであった。（「作品について」）

魯迅研究の基礎を築いた記念碑的著作として、『魯迅』は全世界の魯迅研究者の必読書となっている。そこに提示された傑出した分析と非凡な結論は、日本と中国のその後の魯迅研究者に影響を与え、例えば魯迅における生死の観念や虚妄の観念をめぐる分析、あるいは魯迅研究の非イデオロギー化に向けた努力および魯迅の贖罪意識にかんする分析、とりわけ「回心」という概念に凝縮された豊かな意味内容等々は、後世のものに直接または間接的に、偶像魯迅から脱け出すための可能性を示唆してくれる。しかしながら、あたかも竹内自身が魯迅文学の現実的機能は必ずしも魯迅における最も根本的な部分を代表するものではないと考えたように、竹内による読解のなかで、そうした現実分析にかんする議論も、やはりその魯迅観の核心を構成するものではない。魯迅とその作品との関係を分析して、竹内は「彼の語った自己は、いわば過去形の自己であって、現在形ではない。現在形の彼は、多くの場合、作品の手前にいる。彼は作品で身を洗ったのでなく、着物を脱ぎすてるように作品を棄てているのである」(「伝記に関する疑問」)と書いている。そして竹内が、魯迅の伝記や思想、作品と人生の分析を通じて導き出した一連の結論も、彼自身「着物を脱ぎすてるように棄て」たものに過ぎない。真に竹内の生涯につきまとったのは、『魯迅』のなかで「暗黒」ないし「無」として表現された、究極における文学的正覚であり、あたかもブラックホールのようにあらゆる光と影を呑み尽くす、実体化しえぬ、髑髏のような存在であった。その実体化の不可能性は、それを取り巻く光について説明することでしかその存在を暗示することができないという点にあらわれている。そしてその究極的な位置は、およそ光にかんする説明がもしもその暗黒を避けておこなわれたならば、砂上の楼閣のように脆弱な、いやそれ以上に魂の抜けたものといっても過言でないような、たんなる技術的な論証に終わるにちがいない、という点に横たわっている。

だがここではやはり、竹内好の魯迅研究が後世に与えた影響は、主として、「着物を脱ぎすてるように棄て」られたその結論にあったことを認めざるを得ないだろう。竹内に一生つきまとったブラックホール、あるいは究極における文学的正覚は、日本ないし世界の魯迅研究の伝統には入っていかなかったのである。

ただ、この直接的には語り得ず、しかし避けて通ることも許されぬブラックホールに、竹内好が思考した文学というものの位置が示唆されているのだ。それは「楚国の古代詩人と同じ」く永遠に見つからぬ答えをまさに上下して求め索めんとする宿命であり、絶望と希望とを一身に体現した「虚妄」なるものの位置である。現在、竹内によって私たちの前に残された一連の具体的問題にかんする判断はすでにその有効性を失い、竹内の多くの観念(魯迅に対する解釈も含めて)は偏った、ないしは誤ったりしたものであったことがすでに歴史によって証明されているが、竹内が終生背負った影のようなものは、依然として私たちのもとにある。「うかつに読み過せば気づかずに済ませるが、一度気がつくと気になって忘れられない」。そして、いったん気になって忘れられなくなるや、竹内の著作に対する読みも、それまでとはまったく違った相貌をもって浮かび上がってくるに違いない。なぜなら、竹内がついに棄て去ることのなかった「態度としての文学」こそ、彼が生涯にわたって堅守した立場にほかならないからである。この立場というものをめぐって竹内によって提起された一連の観点や結論など、たかだか、ブラックホールの存在を暗示する役割を果たすだけの、そこから生まれ、そこへ消え入るうたかたのごとき光に過ぎないのだ。

『魯迅』において、竹内は次のような方法を用いている。魯迅の生涯の中でどのような変化が生じたかでなく、魯迅のどの部分が変化しなかったのかを追い求めること。この変化しなかった部分こそ、竹内が「回心」の語で表現した、およそあらゆる人間に存在する決定的な時機にほかならない。「すべて人の一生には、ある決定的な時機というものは、何らかの形であるであろう。さまざまな要素が、要素としての機能的な形でなく、一生を廻る回帰の軸に形成される時機というものは、あるであろう。そしてそれは、多かれ少かれ他人に説明のつかぬのが普通であろう」(「思想の形成」)。「魯迅は変ったかもしれない。しかし私には、彼が変ったことよりも、彼が変ることによって表現したものが、つまり二次的な転換を通して眺められた本質的な回心の方が、重要である」(「政治と文学」)。この回帰の軸こそ、光を奪い去ると同時に生み出しもする「暗黒」の「無」にほかならない。その存在のために、人生におけるさまざまな要素(むろん思想レベルの各種の要素をも含む)とその変化はもはやたんにそれ自体を意味するものではあり得ず、この回帰の軸の有機的な構成要素となるのである。しかし、この回帰の軸はほとんど説明不能であるため、言い換えれば、ある種の「文学的な知識」であるため、その存在を証明するために、竹内は迂回戦略をとるほかなかった。すなわち、暗黒を取り巻くと同時にそれに飲みこまれていく「さまざまな要素」をすべて引き出し、その誕生と消滅の流れに即しながら、暗黒の「回帰の軸」の位置をたどりなおすという戦略である。

この意味で、魯迅の生涯を構成するさまざまな要素——魯迅の伝記、作品、論戦といった行為それ自体は、もはやたんにそれ自体としての意味をもたなくなる。[21] 竹内がそうした要素を魯迅の回心の軸に沿って組み立てなおしたとき、それはひとつの尖鋭な内在的矛盾をはらんだ、強靭な生活者のイメージを構成することになった。魯迅の一生はひとつの逆説を構成するものとなったのである。それは死と生、追憶と現実、絶望と希望、農村と都市、文学と啓蒙、文学と政治のあいだの緊張関係に満ちた結合体なのだ。しかし、この逆説は、けっして静態的《スタティック》な意味での二項対立のあいだの「弁証的関係」を意味するものではなく、ある種独特のダイナミズムによってあらわれるものであった。「彼は、退きもしないし、追従もしない。まず自己を新時代に対決せしめ、「掙扎《そうさつ》」によって自己を洗い、洗われた自己を再びその中から引出すのである」(「序章——死と生について」)。具体的に言えば、例えば竹内は、魯迅が梁啓超の影響を受けたかどうかについて、「受けたとしても、その受け方は、その中から自己の本質的なものを選び出すためにその中へ身を投ずるという仕方で、「掙扎《そうさつ》」的な受け方をしたのではないか。従ってまた、それは後年の革命文学の場合と同じ態度ではなかったか」(「思想の形成」)と分析していた。「彼はその苦痛を、自分から取り出して、相手の中へ置いた。そしてこの対象化された苦痛に、彼は打撃を加えた。彼の論争はこのようにして行われた。いわば彼は、彼自身の生んだ「阿Q」と闘ったのである。従って論争は、本質において文学的である。つまり、行為以外のものでない。作家が作品の中ですることを、彼は作品の外でしたのである。批評家が批評の世界を築くと同じように、彼は論争によって、世界の外に世界を築いたのである」（「政治と文学」）。竹内にとって、こうした逆説的関係への理解は、魯迅についての読みから来たものと言うよりも、むしろ竹内と支那学者たちとのあいだの、あの「無物の陣」での戦い[22]のごとき接点なき論戦から来たものと言うべきであり、竹内が戦争の時代のなかで感じ取った時代の矛盾と知識人自身の矛盾から来たものと言うべきであろう。かくして、かつて吉川幸次郎によって排除された、現代の知識制度からすれば受け入れがたい、精密さも実証性をも欠いた「童心」が、魯迅との出会いの中で急速に豊かな栄養源となり、竹内自身の逆説的特質を育んでいったのであった。

竹内好は『魯迅』の中でひとつの基本原則を提起した。それは内部から発した否定のみが真の否定であるという命題である。言い換えれば、自己否定のみが否定の価値をもつということであり、自己否定を経ない思想や知識、外からやって来た既成のものは、いかなるものであれ生命力をもたず、死んだ知識であるということだ。言うまでもなく、これは竹内が支那学者と対立していた時期にすでにかたちづくられていた基本的立場であった。しかもその時期に、かれはすでにそれを「文学的態度」と名づけていた。『魯迅』の中で、こうした自己否定の原則はさらに展開され肉づけされて、「掙扎《そうさつ》」という魯迅に由来するキーワードを核心とする逆説的立場がかたちづくられたのであった。その特徴は、ふつうは対立的に考えられている矛盾した事物の両極を統一的な主体の中に置きつつ、主体の否定的介入を通じて新たな主体的精神の形成を促すところにある。と同時に、この新たな主体的精神は、もとの主体性と簡単に対峙するような性質をもたないのであり、その意味で、その主体は、表層的な意味での不断の転換を通じてその回心の軸に向かいつつあるに過ぎない。このような、一見いささか衒学的とも思える語りは、その実べつにことば遊びなどではなく、むしろ逆にひとつの重要な実践的原則であった。以下では、事実、戦後竹内好が日本の近代化と近代性という重要問題に正面からぶつかりはじめ、なかでも日本がヨーロッパ的近代化の方式とその思想的伝統の形成の問題に正面からぶつかった際、こうした逆説的特質が、竹内がつねにそうした問題について語り起こす際の出発点だったことなどについて述べるであろう。

文学的なテクスト分析としての『魯迅』は、半世紀以上の歳月を経たこんにちの目で見ても、依然として出色のものであろう。なるほどたしかにきめ細かい分析のツールを欠き、厳密な論証を提示しているわけでもないが、魯迅というひとりの複雑にして特異な対象について、竹内好の方法は非常に有効な機能を備えていたと言えよう。それというのも、ひとりの文学者として、魯迅が私たちに残してくれた遺産の中で最も精彩を放っているものは、必ずしも魯迅の創作した作品とは限らないからである。もしかりに通行の文学の定義にしたがうなら、小説と散文だけが魯迅の文学作品の主要部分と見なされることになり、魯迅の文筆生活の中で重要な位置を占めた雑文を彼の「思想」を宿す主要な場と捉えることは不可能ということになってしまう。そうなれば、文学者としての魯迅の位置は大いに減額されてしまうだろう。竹内好の『魯迅』は、そうした角度からアプローチしたものではなかった。竹内は、魯迅は通常の文学観念とは無縁であることをはっきりと認識していた。いわば、魯迅の存在によって、文学なるものの意味内容がそれ自体あらためて定義し直されることになったのである。

著書のはじめの部分で、魯迅は中国新文学運動の中でただ一人、最初から最後まで現役として生き残った文学者であると言い、したがって魯迅の文壇生活は中国近代文学の全史に当たるとうたったとき、竹内はすでに私たちを、ある一つの新たなる文学の定義へと導こうとしていたのである。作品の中で魯迅は、一般的な文学理解とは異なる特性を示していた。「苦悩がそのまま作品に含まれるような作品だけを作品と考える習慣がもしあるとすれば、魯迅はその考え方を訂正させる種類の人である」(「伝記に関する疑問」)。つまり、魯迅は文学的創作の中で自己の苦悩を表現しておらず、わずかに過去形の自己を語ったに過ぎない——それも、着物を脱ぎすてるように棄てたものとして、というのだ。したがって、文学者としての魯迅はその生涯を通じて、非創作的な手段を用いて最も文学的な魂を表出したのであった。「彼は作品の中で自己を分裂させる代りに、作品を自己に対立させることによって、いわば作品の外で自己を語っているのである。彼の小説の古風さは一つにはここに由来しようし、雑感という独特の文体を創ったのもこれと関係があるだろう。私は、数年前に書いた短い魯迅論の中で、魯迅が小説を書けなくなったのは、文学が思想に追いつけなくなったからだと考えたが、今から思うと、この考え方は順序が逆になっていた。むしろ初めから思想を寄せつけなかったのではないかと思う。小説を書くことは、彼の場合、雑感を書くような行為ではなかったし、雑感を書くことは、文学史研究の激しい沈潜慾を一方に支えとした上で、はじめて行為たり得たのである」(「伝記に関する疑問」)。「行為」は、竹内が文学を定義する際に用いるキーワードである。彼はそれを観念と対立する意味で使っている。竹内の語彙のなかで、真の「行為」なるものは、必ずや不断の自己否定を伴わずにはいないものである。言い換えれば、真の行為はすべからく「掙扎《そうさつ》」でなければならないのだ。竹内は、魯迅の文学について真の意味で位置づけを行おうとすれば、そうした文学の魂を構成する「行為」なるものは魯迅の雑文にあるのであって、創作の中にあるのではないと感じていた。それゆえ、魯迅の文学精神について検討する際には、かかる行為の表出様式――雑文――を重視せざるを得ないと考えていた。このため竹内は、作品と雑文の両者をつなぐ役割をそなえた『野草』を重く見たのである。竹内がこのように語ったのは、彼が既成の定説に立ち向かわなければならなかったからだ。すなわち、文学とはフィクションにもとづく創作である、という既成の観念である。竹内による文学の定義は、まずそうした定説を打破するところから開始されねばならなかったのである。

言うまでもなく、竹内は狭義の文学の定義も尊重していた。したがって、彼は魯迅文学の中で創作が占める重要性までをもラディカルに否定しようとしていたわけではない。しかし、それを尊重したからといって、それはなにも竹内がそうした文学理解をひそかに解体し、再構成するのを妨げるものではなかった。事実、この点は、彼が「作品」と「文学」とを分けて考えていた点に表れている。『魯迅』は全部で六章から成るが、(23)そのうち第四章と第五章は興味深い対照をなしているのである。すなわち、第四章は「作品」について論じられており、魯迅のいわゆる「強いて創作と称し得べきもの」として、小説、散文、散文詩が検討されていた。だが同時に、竹内は次のような説明を付け加えていた。「私は、創作と雑文の区別を立てたり、その区別を基準にして文学論めいたことを云うつもりは毛頭ない。私のやりたいことはただ一事、魯迅の位置を決めることである。思想や、作品行動や、日常生活や、美的価値でなく、それら雑多なものを可能にしているある本源の何者かを知りたいのである」。これに対して第五章「政治と文学」では、政治と文学との関係が検討されたが、そこで用いられた材料は、魯迅の雑文であって、創作ではなかったのである。言い換えれば、文学者としての魯迅によって表現された文学と政治の関係は、竹内の目から見れば、ただ雑文の世界の中でのみ、探し求められ得るものだったのである。

竹内好が軽くあしらった通行の「文学論めいたもの」では、確かに私たちを魯迅文学の深部にまで導くことはできないだろう。魯迅文学に具わる強烈な精神は、文学の再定義を求めていたのである。竹内の『魯迅』が行ったことは、まさにそうした作業であった。竹内は「文学」を一つの創作行為から究極的で本源的な存在そのものへと押しやり、と同時に「文学」の名において、そうした究極性と本源性に現実人生の流動的様態を獲得させたのであった。この点は、「政治と文学」の章に最も集中的に表れている。

「政治に遊離したものは、文学でない。政治において自己の影を見、その影を破却することによって、云いかえれば無力を自覚することによって、文学は文学となるのである。政治は行動である。従って、それに対決するものもまた行動であらねばならぬ。文学は行動である。観念ではない。しかしその行動は、行動を疎外することによって成り立つ行動である。文学は、行動の外にでなく、行動の中に、廻転する球の軸のように、一身に動を集めた極致的な静の形で、ある。行動がなければ文学は生れぬが、行動そのものは文学ではない。文学は「余裕の産物」だからである。文学を生み出すものは政治である。しかし文学は、政治の中から自己を選び出すのである。……真の文学とは、政治において自己の影を破却することである」。かかる流動的な「自己選択」こそ、魯迅が孫文に見た「永遠の革命者」の精神にほかならない。それに対して、孫文に革命の成功者、あるいは革命の失敗者をしか見ない「文学」は凝固した世界であり、そこでは自己生成は行われず、文学の生命の死滅あるのみなのである。ここでは、文学とは一種の現実政治とは対等ではないかたちで、それ自体の独特な「余裕」をもつ「文化の政治」として理解できるわけである。

とはいえ、竹内の「文学」は必ずしも「文化の政治」という概念で尽くされるものでもない。著書『魯迅』での文学の本源的位置の追求を通じて、竹内は自分が考えた世界全体がもつべき「文学的構造」についてのビジョンを作りあげた。文学とは思想であり、行為であり、政治であり、美学である。しかし、そうでありながら、そのすべてをはるかに超えており、それらすべてを生み出し、棄て去る本源的な「無」であって、不断に流動する影と不断の自己更新の空間なのである。かくして、支那学者らとの対決そのものはもはや事にもたれて事を論ずるような技術上の問題ではなく、世界観という意味での自覚を獲得するものとなった。

『魯迅』の執筆をひかえた時期は、竹内にとって重要な思想的決断を行った時期でもあった。中国文学研究会という、このほとんど竹内一人によって方向性の定められた団体は、ちょうどこのとき苦境に立っていた。一〇年の奮闘努力を経て、この研究会はいまや相当な影響力をもつにいたり、かなりの実績もあげていたが、それと同時に、研究会は、漢学と支那学とがともに直面していた問題に直面することになったのである。それはすなわち、いかにして自己更新を行うか、であった。

漢学と支那学はいずれもこの問題に正面から向き合うことを拒絶したのであり、それが竹内がそれらと対決することになったほんとうの原因でもあったが、それでは中国文学研究会がやはり同じ問題に直面したとき、竹内はどうすべきであったか。

竹内はそこで、のちに『魯迅』の中で提示されることになった究極的で本源的な文学的態度を見事に実践して見せたのである。一九四三年一月二三日、武田泰淳邸で、竹内は五人会議を招集し、これら中心メンバーにより、研究会の解散と雑誌の廃刊が取り決められたのであった。そのとき会議に加わった一人、千田九一《ちだくいち》が、竹内が会を辞めて誰か別の人に任せたいと切り出したときの状況を雑誌の終刊号に詳しく書いている。「竹内がやらなければ誰もやらないのである。竹内がやれなければ誰もやれないのである」。「こんなことは二度と起らない文化のぎりぎりの姿である。竹内は誰よりそれを感じているに違いない。……結局、竹内の生き方ということになろう[24]」。

研究会の解散と雑誌の廃刊は、むろん一連の外的要因もあったとはいえ、その根本的原因は「竹内の生き方」にあった。終刊号に発表された竹内の「『中国文学』の廃刊と私」は、それをはっきり伝えている。タイトルに示された通り、この雑誌の廃刊は、集団的な行為というより、竹内という「私」の個人的行為である。行間まで読めばわかることだが、この文章は実に重苦しいものだ。当時竹内はまだ三三歳だったが、にもかかわらず、のちに『魯迅』の中に書かれたような「生きるための選択」としての死を、かれはすでにくぐり抜けていたのであった。停刊ではなく「廃刊」という語を用いたのも、自分が心血のすべてを注いだ『中国文学』というこの「文化」が、もはや「二度と起こらない」ものであること、再起はあり得ないことを竹内自身はっきり意識していたからである。「止めることが決定的になった今では、冗談から駒が出たような、あるいは火遊びが過ぎたような、けうとい思いもあるが、また却って止めるのが本当であったという安心も感ずる」。ここからある重要なメッセージが読み取れる。研究会の解散は、竹内個人の意志で決めたものだ。仲間たちの消極的同意を得て、竹内はそれを決意したが、「冗談から駒が出たような」、「火遊びが過ぎたような」気持ちが安心感に繋がるのは、ある種の「絶望に対する絶望」ともいうべき感情が生じているからである。この感覚こそが、後になって「魯迅」の分析の方向性を決めたといえよう。竹内は一〇年間という時間を費やして、全力をあげて中国文学研究会や雑誌を支えたが、会と雑誌は彼の個人的な意思に沿って発展するわけにはいかなかった。その「けうとい思い」が生じた原因は、彼が不満とした諸々の現象が、ある意味では自らの責任で発生したものであり、そして会が自分の理念に背く方向に向かいつつあることを見守りながらも、止めることができなかったという悔しさにあったに違いない。そればかりでなく、この会をやめることは、彼自身の一〇年間の努力への自己否定にもなり、彼が感じた寂寞は、敵の攻撃のなかでの寂寞ではなく、親愛なる友のなかでの寂寞であった。問題はさらに、厄介なところもある。竹内は先駆的にものごとを予言する形で会を運営したわけではなかった。かれは自分の理念をはっきりした形で友に伝えることができなかったし、自らそれを輪郭付けすることさえもできなかった。こういう試行錯誤的な模索の中で、彼は会の解散理由を、つぎのように述べている。

第一に、「われわれが党派性を喪失したこと」だと竹内は書いている。ただ、彼の言う党派性は、世に言われている意味とはちょうど逆だった。つまり、知識界の中である種の確固とした位置や影響力を手に入れるというような意味ではなく、主体性そのもの、矛盾に満ちたカオスの中で不断に自己確立を求めることの意であった。不断の自己否定を通じて環境の中で自己を選び出すこと。と同時に、そうした自己確認を通じて知識界全体を改造するエネルギーそのものをさしてもいた。言い換えれば、党派性とは、外部に他者を打ち立ててそれと対峙するようなものでなく、内部の本源的な矛盾の中で懐疑の精神をはぐくみ、そうして自己と環境の更新をはかる、といったものであった。竹内と支那学者との論戦は、こうした「党派性」を如実に体現するものだったのである。が、そのことは仲間たちからも真に理解されることはなかった。「根源的な矛盾が消えて、安定が来た。持続の日がはじまったのである。そのような会を、私は不満に思う」。中国文学研究会は竹内の構想とは異なり、日本の知的状況を変えるには至らず、かえって妥協を開始し、その構成要素となっていったのだった。言い換えれば、竹内の支那学と漢学に対する抗争は失敗に終わったのである。かくして、研究会は世間に認められたが、それは世間に支配されるしるしだと竹内が考えた。彼はそのような情況を「世俗化」とよんでいる。「世俗化は会の発展に伴う必然的現象であり、いわば運命である」。だがまさにこの種の世俗化への挑戦こそが、本源的な問題への回帰をもたらしたのであり、竹内は輝ける光の追求を放棄し、光に沿って、あの究極におけるブラックホールへと向かって歩んでいったのだ。そして、そのブラックホールの追求には、日本の知識界に対する失望も表現されていたのである。

第二に、廃刊と研究会の解散のみが、竹内の基本理念を「行為」へと変えることができた、ということがある。そしてここで言う「行為」こそが、明治以来の東アジア問題をめぐる日本の立場に対するクリティカルな省察をもたらしえた。一人の現代中国研究者として竹内は、太平洋戦争勃発後という時点において、彼がこの事件に期待を寄せた「大アジア主義」の理念が裏切られるという経験にぶち当たったのである。戦争に対する竹内の態度については後に詳しく検討するのでいまここでは簡単に触れるに止めるが、一九四三年当時、竹内はすでに、彼がかつて留保なしに支持した欧米に対する宣戦という国家行動が、ある種の欺瞞性を帯びていたことを意識し始めていた。しかしその時点では、戦争そのものを否定するには至らず、この戦争を支持する欺瞞的な文化的基礎を批判するにとどまった。言い換えれば、竹内は、いわゆる非植民地化を目指すとする「解放戦争」に対して、依然として幻想を抱いていたのであり、しかも自己の行動によって当時の植民地の文化的空気に対抗し、真の大東亜文化の建設を目指していたのである。「今日の文化は、本質において官僚文化である。官僚文化は性格として自己保全的である。(中略) わが日本は、既に大東亜諸地域の近代的植民地支配を観念として否定しているのではないか。私はそれを限りなく正しいと思う。植民地支配の否定とは、自己保存慾の拋棄ということである。個が他の個の収奪によって自らを支えるのでなく、個が自らを否定することによって他の個を包摂する立場を自らの内に生み出してゆくことである。奪うことによってでなく、与えることによって世界が描かれねばならぬ」。これは竹内が戦争とアジアの問題を考えるときの基本的立場であり、同時に、彼が日本思想の伝統について考える際、何より痛恨を感じる問題であった。なぜなら、明治以来の日本が東アジアで行ってきたことは、まさに竹内が批判したところの「自己保全」にほかならなかったからである。この意味で、竹内に可能だったのは、いわば「独善」的行動——自らの「自己否定」の理念を徹底させ、それを「行為」へと転換し、研究会を解散して機関誌を廃刊すること――に過ぎなかった。その限りで竹内は、狭隘でありながら拡張的性格をもった日本文化に対する失望を表明していたのだと言えよう。

第三に、漢学と支那学の陣営の中から自己否定を経て誕生したものとして、現代中国文学研究はそれ自体、最終的に自己否定に行き着く宿命をかかえてもいた。すなわち、最終的に近代および近代文化の否定へと向かわざるを得ないという宿命である。「中国文学研究会は、否定されねばならぬ。つまり現代文化は否定されねばならぬ。現代文化とは、現代においてあるヨーロッパ近代文化の私たち自身への投影である。私たちは、そのようにある自己自身を否定しなければならぬ。何故ならば、私たちは世界史を自らの内に生み出す創造者としてあるからである」。竹内はここで「世界史の中の近代」という視角から自己否定の歴史的意義を提起し、一つの興味深い逆説を提示していた。すなわち、日本文化はただ日本文化自体を否定することによってのみ世界化され、同時に、外国文化の問題は日本文化の問題に転化してはじめて意味をもつということである。旧漢学が他者意識を欠落させていたのとは異なり、竹内の逆説には醒めた他者意識が具わっていた。と同時に、一般の外国文学研究と異なり、竹内の逆説には「国家」や「民族文化」によって他者をつくり出す枠組みを徹底的に解体する可能性も指し示されていた。

ここで、四〇年代前半における日本の知的風土、特に京都学派によって一九四二年前後に行われた「世界史的立場と日本」という座談会を思い出す必要があるかもしれない。竹内好の一連の文章の用語から考えれば、彼は京都学派から影響を受けていたのはいうまでもない。しかし、彼が影響を受けたかどうかを論じるのはほとんど意味がない。むしろ彼の「受け方」には特別なところがある。『魯迅』の中で、竹内好は「影響を受ける」ことに関しての分析パターンを模索した――魯迅が梁啓超からどのような影響を受けたかより、魯迅が梁啓超から「何を捨てたか」を考えるほうが重要である。すなわち、真の影響とは、ただの真似という意味ではなく、むしろ「何を捨てる」ことによって受け継ぐか、あるいは最後に拒絶するか、ということであろう。竹内はまた「政治と文学」という章のなかで、「矛盾の自己同一」という用語について、一九五二年創元文庫版においてつぎのように注釈をつけた。「この種の西田哲学から借りた用語が散在するが、これは当時の読書傾向からの影響であって、今日からみれば、思想的な貧しさのあらわれである。西田哲学における用語例に厳密に従っているわけではない(25)」。当時の情況に応じて、自分を「西田哲学の影響」というような反応から選び出そうとしたかもしれない。竹内は自分における、西田を始めとした京都学派の影響を否定していなかった。しかし、彼は「思想的な貧しさ」としてその影響を位置付けていた。早年の「言葉が足りない」という焦燥感も、ある意味においてこの「思想的貧しさ」の含意を立証したと考えられる。竹内は京都学派に「言葉」を求めた。しかし彼は、まるで魯迅が梁啓超から影響をうけて、まもなくそれを捨てたと同じような手続きを経て、まもなく京都学派をも捨てたのである。『中国文学』を廃刊する時点において、竹内はもはや思想的貧しさを補う努力によって、思想的創造に努めていた。彼は京都学派の「世界史観」と本質的に異なる「世界史観」を打ち出し、京都学派に最も欠如した「自己否定」というテーゼを自分の世界史観の魂にしていた。

特に注意に値するのは、「外国文学研究」に関する見方について語った際、竹内が「日本のなかの中国」という極めて複雑な課題を提起したという点であろう。[26] 中国文学研究会の一〇年間に及ぶ努力によって、中国のことを何も理解していなかった日本社会がついに中国文化に関する基本知識を獲得するに至ったとき、竹内はしかしそうした固定化された「中国」イメージの中に最大の危機を見出したのである。その危機とはすなわち、「中国」なる他者が逆に日本の「自己保存」的傾向を強化するということだ。この点において、彼は中国文学研究会が「党派性」を失い、官僚文化の打破という局面で自らの役割を果たし得なかったことに心を痛めたのである。「私たちは方法として一般外国文学研究の態度に従ったが、そのことは逆に、一般外国文学の研究を可能ならしめる現代文化の框を、支那を媒介とすることによって批判しえたからである。今日においても、中国文学研究会によって否定された漢学および支那学は、事実として残存する。のみならず中国文学研究会自体がいちじるしく支那学化してゆく傾向にある。……漢学と支那学の否定を立地とし、一般外国文学研究の方法を方法とした中国文学研究会は、まさにそのゆえにこそ行き詰らなければならなかった。漢学と支那学の否定のためには中国文学研究会自体の否定が必要となった」。

支那を媒介とし、中国現代文学研究を通じて現代文化の枠組みを批判したとき、竹内は日本の近代性の問題における最も基本的な部分に触れていた。それは国民国家の創出と近代文化との関係にほかならない。吉川幸次郎と翻訳の問題をめぐって論争した際、竹内は旧漢学の訓読とは違う、真の日本語訳というものを打ち立てようとしていた。言い換えれば、竹内は中国語と日本語とを、二種類の相異なる文化のスタイルとして区別しようとした。しかし同時に、支那学の学術的な客観性をも批判したことによって、この区別にはもう一段別のレベルの自覚が伴われることとなった。すなわち、研究主体のレベルにおいて、中国という対象の外在化それ自体が絶対化されることがないよう、常に警戒を怠ってはならないという自覚だ。したがって、竹内の中国研究は、モダニティの問題とリンクする一つの逆説に触れているのである。それは、国民国家は近代文化の世界化をもたらすと同時に、近代文化の世界化の阻害要因ともなっている、ということだ。この問題に対する竹内の答えは、主著『魯迅』の核心思想をなす「掙扎《そうさつ》」にほかならない。竹内は自身の研究対象である「中国」に入っていき、全身全霊でそれを体験し、感受し、理解しようとした。と同時に、不断に研究対象の中から「自己を選び出し」、自身が中国化されることも、中国を抽象化したり記号化したりすることも拒否したのであった。この絶え間なき「往還」の中で、竹内は中国と日本という枠組みを打破し、彼独自の認識方法を築きあげたのである。[27] その認識方法は、のちに復刊された『中国文学』誌に警告を突きつけた際、いっそうはっきりと示された。[28] 国家を抽象化したり記号化することに対する竹内の警戒は、彼が「『中国文学』の廃刊と私」の中で批判した二種の極端な思考様式と相対立するものだった。一つは、一般外国文学研究の態度によって表現された「自己の保存を前提とし、従って対立者の存在を予想」するようなやり方である。[29] もう一つは、「経済人にせよ思想人にせよ何らかの抽象的自由人」を前提し、表面上は竹内が言うところの自己保存の欲望をもたないようなやり方である。それはつまり竹内が批判した支那学の客観性の立場であり、吉川幸次郎がこだわった「大人の立場」でもあった。竹内はこうした「傍観的態度」を分析して、それは「究極において、自己保全的であり、ヨーロッパ的近代を肯定する立場であり、従って非歴史的であり、何らかのヨーロッパ的世界像を前提とする」ものだと語っていた。言い換えれば、竹内の眼には、前述の両者は、実は同じ穴のムジナと映っていたのである。しかし、自己保存を前提とする「他者意識」および傍観者的な「自由人意識」は、当時から今日に至るまで、知識界にはびこる二種の思考様式であり、両者はふつう互いに対立的な立場にあると見なされている。そしてこの種の表面的な対立の中に竹内が直感的に感じ取った内在的同一性は、それが同様に一種の非歴史的な思考を前提とするところに存在しているのであって、竹内はそれを「ヨーロッパ近代の立場」と呼んだのだった。そして、この二種類の立場はいずれも日本の同時代的課題を回避してしまっており、せいぜい抽象的で静的《スタティック》な態度でもって流動する現代世界に向き合おうというに過ぎなかった。それはまさに竹内が以下の文章のなかで提起する「哲学的構造」にほかならない。

前述の思考様式を竹内が「ヨーロッパ的近代の立場」へと帰結させたことが正しいか否かは、いまはしばらく措く。また、竹内のいわゆる「ヨーロッパ的近代」なるものがいかなる独自なシニフィエ(意味内容)をもっていたかについても必ずしもここで突き詰める必要もないだろう。何より重要なのは、前述の批判を行った後、竹内が自ら文学者をもって任じるようになり、世界を「文学化」させようと試みたということである。

「『中国文学』の廃刊と私」の終わりの部分で、竹内はこう書いていた。「文学が衰退しているとは、客観的に説明すれば、世界が文学的構造を持たぬということである。今日の世界は、文学的であるよりは確かに哲学的である。今日の文学は、大東亜戦争を処理できぬ」。竹内における創造／凝固、行為／観念といった対立図式の設定からすれば、哲学的構造とは明らかに凝固して抽象的な、行為を伴わぬ観念の世界を指し示すものであろう。その意味で、世界の哲学化とは、生の本源の枯渇と歴史の静態化を意味するものにほかならない。かくして、世界は自己更新の能力を失ったものとなったのである。さらに、一九四三年のこの一文の行間から、我々は竹内好が京都学派の「世界史の哲学」への対抗意図を読み取ることも可能であろう。

「『中国文学』の廃刊と私」は、そこに大東亜戦争の理念に対する留保なしの肯定的態度が示されていたため、一般に竹内好研究者からはひとこと触れるだけで済まされている。しかし、竹内好の文学的立場を理解しようとする立場からは、これは非常に重要な文献である。なぜなら、そこには竹内の「回心の軸」が正面から語られており、その回心の軸が本当の意味で行為として外在化されているからである。中国文学研究会の解散から日本の自己否定の主張に至るまで、あるいは大東亜戦争の理念の鼓吹から国民国家の枠組みの解体に至るまで、竹内は自らの文学的構造を、一九四三年という苦難の時代のなかで、ある極めて難解なかたちで書き付けていた。それは、戦争という、モダニティの問題の病巣が凝集され激化された現代的事件の白熱化した段階において、竹内は世界の哲学的構造を文学的構造に転化しようと試みたということである。彼は『魯迅』で描き出した自己否定のプロセスに飛び込み掙扎《そうさつ》する文学精神を、モダニティの問題を取り扱う場合の最大のエネルギーに換えようと試みたのだ。

竹内好は失敗を運命づけられていた。戦争は、血と死そして獣性の暴力の白熱化をともなう一つの複雑な事件であって、「文学」でもって「哲学」に置き換えるチャンスを竹内に直接与えることはとても難しいことであった。世界は、当時はもちろん今日に至るまで、依然として文学的構造を獲得しておらず、逆に、文学はまさに竹内が最も憎んだやり方で衰退しているのである。それは竹内が説いたような究極的な立場へと変換され、「掙扎」の真の動力に姿を変えることなく、わずかに技術や教養、あるいは自閉的な地盤になったに過ぎなかった。世界の文学化とは、世界が自己否定のプロセスの中で不断に自己更新と自己創造を行うことを意味しているのであり、そのような基点が打ち立てられてはじめて、この世界は真に文学を理解することになる。竹内が『魯迅』の中で行った、つぎのようないささか理解に苦しむ判断は、文学と世界、文学者と世界との関係を正確に概括したものと言えるだろう。「絶望に絶望した人は、文学者になるより仕方ない。何者にも頼らず、何者も自己の支えとしないことによって、すべてを我がものにしなければならぬ」(「政治と文学」)。もしも、竹内の失敗が、厳しい現実に直面したときに理想主義的な激情をあまりにも表に出し過ぎた点にあったというなら、その現実に対する判断ミスも、単にそのときその場の流れに対する判断ミスというだけであって、原理的なミスというわけではない。こうした一見「机上の空論」とも思える議論が時空を超えて私たちの精神的財産になりうるのは、竹内好が机上の空論どころか、まさに現実に存在する原理的問題をしっかり押さえながら、魯迅の「絶望に対する絶望」を理解し実践していたという点によるものなのである。しかし文学が世界の構造になるという夢が破れたときも、だからといって竹内は「絶望」への努力を放棄することはなかった。反対に、それは戦後、竹内が日本社会と近代性《モダニティ》をめぐる一連の問題に介入する起点となり、開かれた文学への原動力ともなったのである。

第二章　文化‐政治の視座

一　近代をめぐって――世界構造としての文学

一九四八年、丸山真男が「肉体文学から肉体政治まで」を発表する一年ほど前、竹内好は「中国の近代と日本の近代――魯迅を手がかりとして」(のちに「近代とは何か(日本と中国の場合)」と改題)を発表した。丸山真男が日本社会の実体化にはらまれた前近代性を糾弾したその方法とは反対に、竹内の日本近代批判は日本の無抵抗な近代化に着目したものであった。そして竹内が文章の副題に掲げたように、戦後日本の近代化の歩むべき道筋を探ろうとしたこの論文は魯迅を手がかりとするものであった。魯迅の出現は歴史を書きかえるものであった。魯迅以前にも、先駆者の型はいくつかあるにはあったが、それはおしなべて歴史から孤立したものであった。そして魯迅精神の核心をなしていたもの、それは魯迅の「抵抗」であった。

日本と中国の近代について検討したこの論文において、核心的な命題となっているのは、日本の近代が一種の「優等生文化」であり、不断に外へと向い、自己否定を欠落させた「奴隷」文化であって、一種の無媒介な転向文化だというものである。これに対して、中国の近代はつねに自己の内部へ向かって革命を起こした「回心」の文化であり、常に抵抗を媒介としながら自己の更新を進めるという。竹内は日本の近代主義者による進歩観念の理解をぶち壊し、明治維新の成功はまさに近代日本の堕落の始まりを意味するものであったと指摘したのであった。というのも、加速度的に進められた日本の近代化の過程で作りあげられたのは、たかだか奴隷が奴隷の主人に変わるだけの、そうした構造に過ぎなかったからである。

この基本的命題は言うまでもなく画期的な意味をもつものであり、そのためこの本論文は今日まですっと日本思想界で注目を集める重要文献であった。一九四八年の発表後、一九五一年には竹内の『現代中国論』(一九五一年九月、河出書房刊)に収められ、一九五九年には筑摩書房の「現代教養全集」第一五巻『日本文化の反省』にも収録された。さらに一九六四年には『中央公論』一〇月号の特集「戦後日本を創った代表論文」の一篇として野村浩一氏による解説を付して取りあげられている。しかし、たしかに戦後日本において日本近代の問題を論じた名文の一つとなったとはいえ、それはこの論文が真に理解されたということを必ずしも意味しない。一九六六年、竹内が自ら「竹内好評論集」第三巻『日本とアジア』のために書いた「解題」にはこうある。「発表当時は、ほとんど世評に上らなかった。十六年目に『中央公論』の選に入ったのは、奇縁というほかない。野村浩一氏が解説で「戦後日本の生み出した、語の本来の意味における歴史哲学の一つ」と書いている。効果でなくて意図に則した、好意ある解釈だと思う」。

竹内は明らかに期待していたような読者からの反応を得られなかったのである。言い換えれば、単に「回心」と「転向」の間で東洋の近代化を理解しようとするなら、竹内が伝えようとした根本的問題に到達することはできないのである。実際、「回心」とか「転向」といった用語は、この重要な文章の中でいちばんどうでもよいものだ。一般の学術論文と違い、私たちにできることはせいぜいそうした言葉を頼りにこの論文の道筋を探り出し、それに分け入っていくことくらいであって、それを文章の基本的論点ないしキーワードと見なしてはならないのである。

「中国の近代と日本の近代」は構成という点ではあまりかっちりしたものでなく(これはむろん著者が極度の困窮生活にあって途切れなく執筆に打ち込むことができなかったためもあるが、あまりにも多くの命題が詰め込まれていることと、そもそも著者の語り口の問題もある)、全編を貫く潜在的な手がかりは魯迅のみである。そのため、魯迅に対する竹内の独特な読みをおさえることなしに、その基本的な考えの筋道を理解することは難しい。論文の書き出し部分では、近代中国の歴史における魯迅の位置を導きの糸としつつ、竹内の「歴史哲学」(野村浩一のこの評語は的を射たものと言えよう)が説明されている。竹内はまず、魯迅の出現は「歴史の書きかえの意味」をもっていたと強調した後、ヨーロッパ近代の形成過程を例として「歴史の書きかえ」の意味内容を次のように掘り下げている。「近代とは、ヨオロッパが封建的なものから自己を解放する過程に(生産面についていえば自由な資本の発生、人間についていえば独立した平等な個としての人格の成立)、その封建的なものから区別された自己を自己として、歴史において眺めた自己認識であるから、そもそもヨオロッパが可能になるのがそのような歴史においてであるともいえるし、歴史そのものが可能になるのがそのようなヨオロッパにおいてであるともいえるのではないかと思う。歴史は、空虚な時間の形式ではない。自己を自己たらしめる、そのためその困難と戦う、無限の瞬間がなければ、自己は失われ、歴史も失われるだろう」。それに続くヨーロッパと東洋の一進一退の緊張関係について論じた部分では、竹内はさらに次のように書いている。「前進＝後退は瞬間である。それはヨオロッパがヨオロッパになる(したがって東洋が東洋でなくなる)緊張の瞬間である。瞬間というのは、極限として延長をもたない歴史上の一点、というよりも、歴史がそこから出てくる場所(ひろがりでない)という意味である」。これこそ竹内好の歴史哲学であり、竹内のいわゆる「歴史の書きかえ」の意味するところにほかならない。その語り口はいささか晦渋ではあるものの、決して理解し難いものではないし、少なくとも、私たちはベンヤミンの「歴史の概念について」(いわゆる「歴史哲学テーゼ」)を——竹内のそれと驚くべき一致を見せるその論述を——手助けとすることによって、竹内の言わんとしたところを理解することができる。それはすなわち、歴史はいまここの主体の力を借りてはじめて存在しうるものであり、かつ、いまここの主体が高度に張りつめた危機意識を備えているときにはじめて、瞬間のうちに展開し、主体が歴史の中に入っていくことを可能にするということだ。しかし問題は、竹内のこうした歴史哲学を理解したとして、そこでさらに問いを突き詰めなければならないのは、ではなぜ竹内はそうした瞬間について、その特性として延長も拡張ももたないことを強調し、それを歴史がそこから生み出されてくる母胎と見なす必要があったのか、という点にあろう。竹内が歴史とは客観存在の連続的な実体ではなく、いかなるぶれの余地ももたぬことを前提とした「瞬間」の産物であると強調し、自己と自己形成の緊張がなければ歴史は失われると強調したとき、彼は私たちにいったい何を言わんとしていたのか?

これに引き続いて竹内は、そうした緊張の瞬間とは「ヨオロッパ的な」ものであると語り、同時にそれをヨーロッパ的だとか東洋的だとか腑分けする定義づけの根拠は決して十分なものではなく、それは単に一種の不可知論ないし相対論に過ぎないかもしれないと強調した。しかしこの種の問題の検討は彼の任務ではなく、「私はただ、自分が経験的に知っていることをもとにして、文学的直感を手がかりとして、与えられた(つまり、現在の私自身の)問題を解こうとしているだけである。解くというより、問題そのものを手さぐりしているだけである」と述べている。言い換えれば、竹内は決してこの世界の東洋／西洋の対立問題と歴史的形成の図式に対して哲学的に一つの「答え」を出そうとしていたわけではなかった。竹内が直面していたのはすぐれて現実的な対立の局面であり、その歴史哲学は、彼が不満を抱いていた、知識というもののおかれた位置の問題にぴたりと照準を合わせていたのである。竹内が私たちに伝えようとしていたのは、歴史がいままさに実体化され、知識を用いれば絶えず接近可能な客観的実在物として固定化されようとしているということ。そして、そうした凝り固まった思考様式のもとで、東洋と西洋との対立の問題あるいは歴史認識の相対化といった、人々が論争に明け暮れている類の問題は偽物の命題に過ぎないということであった。だからこそ竹内は次のような言い方をしていたのである。「私にとって、すべてのものを取り出しうるという合理主義の信念がおそろしいのである。合理主義の信念というより、その信念を成り立たせている合理主義の背後にある非合理的な意志の圧力がおそろしいのである。そしてそれは、私にはヨオロッパ的なものに見える。私は、自分のおそれの感情を、そのものとしては気づかずに過してきた。日本の思想家なり文学者なりの多くが、少数の詩人を除いて、私が感じるようなものを感じていぬこと、かれらは合理主義をおそれていぬこと、しかもかれらが合理主義(唯物論を含めて)と称するものが、どう見ても私には合理主義に見えぬこと、を感じ、私は不安であった。そして私はそのとき魯迅に出あった。そして魯迅が、私が感じているような恐怖に捨身で堪えているのを見た。というよりも、魯迅の抵抗から、私は自分の気持を理解する手がかりをえた。抵抗ということを私が考えるようになったのは、それからである」。これこそ竹内が私たちに言わんとしていた真意のありかであり、自分は「文学的直感」を手がかりにしたに過ぎないと強調した重苦しい語感のよってきたるゆえんにほかならない。一九四八年に書かれたこの論文で提起された問題が竹内好一生の論戦を貫いていること、これは無視しえぬ問題であろう。若き日に、既存の研究対象に無限に接近する吉川幸次郎の「学問的態度」と自分は行き方が違うのだと言ったとき、竹内はひそかに「歴史を書きかえ」ていたのだ。主体が自己形成のために戦うその一瞬間ごとに、歴史が生まれるのである。そして竹内好にとって、こうした歴史は、主体が自己になるために敢えて自己を失う危険をおかすということ、つまり自己更新のための流動的状態を作りあげることを意味していた。竹内は支那学者と衝突した時から二十年余り後にも、「アジア主義」の問題をめぐって依然として同様の姿勢で日本の歴史学者らと論争を行い、しかもそこからあらためて二十余年前と変わらぬ自己の立場について述べている。「遠山(茂樹)氏において、人間は動機と手段の区別が明瞭な、他者によってまるごと把握できる透明な実体であるし、私にあっては、流動的な、状況的にしか自他につかめぬものである。歴史もまた、遠山氏には重苦しい所与であるし、私には可塑的な、分解可能な構築物としてある」(1)。ここから、竹内の歴史哲学がもっていた批判の矛先は日本のアカデミズムにおいて主導的位置を占める実体的思惟に直接向けられていたことが分かるだろう。竹内が歴史の瞬間性を強調したことの意義は、なによりも合理主義的な歴史解釈に対抗するところにあったのである。とはいえ、このことから竹内を非理性主義者と見なせば、それも間違いである。

かくして、私たちはここでようやく問題の入り口に立ったに過ぎない。竹内好が歴史の瞬間性がはらむ、「極限」状態を強調したとき、彼が引き出そうとしていたのは、単に「学者」の合理主義的で抽象的な手段に対する疑問と日本近代に対する批判だけではなかった。それ以上に重要なこととして、竹内はポジティブで複雑な建設を進めなければならず、魯迅をモデルとして進められた抵抗から絶望に至る読解を、いかに東洋の近代の構築へと具体化するかの問題があった。

日本合理主義への批判と結びつけながら、竹内は以下のような基本問題について検討を行った。第一に、東西対立の図式における東洋と西洋との関連性の問題。第二に、西洋の侵略に対抗する過程で東洋がいかに自己の近代を形成するきっかけをつかんだかという契機の問題。そして第三に、絶望の意味の問題である。これらの問題の難しさは、竹内がそれをロジカルなかたちで順をおって提起していたのではなく、いっしょくたにして語っているという点にあり、そのためこの議論の核心を理解精錬するには相当慎重な態度が求められたのである。と同時に、竹内が使用していたのが高度に実体化された既成概念であったにもかかわらず、そこで考察しようとした問題は一種の機能の問題であったために、真の論点は実際にはテクストの字面や論理的推論のなかには存在せず、いわば行間に潜在的なかたちで存在していた。このため私たちは、議論の核心に迫る一方、そうした既成の概念が誘いかけてくる思考の惰性をつねに排除していかねばならないのであり、これこそがこの論文が正確に理解されることを難しくしている根本的原因だと言えよう。

竹内が第一の問題、すなわち西洋と東洋との関連性の問題を検討した際に依拠したのは、既成のモデルすなわち西洋と東洋とを対立概念と見なす見方であった。しかし彼は、このような対立はヨーロッパと東洋の間に存在するのではなく、ヨーロッパ内部にしか存在していないと明確に指摘した。「東洋を理解し、東洋を実現したのは、ヨオロッパにおいてあるヨオロッパ的なものであった。東洋が可能になるのは、ヨオロッパにおいてである。ヨオロッパがヨオロッパにおいて可能になるだけでなく、東洋もヨオロッパにおいて可能になる。もしヨオロッパを理性という概念で代表させれば、理性がヨオロッパのものであるばかりでなく、反理性(自然)もヨオロッパのものである。すべてがヨオロッパのものである」。竹内は早くも一九四八年の時点で、次の認識に到達していた。つまりアジア問題(この論文の中でアジアに対する検討は真正面から行われなかったにもかかわらず、そして、東洋という概念ではその観念性のゆえにアジア問題の複雑さを伝えきれないにもかかわらず、方向性のうえで、竹内において東洋という概念とアジアという概念が潜在的に一致していることにここで注目すべきであろう)はアジア問題としてだけで自足できるような問題でも、アジア人自身の問題でもない、という認識である。ここではすでに、竹内が後年検討することになったアジア主義の問題について、方法論的に極めて高度なパースペクティブを準備していたことが看て取れる。少なくとも、今日、東アジアの知識人がアジアとは誰の問題なのかについて議論する際、このような思考は実に示唆的なものになるだろう。

竹内が本論において提起したのは、いかにしてヨーロッパの思考枠組みを突破し、アジアにおける思想の資源を形成するのか、という問題であった。しかし、このようなアジアの思想資源は、外観的にはヨーロッパに対抗する形を取りながらも、必ずしも「反ヨオロッパ的」になるわけでもない。魯迅を通して、竹内は初めから二項対立的発想法の虚偽性を暴き出していたのである。竹内における西洋と東洋は、決して真の実体的な概念ではないことは、すでに多くの日本の論者によって指摘されており、その指摘は基本的に正しい。(2) 同時に、ヨーロッパと東洋という概念は竹内のコンテクストにおいてプラス評価とマイナス評価、両方の価値判断を同時に含むものであり、肯定の対象である時もあれば、否定の対象である時もあり、いかにも混乱の様相を呈していることも指摘しておかなければならないだろう。もしもこれをもとに竹内は独特の近代主義者であったとか逆に独特の民族主義者であったと判断するとしたら、それは皮相的な見方である。もしもそのレベルで竹内の貢献を考えようとするなら、何の結果も得られないに違いない。なぜなら、こうした判断それ自体が、まさに竹内がこの論文の中で解体しようと試みたいわゆる「合理主義」の産物だからである。竹内自身が行文の中で常に使用した「ヨオロッパ的な」とか「西洋的な」といった判断も、その実、彼が真に関心をもっていた問題ではなかった。実際、「抵抗」や「絶望」といった概念に竹内が煩をいとわず詳しい解説を加えたことに比べれば、プラス評価であるとマイナス評価であるとを問わず、「ヨオロッパ的」という判断詞は、ほとんど説明抜きに用いられるか、極めておざなりな説明で済まされるだけであった。そのことは、「ヨオロッパと東洋とは、対立概念である。近代的なものと封建的なものが対立概念であるように。もっとも、この二組の概念のあいだには、空間的と時間的という範疇《はんちゅう》のちがいがあるだろう。しかし私は論理学を研究するのでも、歴史哲学を研究するのでもないから、そのことはどうでもいい」と竹内自身が強調していたとおりである。「東洋の一般的性質といっても、そんなものが実体的なものとしてあるとは私は思わない。東洋が存在するかしないかという議論は、私には、無意味な、無内容な、学者の頭のなかだけの、うしろ向きの議論のように思われる。……そのこと自体が、東洋という観念の日本におけるダラク史、したがってまた学問一般のダラク史を象徴するように思う」。これはつまり、竹内はその実、「すべてのものを取り出しうるという合理主義の信念」とは一線を画していたということである。ヨーロッパと東洋の概念はけっきょくのところいかなる「シニフィアン」と「シニフィエ」を含んでいるのかについて、それは学者先生の仕事だとして、竹内は関心をもたなかった。したがって、竹内が「ヨオロッパ的」とか「ヨオロッパ的近代」といった類のことばで自分の論述を結んでいる場合、私たちはそれを必ずしも重く受けとめる必要はないのである。竹内が関心をもっていたのはそうした価値判断などではなく、近代以来のヨーロッパ的思想観念の東洋への浸透という基本的事実が世界思想史に対してもった意義――とりわけ、それが東洋の思想伝統の形成に対してもった意義であった。

この論文を細かく読むと、ヨーロッパと東洋との関係について取り扱うに際し、竹内が注目した基本点は、東洋対西洋の関係における〝関連性〟の問題であったことに気づくに違いない。その関連性は「前進と後退」の関係として表現することもできるし、また「侵略と抵抗」の矛盾として表現することも可能である。しかし竹内は、東洋対西洋の関係には排他性を基盤とする依存的性格が孕まれていることを特に強調し、終始それを一種の流動的な運動の相において認識しようとしていた。竹内によれば、運動が起こっているとき、一方が前進すれば他方は後退するものであり、後退という観念それ自体も前進のなかから生まれる。この意味で、後退は前進を相手に投射したものであって、相互に媒介し合い、相手に依拠しながら自己を実現するのである。竹内から見れば、こうした依存的性格をもった矛盾的関係はヨーロッパの近代化プロセスの中にしか存在しないものであった。なぜなら、「ヨオロッパでは、物質が運動するだけでなく、精神も運動する」からである。

竹内は経済史には興味をもたなかった。物質的運動の近代化は彼の考察対象ではなく、彼が関心を抱いたのはわずかに「精神的運動」のみであった。竹内は、東洋にはヨーロッパ的な精神の自己運動がなく、そのため、東洋が西洋の近代化運動——それはさまざまなレベルでの拡張として体現されたが——に直面したとき、西洋の運動を〝固定化〟し〝実体化〟する傾向が容易に生まれたと考える。具体的に言えば、前進と後退を孤立した実体的なものとして固定化し、両者の間の相互依存と相互媒介の関係を捨象してしまうものであり、そうなれば、残されるのはただ単純な価値判断のみになってしまうに違いない。

かりに運動が西洋的精神の性格であり、東洋には運動の精神が存在しないとすれば、否が応でも世界化せざるを得なかった近代以来、東洋はヨーロッパの侵略にどう立ち向かえばよいのか。世界史の中で自己の位置をどのように確定すればよいのか。

ここで、竹内が最も非難を受けやすいところは、学問的に見て極めて武断的な彼の説明が、当時ポピュラーな見方、すなわち西洋は先進的であり東洋は落後しているという見方のうえに構築されていた、という点である。しかし、もしもこの前提部分からすでに竹内によって否定された問題——ヨーロッパと東洋とが具体的に何を指すかはどうでもよい——に拘泥するなら、私たちは竹内が身を置いていたコンテクストの中で道を見失うに違いない。問題の方向性は、竹内が東洋と西洋との関連性について考察した際に提起した、次のような基本命題の中に潜んでいるのだ。すなわち、西洋には精神の運動が存在するため不断に自己を超える流動的な機能が備わっているのに対し、東洋にはそうしたダイナミズムが存在しないため対抗と矛盾を静態化、孤立化させてしまう傾向がある、と。これこそ竹内がその論点を展開させていく基礎であった。

そこで、私たちは、竹内がこのあとにすぐ続けて展開している、日本の学者の合理主義的思考様式に対する批判を読みこむことにしたい。その思考様式こそ、すでに前述した竹内の歴史哲学が批判対象として照準を定めていた、「東洋は存在するという命題に、東洋は存在しないという命題を対立させるやり方、つまり、取り出したものを比較するやり方」、そうした「科学的方法」にほかならない。運動が作りだす相関性に対する竹内の認識と、事物を実体化して捉える静止した思考に対する批判とを結びつけるなら、そうした合理主義的思考様式と、それを生み出した日本の優等生文化に対する竹内の批判の原点を正確に探し当てることが出来るだろう。問題は単に自己が存在するか否かにあるのでなく、むしろその自己がどのようなかたちで近代化のプロセスに介入しているかにあるのだ。言い換えれば、日本の近代化のプロセスは、決してヨーロッパの拡張を自己の媒介や契機とすることはなかったのであり、単にあらかじめ自己の外部に設定した「与えられたもの」としてすばやく利用して、しかもつねに旧いものを捨てて新しいものを追い求めたに過ぎないのである。このようなプロセスにおいて、最も重要なポイントは、日本とヨーロッパとの間には、実は関連性が存在していないということである。すなわち、ヨーロッパにとって日本は、自己形成の契機となることはなかったのであり、日本にとってのヨーロッパも、自己実現のための媒介となることはなかったということである。これは矛盾対立もなく、互いに関わりもない並存関係であって、「優勢感と劣勢感の並存という主体性を欠いたドレイ感情のもとは、そこにあるだろう」。竹内は常に、日本の近代化のプロセスは、ただ単に魯迅が言った「ドレイになろうと思ってもなれぬ」状態と「しばらく無事にドレイになれる」状態との悪循環を繰り返しているに過ぎないと問い詰めたが、その真意は現象の面で日本が西洋の強国に屈服したという点にあるのでなく、そうした屈服が優越感と劣等感との並存を基盤としており、その結果は、日本は近代化のプロセスにおいて異文化との関連性を通じて自己の歴史を形成することはないに違いない、ということである。ここで忘れてはならないのは、竹内好の歴史哲学において、もしも自我の緊張関係と自己形成のための闘いがなければ、そこでは歴史は失われるだろうと強調されていたことであろう。竹内から見れば、明治維新以来の日本はすでに歴史を形成するチャンスを失ってしまっていたのである。

それでは、東洋の歴史はいかにして形成されるのか。私たちはここから竹内の第二の問題へと入っていくことになる。すなわち、東洋は西洋に抵抗する過程でいかにして自己形成の契機をつかむか、という問題である。ここで竹内は、東洋の近代性の問題について議論するときのキーワード——抵抗を引き出してきたのであった。

「抵抗」という言葉について、竹内には彼独特の定義があった。その著書『魯迅』の註釈のなかで、彼は次のように書いている。「掙扎 chêng-cha という中国語は、がまんする、堪える、もがくなどの意味をもっている。魯迅精神を解く手がかりとして重要だと思うので、原語のまま、しばしば引用してある。強いて日本語に訳せば今日の用語法で「抵抗」というのに近い[(3)]」。『魯迅』のなかで竹内は、たしかに中国語の「掙扎」の語を多く使用している。この中国語の語彙は竹内を経由して日本に入ってきたわけだが、その意義はおそらくその言葉自体にあるのではなく、それが「抵抗」という言葉に対する再定義を行ったという点にあるのだ。通常の意味にしたがえば、抵抗という言葉は方向性が外向きであり、それが主体内部の自己変革ないし自己否定を引き起こすことはまずあり得ない。そのため他者を排斥するという意味を含みがちである。これに対し、竹内においては、抵抗の方向性は内向きなのであって、あたかも「掙扎《そうさつ》」という語が象徴しているように、それは自己に対する一種の否定性の固守と再構築なのである。『魯迅』のなかの政治と文学とに関する章の論述をリンクさせれば、いわゆる「掙扎」とは、主体が他者のなかで行う自己選択にほかならないことがはっきり見えてくるであろう。「掙扎」のプロセスとは、他者に内在しながら他者を否定するプロセスであり、それは同時に自己のなかに他者が入ることによって自己を否定するプロセスでもあるのだ。竹内にとって、この両者はすべからく同時進行で進むべきものなのである。そして否定とは、観念的なカテゴリーではなく、既成の秩序を破壊する具体的な行為である。「『中国文学』の廃刊と私」において語られていたように、支那という〝他者〟が竹内との間に自他の対立関係を孕んでいることは言うまでもない。ただ、「その対立が私にとって肉体的な苦痛である場合にのみそれは真実なのである」。つまり、他者が自己の一部分になったとき、はじめて意味をもつのだ。そしてこのことは、不断の自己否定のプロセスにおいて、他者も不断に否定されるプロセスを通じてこそ、はじめて他者になることができる、ということである。初期の竹内が支那文学者たちを「毎朝鞄をかかえて支那文学の事務所へ出勤する」云々と当てこすり、自分と吉川幸次郎との根本的な違いについて、「僕にとって、支那文学を在らしめるものは、僕自身であるし、吉川氏にとっては、支那文学に無限に近づくことが学問の態度なのである」(4)と宣言したとき、竹内が提起していたのは、実はまさにこうした「掙扎」すなわち「抵抗」の立場にほかならなかった。竹内の目には、これこそが東洋的近代の立場と映っていたのである。

「中国の近代と日本の近代」の中で竹内好が一貫してとっていたのは、まさにそうした基本的立場であった。この文章がよく誤読されるその理由は、文中に「抵抗」やそれと関連する「回心」といった言葉がキーワードとして使われ、しかも「掙扎」という、「抵抗」の方向性を明確に規定した言葉が導入されなかったからである(おそらくこのことは、「掙扎」に相当する日本語の語彙を見出し難いことと大いに関わっていよう)。しかし、文中で竹内はやはり抵抗という語に対する自身の理解を、以下のように表明していたのであった。「抵抗とは何かという問題は、私にはわかっていない。抵抗の意味をつきつめて考えていくことが、私にはできない。私は哲学的思索には慣れていない。……抵抗とは何かと問われたら、魯迅においてあるようなもの、と答えるしかない。そしてそれは日本には、ないか、少いものである。そのことから私は、日本の近代と中国の近代を比較して考えるようになった」と。言い換えれば、竹内は文中でやはり魯迅にぴたりと寄り添ってモダニティの問題を検討していたのである。したがって、掙扎なる語も依然として有効であり、ある方向性を定める作用をもっていることは言うまでもないだろう。

魯迅の身に竹内が感じ取ったのは、東洋が近代化の過程で世界史の中に足を踏み入れ、かつ自己の歴史を形成した契機であり、それはまさに抵抗を通じて自己実現を達成したということであった。東洋は近代化の過程で後発の位置におかれていた以上、最初に拡張を開始した西欧とは異なり、必然的に抵抗というかたちでこのグローバリゼーションの運動過程に加わるほかない。しかし、竹内が関心を寄せたその「抵抗」の意義は、西欧に取って代われるかとか、劣位から優位に転じられるかといったところにはなく、西洋近代との間に関連性を生み出す契機が孕まれているという部分にあった。前述のごとく、それは一種の「掙扎」であり、自己の内部で他者を否定し自己をも否定した後にあらためて創り出される他者との矛盾対立を孕んだ自己にほかならない。このような自己は、他者から孤立して存在することも、他者に同化してしまうこともあり得ない。掙扎のなかではじめて、主体は不断に更新される流動性を獲得しうるのであり、これこそが竹内のいわゆる「行動」の意味である。魯迅は、まさにこうしたレベルにおいて真に近代性(モダニティ)を備えていたのだ。魯迅の出現は歴史を書き換えたと言ったとき、竹内は、魯迅が中国の近代を世界史とリンクさせたと言っていたのであり、こうした関連性《リンケージ》の媒介は抵抗の行為の中で生み出されると言っていたのである。魯迅の身に、竹内は、歴史がいかに形成されるのかを見出し、逆に日本が歴史を喪失していることを痛感したのだ。日本の優等生文化はこれ以上ないほど急速な経済発展を促したが、それによって自己形成を成し遂げるには至らなかった。「自分が歴史にはいりこまないで、歴史というコオスを走る競馬を外から眺めている。自分が歴史へはいりこまないから、歴史を充実させる抵抗の契機は見失われる」。竹内はこうした日本の近代化を「ダラク」と称した。そしてそのダラクの最前列にいたのが、まさに彼が批判したアカデミズムの知識人であり、彼らの「合理主義精神」にほかならなかったのである。

抵抗について考察する際、竹内が行ったのは、実際には雑誌『中国文学』の時代に早くも開始されていたアカデミズムの「客観主義」に対する批判であったことに注意する必要がある。西洋近代と日本の近代、そして中国の近代に対する竹内の見方は、その延長線上においてはじめて作りあげられたのである。いわば、竹内は人と学派に対する見方を文化に対する評価にまで拡大したのだと言えよう。しかし、その視角は、その著『魯迅』と「『中国文学』の廃刊と私」という基点の上に厳格に限定されていた。言い換えれば、竹内が西洋に対する東洋の「抵抗」について検討した際、その西洋とは、すでに東洋の内部否定をへたものであって、それは東洋によってはじめて存在と自己確認が可能になったものであった。と同時に、東洋の側も、西洋に入りこむことによって、その中から「自己を選び出し」、自己確認を獲得するのである。こうした自他関係は近代の世界史においては鉄血の戦いを伴ったが、「掙扎」の性質は『魯迅』の中で描き出されたものとなんの違いもない。竹内が批判した近代日本の優等生文化においては、そうした内部から生まれ内部へと向かう掙扎が欠如しているのであり、そこには永遠に明るい理想と新しいもの好きの特徴がつきまとっているのである。ここで竹内は、中国文学研究を近代性《モダニティ》研究の次元にまで推し広げ、思想史的に通行している東洋と西洋との対立という単純化された思考モデルを徹底的に否定した[5]。

竹内は自分なりの近代化の理論仮説を打ち立てようと試みたが、それは後発国家的近代化モデルとでも言うべきもので、そこでは少なくとも日本型と中国型、二種類の形態が考えられていた。前者は転向型、後者は回心型である。前者は不断に変化を追求する中で自己を放棄し、後者は不断の抵抗の中で自己革新を成し遂げていく。したがって、前者の近代化は外部から持ちこまれたものであるのに対し、後者の近代化は内部から生み出されたものと言える。なるほど、時代が移り変わるにしたがい、竹内のこれら具体的な論点はもはや意義を失ったと言えるかも知れない。だが少なくとも歴史とモダニティの流動状態をめぐる竹内の基本認識とそこから生まれる実体的な静止した思考に対する警戒は、依然として有効であるばかりでなく、今でも強烈な現実批判の意義をもっている。とりわけ見落とせないのは、世界史の中に日本史を打ち立てようとする竹内の努力が、「抵抗」と「絶望」についての独自の解釈を通じて表現されていたことであり、そこに含まれた竹内的な歴史哲学は、今日に至るも強い現実への衝迫力を秘めている。これこそまさに、後述するように、モダニティに対する態度問題の点で竹内好と丸山真男とが最も根底的な一致を見せている部分なのである。

抵抗を東洋が世界史に入りこむための不可欠の契機と見なしたとき、竹内が直面せざるを得なかった最大の障害は、日本の「ヒューマニズム」であった。白樺派が日本で正式に「商標登録」されて以来、こうした日本の現実から遊離したユートピア的理想主義はずっと勢力を保ち続けていたのである。竹内はかつて『「中国文学」の廃刊と私』の中で抽象的な自由人なるものについて、それは自己を隠蔽することで静態的な自己保存をはかることを目的とした「ヨーロッパ近代の立場」(すなわち竹内の定義では「近代主義」の立場)であるとして批判したことがあった。「中国の近代と日本の近代」の中では、こうした特殊日本的なヒューマニズムに対してさらに激しい攻撃を加えたのである。そこにおいて、竹内のヒューマニズムに対する批判は、魯迅をめぐる読みの核心概念と結びつけられていた。すなわち、ヒューマニズムの浅薄さは、魯迅によって表現され、「掙扎」というかたちで体現された絶望と抵抗精神を備えていない点にある、ということだ。――これは、竹内の第三の問題であるのだ。竹内は次のように書いていた。

かれは自己であることを拒否し、同時に自己以外のものであることを拒否する。それが魯迅において
ある、そして魯迅そのものを成立せしめる、絶望の意味である。絶望は、道のない道を
行く抵抗においてあらわれ、抵抗は絶望の行動化としてあらわれる。それは状態としてみれば
絶望であり、運動としてみれば抵抗である。そこにはヒュウマニズムのはいりこむ余地はない。

この引用部の前後で、竹内はあらためて魯迅の「賢人とバカとドレイ」という有名な寓話《アレゴリー》について説明していた。竹内は魯迅のもう一つ別の、有名な鉄の部屋の喩えを引きながら、次のような解説を加えていたのであった。この寓話が暴き出しているのは人が呼び醒まされた後、逃がれたい現実から逃がれることのできぬ苦痛である。「もっとも、この寓話をそう解釈するのは、解釈する方の主観に何か条件が必要ではないかという気が私はするが、そしてその条件は、対象である魯迅から逆に規定されているようにも思う」と。ここには、竹内の読解が魯迅の内部に入りこむことを前提に行われていること、と同時に竹内自身の「行くべき道がない」体験が——当面の打倒目標として日本のヒューマニスト作家の「行くべき道がある」希望を横目でにらみつつ——踏まえられていることが暗示されている。竹内はこう書いていた。この寓話の主語はドレイであるが、抽象的なドレイ根性ではなくて、具体的なドレイ(極言すれば魯迅自身)である。言い換えれば、この寓話から賢人とバカという人間性の対立面だけを取り出してはならず、抽象化され得ぬ個性というものを読み取らねばならない、と。それではこのドレイを主語とした語りの個性はどこにあるか。それは、バカはドレイを救うことはできず(なぜならドレイはそうした救いを拒否するから)、単にドレイを

呼び醒まして、ドレイには道がないことを教えてやることしかできず、一方、賢人はドレイを救うことはできるが、しかしその方法とはドレイを呼び醒まさずに、そのまま夢を見させることであり、かくして、ドレイは救いのない絶望の境地に直面せざるを得ないのだ、というところにある。このとき、問題はすでにドレイは救い得るか否かにはなく、夢から醒めた後、行くべき道のない「人生でいちばん苦痛な」状態に耐えきれるかどうかにあるのだ。もし耐えきれなければ、自分がドレイであるという自覚を失い、幻想に浸ったまま引き続きドレイであり続けるだろう。もしも耐えきれるとすれば、ドレイであることを拒否し、同時に解放の幻想も拒否するに違いない。この次元においてはじめて、魯迅の「絶望の虚妄なるは、まさに希望とあい同じい」という言葉が具体的な意味内容をもちはじめるのである。そして前記の、絶望と抵抗との関係をめぐる竹内の見事な議論も、もはや難解な禅問答ではなくなり、私たちは、『魯迅』の冒頭部で説かれた、魯迅は先覚者でなく、それゆえにこそ中国の近代文学とつねに歩みを共にすることができたのだという命題とリンクさせることで、絶望と抵抗との関係についての竹内の考え方を理解することができ、さらにそこから東洋、そして中国におけるモダニティのあり方を、いっそう深く理解することができるのである。――魯迅は賢人ではないしバカでもない。確かに賢人を憎みバカを愛したけれども。魯迅はドレイその人なのだ。ただ、その作品の中で描き出されたドレイとは違っている。魯迅はあの夢から醒めた後に行くべき道のない、人生でいちばん苦痛な状態をこらえ、堪え忍ぶことのできるドレイなのだ。こうした魯迅の深い暗黒と比べれば、中国の近代文学の中で決裂と新生を代表するヒューマニスト作家を中国近代文学の代表と見なすことは(言い換えれば、文学という形態で中国的近代の問題を体現することは)不可能であろう。ある意味で、これは中国近代文学の宿命ではなかろうか。

それでは、日本の「ヒューマニスト作家」ならどうか? 竹内はこう書いている。彼らは恐らくこの寓話を魯迅のようには書かないだろう。ドレイが賢人によって救われるか、バカによって救われるという風に書くだろう。あるいは、ドレイが自分で自分を救うという風に書くだろう。いずれにせよ、呼び醒まされたことを苦痛としてでなく、書くだろう、と。(6) 日本のヒューマニスト作家と魯迅との間に横たわっている根本的な違いは、前者が「解放」を与えられるものとして求め、自らがドレイの境遇にあることを認めることを拒み、そうして手に入れた幻想の解放に倚りかかるのに対し、後者は与えられた解放を拒否し、眼前の絶望的状況を正面から直視することで絶望に対して絶望し、そうした極限状態の搾扎のなかで抵抗を生み出していくという点にあるのだ。

以上、竹内の観点における三つの側面を検討してきたが、ここで私たちは問題をさらに一歩進め、『魯迅』と「中国の近代と日本の近代」との関係について考察してみよう。

まず『魯迅』というテクストにおいては、竹内は中国近代文学に対する自身の見方を提起していた。「後進性」ということである。しかし、ここでの後進性とは、東アジアの近代化の過程における「後発性」と重なり合うものであり、それゆえそれは極めて真実《リアル》なものであった。かかる後進性のために、中国近代文学の代表者は、かの先駆者たちではなくして、常に時代に半歩遅れていた非先覚者・魯迅だったのである。と同時に、魯迅は中国の近代の最も真実《リアル》なあり方というものを創造した。それは内部へと向かう搾扎《そうさつ》と抵抗というかたちで表現されていた。このように永遠に自己否定を伴い、それゆえ永遠に成功することも立ち止まることもない、過客のごとき「不断の革命」が、東洋的近代の世界史に対する応答《レスポンス》を構成したのである。そして、かかる不断の革命の表れとなったのが、ほかならぬ行為としての政治(例えば孫文と毛沢東)であり、行為としての文学(例えば魯迅)であった。

一方の「中国の近代と日本の近代」というテクストにおいては、竹内は魯迅的な絶望の、歴史哲学における意義を強調していた。それこそが東洋の歴史を世界史の構成要素に組みこむことを可能にしたのだ、と。そして同時に、この論文の中で竹内は、『魯迅』においてすでにかたちをなしていた東洋のモダニティと近代の東洋文学との間の逆説を完全なかたちに練り上げ、文学という通常は一つの実体的な分野と理解されがちな精神のあり方を、一種の主体の流動的な自己否定と創造のメカニズムへと開いてみせたのであった。具体的に言えば、文学を、不断に放出と吸収とを繰り返す一つの究極的な「ブラックホール」と捉え、それが思想家や文学者を作りあげ、つねに様々な形態で自己実現を果たしていくのだが、それ自体は定まった形態をもたず、一つの対象へと固定化されえない、と考えるわけである。それはそれ自体でありながら、同時にまたそれ自体であることを拒むのである。こうした文学の逆説的性格は、ここでもモダニティの性格へ、さらに東洋と西洋との関係へと拡げて展開された。主体というものはいったん失われると、自己の歴史を作りあげることは不可能となる。だが主体がいったん絶対化され、他者と対立すると、こんどは相関関係も失われることになる。絶対的に実体化された対立の中では、モダニティの問題はきれいさっぱり消去されてしまい、それによって東洋の歴史も失われることになる、と。

かくして、関連するもう一つ別の問題が問われることになるだろう。それは、竹内はなぜかくも激しく日本の「合理主義」精神を批判したのか、である。これについては、ここで簡単な説明が必要だろう。それは、竹内が批判した「合理主義」とは抽象的な意味での近代の合理主義精神というものではなく、具体的なコンテクストの中の具体的な問題を指している、ということだ。言い換えれば、竹内の批判は、確かに西洋のモダニティの問題における理性への懐疑といった大きな範囲を含めて検討することも可能ではあるが、そこで注意が必要なのは、竹内における日本合理主義批判の具体的な問題点である。そうした竹内ならではの問題点のあり方こそ、世界の近代をめぐる議論に竹内がコミットしていく前提なのだ。

丸山真男は「日本の思想」と「近代日本の思想と文学」の中で理論家の倫理意識と政治と文学との相似性について検討した時、(7) 合理主義のあり方の問題をアカデミズムの内部で検討していたが、そこで標的にされていたのは、あたかも竹内好によって「どう見ても私には合理主義に見えぬ」と評された日本知識界のいわゆる合理主義にほかならなかった。丸山真男においては、問題の病根は現実をすくい上げることのできない理論が無限に拡大して現実の代替物になるという点にあると考えられており、そうした思考様式が必然的に生み出す「理論の無限責任」こそ、近代日本思想に対する丸山の批判の重点であった。それゆえ学理上、丸山は個別的な経験の価値の重要性を確実に踏まえながら、理論と現実との間の非対称的な緊張関係を理論工作の視野に入れ、そうして理論工作者の倫理意識を確立しようと試みたのであった。これに対し竹内好は、いわば外からこうした「理論の無限責任」を批判し、この問題に対して全面否定の態度をとった。そのため、表面的に見ると、竹内は丸山真男と対立的な立場に立っているように見えるだろう。批判の強度と効果の面では明らかに、丸山真男の日本の近代合理主義に対する分析と批判のほうが、アカデミズムと対立する位置に立った竹内好よりも勝っていた。もちろん、丸山は終始みずからの仕事の倫理を堅く守り、そのため多くの問題について、その見方はかえって謹厳に過ぎるという面もあった。その点で竹内はちょうど丸山と相補的な関係を作りあげていたと言えよう。前述した日本の近代合理主義をめぐる考察について言えば、この二人の思想家は驚くべき一致を見せており、その点たいへん興味深い。その一致とは、彼らの批判対象がいずれも絶対化されたいわゆる科学的理性精神の虚偽性であったということであり、彼らが確立しようと試みたのも、同じく複雑な近代化のプロセスと正面から向き合うことのできるような思想伝統と建設的な思考様式であった。丸山にとっては、それは「フィクション」の精神だったのであり、竹内にとっては、それは「行為」としての文学だったのである。

竹内が自己の文学行為を「開いた」そのとき、竹内の逆説的精神は他のいかなる時期にもまして強烈に表出されていた。もしも竹内が批判しようとした閉鎖的なアカデミズムの学術的立場を、静態的《スタティック》な分析と絶対化された二項対立観を思考の原点にするものだと言うならば、竹内のあらゆる代表的著作はいずれもそれと真っ向から対立する逆説的特徴を備えたものと言ってよい。言い換えれば、竹内のあらゆる重要な観念の中には、つねに互いに矛盾したり相反するような基本的要素が含まれているのである。『魯迅』において示されていたように、あらゆる観念の内部には解消不可能な緊張関係が潜んでいるのであり、まさにそうした緊張関係こそが竹内好の人間と歴史の流動状態に対する関心の基礎を形づくっているのである。丸山真男においては、そうした緊張関係は主として観念と観念との間に存在するものとされ、観念の内部にあるものとはされていなかったが、竹内においてはむしろ、そうした緊張関係の内在性のために、より複雑ないし「答えのない」部分が注視されることになったのだ。このため竹内を読解することはもとより多大な困難を伴うものとなった。なぜなら現代の学術的慣習では、「答えを求める」のが最も普遍的な思考パターンであり、それはまたもう一つ別の慣習、すなわち事物を客観的に存在し互いに区別された実体と見なす発想と相俟って発展してきたからである。かたや竹内の逆説はと言えば、それは決して単なるスタイルや手段ではなく、一つの立場であり、世界を認識する一つの出発点なのである。私たちはすでに、竹内がかつて支那学者と衝突した際、その客体と主体との対立をめぐる考察に強烈な非実体的特徴が具わっていたことを確認していた。言い換えれば、客体と主体は、竹内にとって、たかだか機能的な意味しかもたぬものだったのである。そして、思考の原点を機能性の上に置いたとき、逆説はそこではじめて方法以上の価値を獲得したのであった。

文化の主体性形成をめぐるこうした逆説的なパースペクティヴは、竹内好の戦後の思考の全プロセスに一貫したものである。こうした思考は、言うまでもなく、国民国家や民族主義、国民文学といった基本的概念と関わらざるを得ない。実に様々な異論が存在し、イデオロギー的色彩を強烈に帯びたこれらの問題群は、文化の主体性をめぐる竹内の考察にもとより豊かな土壌をもたらしたが、同時に竹内をいっそう深いジレンマに陥らせることにもなった。竹内は国民国家とか民族主義といった最高度に実体的色彩に染まった観念ないしコンプレックスさえも「機能化」しようと試み、さらにみずからもそうした機能のただ中に身を置いたため、真に逆説的な態度で実体と機能性との関係を処理しなければならなかった。竹内には形而上的なレベルでいわゆる世界の文学的構造について議論することは許されていなかったのであり、自らその中に身を投じている文化的行為をそれがいま存在している場から引き剝がし、また元に戻すという、そうした抽出と還元の繰り返しの中で、主体が現代世界の枠組みの中で自分自身を築きあげる道筋を探していたのである。言うまでもなく、戦後のいわゆる主体性論争が一世を風靡した状況のもとでも、主体性をめぐる竹内のこうした逆説的認識が大きく育っていくための土壌を獲得することは難しかった。(8) というのも、戦後日本の思想界で主導的地位を占めたのは竹内が批判したところの優等生的な近代的思考だったからである。その特徴は日本の土着的な「肉体感覚」を棚上げにし、それと無関係な別種の言説を用いて日本の問題を検討しようとするところにあった(その手の言説は、今日に至るも、現代社会の問題を検討する際に依然として不断に再生産されている)。これは一種の、絶望なきゆえに抵抗運動をも生み出し得ぬ「どう見ても合理主義には見えぬ」合理主義的思考様式である。「その信念を成り立たせている合理主義の背後にある非合理的な意志の圧力がおそろしいのである」。それは単純な先入観によって真の問題を隠蔽してしまうのだ。そうした思考と現実との間のすれ違いは、日本の既存の民族主義によって救い出すことは不可能であろう(筆者はかつて丸山真男に関する論文の中で、戦後日本でつくり出されてきた「日本的肉体」と「外来の思想」との対立図式に触れ、その図式によってかえってそうしたすれ違いそれ自体の性質が隠蔽され、単純な二項対立にすり替えられていくことについて検討したことがある)。また、この思考と現実との間のすれ違いは、民族主義を否定したりその国家形態を批判することによっても、解決不可能であろう。問題を解くカギは、そうしたすれ違いをまず何よりも問題として白日の下にさらすこと、そうして戦後日本思想界に自己形成の契機をつかませることにあるはずだ。かくして、丸山真男が田村泰次郎らのいわゆる「媒介なき実話精神」に対してその清算を進めつつあったそのとき、竹内好はそれまで棚上げされてきた日本の「肉体感覚」を解剖し、それと日本の近代主義との間の内在的連関を剔抉して、「自己になることを拒み」また「すべてとなることを拒む」可能性を探ろうと努力したのであった。

二　民族独立の文化－政治

五〇年代初め、日本の知識界における一つの共通の課題は、民族主義(ナショナリズム)の問題であった。明治以来、西洋列強の一員につらなることを目指して社会の上層部が努力を重ねたのち、日本の民族主義問題は基本的に一種の潜在的形態として屈折したかたちで存在しており、社会革命のベクトルと結びつくことはなかった。そのため、日本の民族主義は第二次大戦期を頂点として、わずかに天皇制国家主義イデオロギーと結合したかたちでのみ思想の表舞台に立ちえたのであり、当時それは極右の顔をもってのみ出現しえたのであった。日本のプロレタリア文化運動は当初からインターナショナリズムの立場を鮮明にかかげており、これはもちろん狭隘で極右的な民族主義勢力に対する有力な批判となっていた。だが同時に、社会の転換期にはつねに、右翼イデオロギーと結合した民族主義思潮の残滓が表面に浮上してくるもので、このことは日本ではいまだ民族主義を否定し、それに取って代わるに足るだけの健全な民族主義精神(もっとも、「健全な民族主義」云々が果たして存在するかどうかという議論もあるが、ここで敢えてこの言葉を使うのは、それは存在するか否か、という位相での話ではなく、民族主義や民族精神などの概念が必然的にファシズムだけに繋がるわけではないということを強調したいからだ)が生み出されていない、ということを物語るものとも言えよう。また、第二次大戦の複雑な経験に伴って、日本の民族主義と近代主義思想との間の相剋も、侵略か反侵略か、天皇制国家主義の擁護か反対かといった単純化を施されたために、健全な民族精神の生長はいっそう難しくなったのである。戦後の被占領状態にあって、思想界のいわゆる「近代主義」の趨勢、すなわち西洋近代の価値観を安易に適用するような状態は、右翼民族主義思潮を防ぎ止める進歩的意義をもってはいたものの、健全な民族精神の形成を促進することはできなかった。まさにこうした現実のために、日本の民族主義について深い分析を行った思想家やそれと実際闘争を行った左翼政治活動家は、いずれも日本の民族主義に対して深刻な絶望感を表明することになったのであった。

こうした状況のもとで、竹内好は「中国の近代と日本の近代」を発表した後、ほとんど必然的に日本の民族主義問題に目を向けることになった。五〇年代初め、すでに様々な専門分野の学者が民族主義問題の議論に加わっていたが、その中で最も人々の注目を集めたのは、丸山真男によって提示された日本の民族主義は「処女性」を失っているという言い方であろう(9)。竹内の日本の民族主義をめぐる議論の起点も丸山真男と一致しており、日本の民族主義はいまだ健康な社会的エネルギーを獲得するに至らぬまま、すでに変質ないし堕落しているという観点は竹内も肯定した。しかし、竹内による日本の民族主義に対する考察の中には、竹内ならではの基本線が終始存在していた。それは、「民族主義にコミットする」というやり方でいかにして健全な民族主義の生長を促すかというものであり、たんにどうやって既存の処女性を失った民族主義を押さえつけるかという点に止まらなかったのである。この方向の延長線上で、竹内は十分な深まりを見せることなく終わった一つの論争、すなわち国民文学論争を引き起こしたのであった。

一九四八年から一九五四年までの間、竹内は「近代主義と民族の問題」を核心とする一連の論文を発表し、近代主義と民族問題とを結びつけ、戦後日本の民族意識の危機に関する実際状況とその病巣について検討を行った。これらに関する竹内の論文はのちに『国民文学論』の総タイトルを冠せられている。(10) 概略的に言えば、「国民文学」は戦後のコンテクストにおいて、戦時下の「国民文学論」の国家主義思潮的な疑わしさを引き継いで、(11) 進歩的知識人から避けられていたと同時に、日本共産党系のイデオロギー色をも備えていた。日本共産党主流は一九五一年、新綱領の草案の中で「人民」を「国民」に書きかえるとともに、国民文学あるいは「民族主義文学」の建設を自己の使命とした。かくして「国民文学」は複雑な概念へと変化し、様々な立場の知識人から注目を集めることになった。まさにそのため、竹内は「たとい『国民文学』というコトバがひとたび汚されたとしても、今日、私たちは国民文学への念願を捨てるわけにいかない」(12)と強調しなければならなかったのである。こうした悪条件のもと、また問題のあまりの複雑さのため、竹内の当時の議論も、彼自身の考察を含めて主要な問題点をすっきり整理するには至っていない。しかし竹内の参入によりこの議論の出発点が高いレベルに引き上げられたのもまた事実である。(13) だがここで最も重要なのは、文学をめぐる竹内の思考が、このときはじめて、そうした視角をへることにより正面から提起されたということである。

竹内が「国民文学」を提起した際の基本的な思考の脈絡は、一連の関連論文をつなぎ合わせて読みこんだときはじめて理解可能となる。だが同時に、竹内が他の文学者から受けた疑義や批判にこたえる応答《レスポンス》のなかにも、竹内が直面していた基本問題を比較的正確に見出すことができる。まずここで、指摘しておかなければならない点は、竹内は国民文学と国民国家の問題、さらに敗戦後の日本における植民地的方式による近代化の問題をすべて引っくるめて考察しようとしていたということである。そしてその考察の中には、中国と日本、二種類の近代化のパターンに関する竹内の一貫した見方、とりわけ『魯迅』の中で確立された基本的立場が貫かれていたということでもある。したがって、竹内の「国民文学論」を読み解く際には、前述した幾つかの方面に対する竹内の基本的態度をバランスよく押さえる必要があり、場当たり的にそのうちの一点だけを切り離して論じてはならないのである。もうひとつは、この論争の中で竹内が注目した「文学の位置」について検討する際には、当時の他の文学者の思考とリンクさせるかたちで竹内自身の思考を位置づけなければならない、ということ。そうすることで私たちは、竹内によって提起されながら理解されるには至らなかった基本命題、そして当時の他の文学者によるその命題に対する読みのあり方が、今日依然として現実的意義を失っていないことを感得することができるだろう。

一九四八年、竹内は「中国文学の政治性」を発表し、三年間にわたって続いていた「政治と文学」論争について自分の意見を述べた。この論争は日本の民主主義的文学陣営内部の進歩的知識人の間で起こったもので、(14)論争の中で「政治」の概念が抽象化され、文学と相対する力として実体化されてしまったために、文学と人間性をめぐる議論も、公式主義や政治と一線を画しているかどうかといったレベルに止まらざるを得ず、中国での類似の論争同様、建設的な結果を残すことはできなかった。そうしたなか、『魯迅』の時代から常に政治と文学との機能的な関係を注視し続けていた竹内は、この論争において重大な命題が提起されていること、にもかかわらずきちんと注目されていないことを直覚し、論争にコミットすることを決心したのである。

竹内はそこで次のように指摘した。「近代文学にとっては、政治は、文学がそこから自分を引き出してくる場だ。文学が社会的に開放された形であれば、場の問題が価値の問題と混同されて文学の内部にもちこまれるはずがない。文学者が文学の問題について発言することが同時に政治的な発言でありうる[15]」。これは『魯迅』の中ですでに述べられていた立場であるが、違っていたのは、竹内がここでそれを日本の文壇の論争に対する評価へと具体化させたという点であろう。竹内から見れば、この論争の問題点は文学を政治と対等に扱うべきか否かという点にあるのではなく、いかにして日本の文学者たちに価値としては排斥された「政治」を場へと還元し、文学と政治との間に生産的な関係を築くか、という点にあったのである。

「中国文学の政治性」は、実際のところ、竹内の「国民文学論」のマニフェスト的論文であった。というのも、文中に竹内がのちに「国民文学」論争を行った時の基本的方法論が述べられているからである。この論文における中国文学の状況に関する記述は必ずしもすべて正確ではなかったし、理想化した部分もあったにもかかわらず、中国文学を論じることを通して、一つの核心的問題は捉えられていた。それは、文学の存在様態が実体的なものでなく機能的なものであるとき、文学はギルド的な文壇から解放されて、真の意味での政治感覚を獲得するものである、ということだ。「茅《ぼう》盾《じゅん》は、戦後に、中国文学の方向について、戦後も戦争中と変りないこと、つまり対内的には民主の徹底、対外的には一切の帝国主義からの独立に根本の目標があり、その線の上で個々の文学の問題が論じられなければならない、と書いている。これは、日本の文学者から見れば、政治的な発言と思われるかもしれない。事実また、日本でおなじようなことをいったら、そうなるにきまっている。しかし中国では、そうでない。茅盾の見方に反対するものでも、それが文学的発言であることを疑うものはない。そこに政治感覚のちがいがある。なぜそうなるかというと、文学がギルドから解放されているからだ」。「中国文学では、言葉が、実体的でなく機能的に存在している。特殊の文壇用語というものがない」。竹内によって論じられた「政治」（すなわち竹内のいわゆる文学の「場」）とは、実際には極めて素朴で、それゆえいっそう本源的なものでもあり、つまり社会全体の利益とかかわる行為空間なのであって、むしろ私たちが今日「公共圏」と言っているようなものに近い部分がある。そこで政治性をはかる基準は、社会性を備えているか否か、非実体的な機能性を備えているか否かにあり、すなわち特殊な集団や階層の欲求を超えて社会の一般意志とつながっているか否かにあるのだ。この点から言って、竹内は完全に、丸山真男のいわゆる近代的意味での、フィクションとしての政治の次元で議論を行っていたと言ってよい。竹内は中国の学生運動を例に、こうした政治性について次のように説明していた。「中国の学生は、日本のように特殊の閉鎖的な社会層を構成していない。学生という身分によってでなく、学生という職能によって、一種の代議制のような役割を果している」と。この意味で竹内は、中国は日本よりも近代的性格を備えていると言いつつ、返す刀で政治感覚の欠如した日本文学界を鋭く批判したのであった。日本のプロレタリア文学はそうした機能的な政治感覚を欠落させていたために、小林多喜二をむざむざ犠牲にすることになったのだ、と。

かくして竹内は、日本は国民文学を打ち立て、ギルド的で閉鎖的な文壇を打破しなければならないと強調した。その点で小林多喜二は、ハサミ状にかけ離れた政治と文学との乖離状態を最後までつかんで放さなかった人物であり、彼の生涯は彼にあのような道を歩むことを余儀なくさせた「まちがった力」の存在を実証しているのであって、それがすなわち政治感覚を欠いた日本プロレタリア文学なのである、と。この種の政治感覚を欠如させた政治文学運動は、状況に対して独立した判断力を持たず、外在的に政治的な究極の目標を設定しただけで、かつ、この目標のために小林のように身を捨てることができなかったことに後ろめたさを抱き、その結果、つねに変動している大衆社会から遊離したし、自虐的な転向行為さえも容易に発生するに至った。この意味において、小林の血は無駄に流されたのだ。竹内はこう述べている。日本の非政治的政治性というのは、戦車に竹槍で向かっても無駄だという事実を認めないところにある。だからこそそれは非人間的である。このような非人間的政治感覚は、日本のプロレタリア運動の孤立した状態を醸し出したばかりではなく、「特攻隊」現象の精神的土壌にもなっている。この意味において、竹内は魯迅の「血は必要だが、浪費してはならぬ」という言い方を引用し、「これは知恵にみちた言葉だと私は思う」と強調した。竹内がここで強調したのは、明らかに政治的知恵であり、それは抽象的かつ固定化された「擬似政治」と正反対のものである。「擬似政治」こそ、政治過程の豊かさを切り捨て、非政治的「政治感覚」および「政治と文学の対立」、「政治と学術の対立」など一連の偽のテーゼを招来した張本人なのだ。

竹内は文中で、あらためて「世界の文学構造」についての自身の考え方を提起した。すなわち、日本の知識人はよく二分法的な図式で中国を観察し、中国人を国民党と共産党とか、唯物論と観念論、共産主義と自由主義等々に分けようとするが、「これも政治感覚の欠如からくる誤解だ」と指摘したのである。「じっさいの中国人の政治意識は、そんな図式的なものでない。かれらは、もっと現実の日常生活に即した政治的要求を抱いている。中国社会の階級構成は複雑であるから、その要求もさまざまである。しかし、全体としての統一はあるので、それをよくあらわしているのが文学だ」と。

中国文学の政治性にかんする竹内の分析は単純化の嫌いはあるものの、問題のポイントは間違いなく押さえていた。もしも丸山真男の「肉体文学から肉体政治まで」における議論を参照するならば、竹内が確立しようとした「文学構造」とは機能性の問題であることがいっそうはっきりと理解されるだろう。現代政治と文学との関係は文学者が想定しているような二極対峙的な構造をなす実体なのではなく、機能の間の交錯した関係なのである。それらの機能は常に変動しながら、互いの力関係を変えていく。そして文学は、そうした機能的なインターラクションの中ではじめて、それ自身の独立性を確立することができるのだ。竹内は確かに「場」という比喩で政治と文学の関係を説明したが、その「場」とは必ずしも固定化された物理的空間ではなく、それこそ機能そのものなのだ。ここに至って竹内は、一九三六年に「魯迅論」を執筆して以来、その著『魯迅』をへて一九四八年のこの「中国文学の政治性」の発表に至るまでの、長い長い思考の歴程を完成させたのである。その思考の核心とは文学の位置づけにほかならない。竹内がこだわり続けた問題とは、いかにして現代社会の政治の中に文学を位置づけるか、いかにして文学を開かれた状態に保持しつつ同時に文学独自の品格を確立するかであった。竹内のこの思考は、まるで自明な前提とされた「文学の政治性」を問題化し、同時に、「政治の政治性」をも問題化していた。

竹内から見れば、文学と政治の関係は一つの逆説としてしかありえなかった。この逆説の完成に一二年もの歳月が費やされたわけである。「魯迅論」を書いた当時、竹内はまだ「政治と芸術との相剋は、現代中国文学の基本的性格である」と考えていたのであり、魯迅は一方でそうした基本的性格を受け継いでいたために作家人生を棄てて「文化の指導者」となると同時に、政治主義の偏向から文学の純粋性を守ったとされたのであった。[16]だが「『中国文学』の廃刊と私」に至ると、文学は一つのジャンルから一種の構造へと変化し、しかも世界史の哲学と相対峙するような世界の構造となった。それは政治に従属していた文学を政治と相互浸透的な位置にまで推し進めようとしたものでもあった。『魯迅』に至ると、政治と文学との関係および中国近代文学の性格についての評価に大きな変化が起こる。竹内は明らかに「魯迅論」の中で論じていた政治と文学との対立関係を一歩進め、両者間の複雑で錯綜した関連性に注意を向けるようになったのである。それゆえ、魯迅の「作家人生の放棄」は、もはや文学者としての立場を棄てたということを意味するのではなくなる。反対に、中国特有の近代的コンテクストにおいて、魯迅のそうした「放棄」はむしろ魯迅をして中国の近代文学と歩みを共にした唯一の「現役の文学者」たらしめるものとなったのである。そうして最後の「中国文学の政治性」に至ると、政治と文学との関係は場とその中の存在との関係として確定され、両者の相互依存と相互制約の関係は文学の位置の非実体化、すなわち竹内が繰り返し強調した「行為」と「機能」を構成するものとなったのである。

ここで私たちは、竹内好の文学の政治性についての理解と丸山真男のそれとの間に驚くべき一致を見出すであろう。彼ら二人が文学の本源性の問題について論じる場合、たとえ文学がどのような位置にあるにせよ、その位置はまず何よりも機能的なものでなければならず、実体的なものではない。それはつまり、文学はつねに流動状態になければならず、自己更新され得るもので、凝固不変のものではないということだ。これこそ竹内が『魯迅』の中で繰り返し強調した文学は行為であるということの真意である。丸山真男について言えば、彼が文学の機能を参照しながら議論したのは、日本政治思想史研究はいかにして実体的思惟を突破するか、ないしは日本社会の政治的メカニズムはいかにして肉体性から解放されて真に近代的なフィクション精神を獲得できるかといった問題であり、丸山がここから導き出した思考の方向性は近代的政治の「フィクション性」であった。一方、竹内好について言えば、こうした議論で打破せねばならないのは日本文壇の狭隘なる閉鎖性であり、竹内はそれを文壇ギルドと呼んだ。この小さな集団の中では私小説式の思惟方式が不断に再生産され、そうして文学の問題も狭い範囲内に閉じこめられてしまうのである。

これに対しいわゆる「国民文学論」の提起は、まずは竹内が打破せんと試みた閉鎖性や文学の政治的機能を発揮させようとする努力に起因するものであった。言い換えれば、文学はこの種の公共性を特徴とした政治性を備えてはじめて開放的なものたりうるのであり、実体性の束縛から解き放たれうるのである。そうした政治的な文学を、竹内は「近代的な文学」と呼んだが、その基盤となっているのは近代的な意味での「国民」にほかならなかった。この意味で、竹内は開放性を備えた中国文学は、むしろ日本文学以上に近代性を備えていると考えているのだ。ここで私たちは、近代的な意味での政治と文学との興味深い相補関係を見て取ることができる。丸山真男にとって、それは文学を通じて政治的フィクションを完成させることであり、竹内好にとって、それは政治を通じて文学的フィクションを生み出すことである。二人とも「常識」から政治と文学を開放した。あるいは、類似点の極めて少ないこの二人の日本の近代思想家は、こうして深い意味での重なりを見出すことができるのである。とはいえ、竹内はそこからさらにこの「政治」の正確な中身を追究しようとはしなかった。彼はただ、文学における政治の機能に言及しただけで、政治構造や政治過程そのものを論じたわけではなかった。それはむしろ政治思想史学者としての丸山の仕事であっただろう。がしかし、もしもわれわれがこの二人の仕事を突き合わせ、「フィクション」を政治と文学の機能的特徴を理解する入り口としてみるならば、おそらくわれわれは文学研究や政治学の領域に同時に存在するある種の問題に直面することになるだろう。無数に再生産されつつある「文学」と「政治」を対立させる発想のバリエーション(例えば「学問と政治」「学問と思想」の対立など)が無条件に認められるとき、それはまさに、竹内が「近代とは何か(日本と中国の場合)」の中で批判した、すべての物事を抽象化してから対立させるという思考パターンなのではあるまいか、という問題である。いうまでもなく、政治、文学、学問、思想等々が対立しうるような観念にまで抽象化されれば、それらのあり方の複雑性は隠蔽されてしまうに違いない。だが、このような複雑なあり方こそが、歴史を成立させ、現在形の社会を形成しているのである。竹内がかつての支那学者との論争から、さらにこの問題を推し進めて文学の政治性として正面から提起するに至ったとき、「機能」が一つのキーワードとなって、竹内をして真に同時代の文化政治にコミットさせることになったのだ。いわば、竹内の文化実践の政治的性格は、機能という位相で形成され、そしてこうした政治的性格が、彼が論争に加わる方式や問題を扱う際の角度を規定しているのである。

ところで「中国文学の政治性」の末尾で、竹内は魯迅を例に、あらためて自己否定の必要性を強調していた。「新しいもののために、古いものにできることは、古いものをほろぼすことである。それは同時に、中国人の心を理解するための地盤を準備することにもなる」。

竹内において、中国人を理解するということはたんにいわゆる中国学研究者としての研究対象の理解というだけではなかった。かつて『中国文学月報』の時代、竹内は自覚的に中国への理解を自己の主体の基盤の上に築こうとしていた。そして日本の文学界に自己否定と自己更新の能力が備わっていないことを痛感させられたとき、竹内の政治機能のほとんど理想形に近い中国文学の描写は、日本の文化伝統の建設へのコミットの方式へと転じていた。

遺憾なのは、竹内のこうした「方法としての中国」は、実体化思惟が主導的地位を占める日本の知識界では真の理解を得ることが難しかったということである。竹内と日本の知識界、とりわけまず何よりも日本の文学界との間には、ある種の根本的なズレが存在していたのだ。竹内が「亡国の歌」(一九五一年六月)を発表して日本文壇に正面から具体的な批判を行い、「近代主義と民族の問題」(一九五一年九月)を発表して日本の民族問題に正面から取り組むことを提唱し、さらに「国民文学の問題点」(一九五二年八月)を発表して、すでに繰り広げられた議論の混乱した部分に対して整理と誘導を試みたとき、日本文壇の二種類の人物から受け取った誤読がこうしたズレを示していたことは興味深い。

第一の種類の人物とは、芸術を努めて政治的図式から脱却させ、その前提のもとで芸術の民族性の問題を検討しようとするようなリベラル派知識人である。一九五二年五月一四日、竹内は作家兼評論家であり、一九五〇年に『チャタレイ夫人の恋人』を翻訳したために起訴され、それにより言論の自由のために闘っていた伊藤整との間の往復書簡を『日本読書新聞』に発表し、国民文学の意味内容について議論を行った。「近代主義と民族の問題」の中で、竹内は以下のような観点を提起した。日本の近代主義は、[17]戦後の空白状態の中である種の文化的機能を果たし、強権統治から逃れ、解放の喜びを表現するという面で相対的にプラスの価値をもった。しかし、近代主義的思惟（日本共産党と左翼知識人のイデオロギーを含む）においては、日本の民族主義的要素が、戦時の悪夢を含んでいるという理由で排除された。こうした状況のもと、近代主義は文化の空白を埋めることはできたものの、文化創造を進めることはできなかった。そして民族の問題は、「それが無視されたときに問題となる性質のものである。民族の意識は抑圧によっておこる」。そこで竹内は次のように指摘した。戦時中の「日本浪曼派」はもともと近代主義のアンチテーゼとして提出された。それは民族を一つの要素として認めよ、ということだった。しかし戦後、民族の問題が一つの要素ではなく、万能の前提になったのは、政治権力のせいだけではなく、近代主義がそれと対決することを避けたからでもあった。アンチテーゼをアンチテーゼとして認めないことが、逆に民族主義を過度に硬直させ、膨張させた。白樺派が抽象的な自由人を設定したとき以来、近代文学の一つの要素としての民族主義は抹殺されてしまったのである。日本のプロレタリア文学も白樺派の延長線上に生まれたもので、そのためかつて抹殺された民族問題を救い出すことはできなかったのだ。したがって、プロレタリア文学の中に現れた転向者が極端な民族主義者であることは、一つの必然なのだ、と。

竹内は書いていた。「文学の創造の根元によこたわる暗いひろがりを、隈なく照らし出すためには、ただ一つの照明だけでは不十分であろう。その不十分さを無視したところに、日本のプロレタリア文学の失敗があった。そしてその失敗を強行させたところに、日本の近代社会の構造的欠陥があったと考えられる」と。西洋の芸術理論と文学史に造詣の深かった伊藤整も、この言い方に呼応して次のように書いた。「近代主義的な骨骼的図式の届かない肉体的実質の大きな量が、民族的なものによって形成されている事実は見のがせないのです[18]」。伊藤整は、近代主義にのみ依拠する西洋的な批評の方法では、日本文学史上の大家の何人かは無視せざるをえず、また多くの文学者に対して無理に靴を履かせようとして足を削るような処理を施さざるをえなくなることに注意を向けていた。これこそ伊藤の言った近代主義の骨骼は民族の肉体的実質を包みこむことができない、ということの意味にほかならない。このレベルにおいて、伊藤整と竹内好とは一致していたのである。しかし、国民文学の検討の中では、伊藤整は終始「文学」の枠内で問題設定を行っており、ここに彼と竹内とのズレがあった。

伊藤が関心をもった問題は、文学がいかにして自身の規律の中で自己を完全なものにしうるかにあったのであり、それがいかにして哲学と対峙しうるような「世界の構造」になりうるかにはなかったのだ。竹内が書簡の中でまず問題の整理を行う必要があると提起したとき、伊藤はそれに同意せず、問題は必ずや「思想を結果している創作の方法そのものの具体性の中で」展開されねばならないと考えた。彼は竹内の「整理の方法」は、とりあえずの仮説に過ぎない、と指摘した。実際、竹内が「整理」を強調したのは、そのとき提起された問題が生み出した混乱が、近代主義と民族主義の対立を二項対立として図式化したことに因ると痛感したからであったが、伊藤整にはそれが腑に落ちなかったようだ。伊藤整宛の手紙「国民文学の提唱」において、竹内は当時さまざまな思想的スタンスに立っていた文壇人が国民文学に対して抱いた態度を簡潔に分析した。それによれば、歴史的に見て、近代主義と民族主義が外見上対立の様相を見せた時期があったが、しかしそれは必ずしも両者が絡み合わないことを意味するものではない。特に戦後においては、国民文学が民族主義者だけによって提唱されたわけではなく、近代主義の立場にたつ知識人もそれを唱えたのであった。それゆえ、「国民文学」という言葉はすでに、かなり複雑な価値観を内包していたのである。竹内が「問題整理」を提案したゆえんである。その「整理」の提案は、「国民文学」「民族」「近代主義」などの概念に頼っていては当時の現実状況を有効に把握できない、ということを竹内が直覚したことを暗示している。彼は議論をより実践的な位相に導こうと試み、この一連の概念に非イデオロギー的でかつ的確なリアリティを注入しようとした。そして、これらの概念に対する竹内の整理は、確かに、問題意識として新しい方向性――イデオロギーの位相においてはほとんど気づかれないような――を打ち出すものであった。すなわち、国民文学の提唱は、民族主義の立場を補強するためではなく、竹内が「中国文学の政治性」において強調したように、文壇の閉鎖性を打破し、機能としての文化－政治を打ち立てようという意図によるものであった。言うまでもなく、竹内好が意図した「国民文学」は、あくまでも「魯迅」以来の一連の著作において繰り返されたモチーフと合わせて考えなければ、その中身を把握することはできない。そのモチーフとは、「自己否定」や

「掙扎」によって自己を洗い、洗われた自己を再びその中から引き出す」というものだ。そうである以上、竹内が当時の文壇における観念的な論戦に満足できなかったのも、当然のことであろう。

伊藤整は、竹内が期待したような問題の展開の仕方、すなわち近代主義と民族主義の対立図式を崩し、文壇のより複雑な構図を抉り出すところまでには進まなかった。むしろ正反対に、竹内への返信において、竹内が崩そうとしたモデルをわざわざ元の状態に戻したのであった。むろん、この優れた文芸批評家も「民族のための文学」と「近代的自己確立の文学」の間にあるのは必ずしも対立関係ばかりではないという事実に注目してはいたけれども、それは問題を深めるエネルギーに転化するまでには至らなかった。逆に、彼はただ観念的な位相にこの問題を棚上げし、すぐさま話題を東洋文明(中国、インド、日本)特有の思考様式と近代主義との対立へと転じてしまい、これらの東洋思想の資源を生かして「ヨーロッパ系統の文化構造を批判する」ことの必要性を強調するに留まった。同じ観念的な位相において、竹内が重視した文壇の閉鎖性の問題についても、伊藤整はたんに商業社会において純文学と大衆文学とが分裂するといったレベルで一般的に理解しただけで、竹内の照準が日本文学に象徴される日本の社会構造それ自体の孕む重大問題に当てられていたことを見逃したのであった。

竹内はいわゆる骨骼と肉体との関係のレベルでは伊藤整の意見に完全に賛同していたのだが、問題がもう一歩進んだとき、表面をなぞっただけの伊藤整の態度には満足できなかったのである。その後発表した「国民文学の問題点」において、竹内はあらためて日本の文壇の閉鎖性が病根のありかであると強調し、伊藤整の説明に対して異議を唱えたのであった。竹内はそこで、たんにメディアが商業社会の中で果たす作用でもって文壇文学と大衆文学との乖離を説明するのはピントはずれであると指摘した。なぜなら、メディアの介入はあらゆる資本主義国家に見られるにもかかわらず、日本式の文壇(なかでも私小説の伝統)はいかにも日本独自のものだからである。むしろこうした乖離現象こそ日本式の封建的身分制度の問題を体現していると言うべきで、その意味で、大衆文学と純文学とは同根なのだ、というのが竹内の考えであった。(19)

比較的早い時期に発表された「亡国の歌」の中で、竹内はかつて自分が日本文壇の閉鎖的なギルド的形態を鋭く批判し、文壇の狭隘さを批判したのは、なにも文学者が文学以外の事物に関心を示さないことを指しているのではなく、彼らが文学に相対する際の思考様式が狭隘で、文学の本質を考えようとしないことを言っているのだと強調した。言い換えれば、文学の垣根を飛び出して文壇の問題に向き合うことが文学者にできていないということである。いわば、伊藤整のような民主主義作家でさえも、竹内の述べたような狭隘さから免れることはできなかったということだ。問題を、諸々の観念を整理せねばならないというところまで突き詰めたとき、西洋の学芸に造詣の深い伊藤整をして、かえって概念を抽象的位相に架空棚上げすることに甘んじさせたのである。このことは、おそらく学知の問題だけでは説明がつかぬ問題であろう。

しかしその一方で、竹内の命題はより強力な挑戦にさらされてもいた。というのは、竹内が直面した第二の種類の人物は日本共産党系の進歩的作家だったからである。彼らは戦前のプロレタリア文学の伝統を自覚的に受け継ぎ、「国民文学」でもって民族の危機を救おうと試みていたのである。一般的な意味での民主主義作家と異なり、彼らは文学の社会的機能を強調し、蔵原惟人といった理論家を代表として、それに理論的形態を付与していた。と同時に、これら左翼系知識人の思想的なスタンスは、往々にして伊藤整らリベラル系知識人と対立するものであった。そこで竹内が解決せねばならなかった一つの問題とは、仮に文壇の閉鎖性を打破し、広汎な社会的基礎の上に立脚した、すなわち「政治性」を備えた国民文学を打ち立てようとする場合、日本の左翼知識人と歩みを共にすべきか否か、であった。

「中国文学の政治性」の中で、竹内はかつて「将来の文化を、プロレタリアが担うであろうということは、ほとんど疑えない。しかしその将来の文化が、掃除が不十分なばかりに、かつてのプロレタリア文学のようにゆがんでしまうと考えることは、考えるだけでも悲惨である」と予言していた[20]。その「ゆがみ」とは何か？　その他の文章の関連する記述と結びつけて見てみると、竹内は日本の戦前のプロレタリア文学に存在した最大の問題は「近代主義」の問題であると考えていたようだ。竹内から見れば、日本プロレタリア文学ははじめから「思想輸入」の道を歩んだのであって、そのインターナショナリズムと階級理論からは、日本の民族主義問題がすっぽり抜け落ちていたのである。一方、プロレタリア文学理論において繰り返し強調された「民族独立」の中の「民族」というのも、先験的な概念であって、自然な生活感情の内容を含むものではなかった。こうして、日本のプロレタリア文学は西洋とロシアの眼差しを借りて自国の「階級問題」を眺めたのであり、そのため、のちにファシズム・イデオロギーへと発展した民族主義と対決したり、それを改造したりするまでに至らなかった。だがそれ以上に重要なのは、日本のプロレタリア文学は、日本の民族主義に対して真の認識を欠いていたために、思想運動に具わる組織形態として、隠蔽された日本的特色、すなわち天皇制の影を引きずっていたということだ。

竹内は天皇制の構造の中に日本社会における権力構造のあり方を見て取った。彼は次のように指摘した。天皇制に象徴される日本の政治権力構造は、暴力的支配だけに尽くされない。天皇制は「もの」ではない。それは固体ではなく気体であり、自他を包む場(ここには竹内の「場」に対する機能的感覚がよく現れている)のようなものである、と。村落共同体は天皇制の基礎として不断に絶対主義的イデオロギーを生産し続ける。天皇制は一つの価値体系なのではなく、複合的な体系であり、むしろ体系というよりも諸価値を相殺する一種の装置である。かくしてやんわり空気のように日本社会の隅々にまで充満した天皇制は、ナチの指導者をうらやませるほどの社会的動員力を発揮できる。竹内好はここで「一木一草に天皇制がある」というテーゼを提起した。このテーゼの価値は、天皇制によって象徴された権力問題を、狭い意味での制度に関する議論から公共性を備えた社会的課題に転化させたところにある。(21) 竹内は日本のプロレタリア文学運動の中にも同じようにこの種の天皇制構造が反映していると考え、この運動を一つの事例《ケース》として天皇制の実質を研究しよう、と提案した。しかしより重要なのは、竹内にとって、この提案はプロレタリア文学運動を否定するためではなく、むしろプロレタリア文学運動こそは日本の革命思想を発掘しうる唯一の源泉だとも指摘していたことである。表面的には、このような考えは自己矛盾に映るだろう。竹内は日本プロレタリア文学運動の「外来性」を、この運動が民族問題から距離をとることを可能にした主因として指摘したが(それがこの運動に日本の土着的状況から遊離した「先駆性」をもたらした)、その中に潜んでいた「土着性」に着目したときに、天皇制の構造が浮かび上がってこざるを得なかったのである。しかし彼は、このような最も保守的な構造の中でしか日本の真の革命の可能性を見出せないと考えていたようだ。[22] そしてこの発想は、後に彼が日本のアジア主義の系譜を整理し、明治維新および福沢諭吉や明治天皇から日本の民主主義思想や制度の原型などを発掘しようとしたとき、思想創造の軸として、遺憾なく発揮されることになった。

前述の理由から、竹内と日本の左翼知識人、とりわけ共産党系作家との間には方向性にズレがあったことが見出せよう。竹内はほとんど、プロレタリア文学運動とその戦後の延長を、日本の近代主義と民族主義との内在的関係を研究する際の最良の事例と見なした。言うまでもなく、竹内が自分のために設けた位置はその外側にあった。文壇の閉鎖性を批判する場合、竹内から見れば、「ゆがんだ」道を歩んだこの思想運動は、民族解放を標榜していたが故に閉鎖性を突き破ることができたわけではなく、むしろその正反対に、その近代主義の観念性のために、かえってほんとうの状況が覆い隠され、自身の日本的な組織構造に気づくことができなかったのである。しかし、それ以上に重要な問題は、竹内と左翼知識人との間のこうした距離感と、文学の自律性をめぐる考察とが果たしてどのようにつながっていたのか、である。

国民文学の議論がはじまると、竹内の「国民文学の問題点」は共産党系の実力派作家・野間宏の批判を引き起こした。一九五二年九月から一二月、野間は「国民文学について」を三回に分けて発表し、竹内との間で高水準の論争を繰り広げた。野間は竹内の論文に肉迫すべくきめ細かな精読を行い、前後の文脈にも注意したため、その批判は的を射たものであった。伊藤整とは異なり、野間は竹内の「問題整理」という提案を高く評価した。すなわち彼も竹内と同様、国民文学に関する論争には混乱が存在していると認識し、重視したわけである。と同時に、竹内の具体的な「整理」の仕方には、異議を唱えた。野間はまず、竹内の行文に一つ非常に曖昧な箇所があることに目を向けた。それは文学の自律性を強調する際、一方でそれを芸術のための芸術の立場と区別しようとしながら、もう一方で「文学外の強制」を排除しようとした結果、竹内の国民文学論はいわゆる純文学でもなければ手段としての文学でもない、ということになったという点だ。野間は客観的分析に基づいて、次のように指摘した。文学の自律性に関する竹内の定義は不明確なため、竹内の文学の自律性をめぐる考察も、たんに文学を政治から区別することができたに過ぎないのだ、と。さらに野間は言う。竹内の発言がこのように曖昧な言い方になったのは、一つには左翼文学運動の中に確かに文学を手段とする傾向が存在したからであるが、他方で、竹内自身が想定した国民文学には、民族独立のために様々な分野の協力をはかるということが含まれていなかったからである。文学の自律性とは、野間によれば、「政治、経済、文化各領域に於ける革命、改造運動そのもののなかに於ける思想改造運動を貫く自律性であり新しい魂の創造運動としてもっている自律性である」(23)。そしてこのような自律性こそが、文学を政治経済などの領域と同様の位相に位置づけ、社会革命運動と文学運動はそれぞれ独自の特性を保ちながらも、ともに思想改造運動に責任を負うことになるのである。したがって、竹内が強調した文学の自律性は、このような思想改造運動の中に位置づけられなかったため、狭隘なものとなったのである。さらに言えば、竹内が考えた「人」というのは個人主義を中心としていたのに対し、野間をはじめとする左派知識人の「人」は「社会主義的人間像」を中心とするものであった、ということもある。それゆえ、後者の国民文学をめぐる構想はすべからく民族解放闘争の全内容を日本国民文学の全内容とするものでなければならなかったのである。[24]

竹内はこれに対しすかさず真剣な応答を行った。一九五二年一一月、竹内が雑誌『群像』に発表した「文学の自律性など」は、野間の批判にまじめに応えたものである。竹内はまず、自分と野間との間では、民族の危機感と日本民族の魂の解放という大前提において、意見が一致していることを認めた。しかし、文学の自律性の内容と日本がいかにして封建制度から解放されるか、その方向性の問題については、彼と野間との意見はズレていた。最初のズレはまず思考様式の違いにあった。「私が文学の自律性をいうとき、政治と文学を実体的に区別したような印象を野間氏に与えたとすれば、それは私の説明が足りなかったからであって、私はそう考えているわけではない。私は、政治と文学とは機能的に区別しなければならないことを主張しただけである。文学は政治を代行しえず、政治は文学を代行しえない。目的は全人間の解放であり（それを野間氏は思想というコトバであらわしている）、その目的にたいして政治と文学は、それぞれの側面から責任を持たねばならぬのである。小説を書くことも、一方では政治行為であり、綱領の文章表現は文学的行為である。それぞれの機能を責任をもって果すことによって、目的のために有機的に結ばれたものが、真の自律性である」[25]。これは実に明晰な定義である。竹内は「機能」を強調したとき、実体とそれが持つ機能とを分けて考えよう、と提案したのだ。そうすれば、必ずやまったく新しい認識方法がもたらされるに違いない、と。実体的に物事を捉える思考法は、あらゆる状況を具体的実在物に起因すると考え、本来は実体を持たない対象（例えば文学の創作過程や政治過程など）に対してさえも、それを「実体化」してはじめて分析し理解することができると考える。かくして人々は、注目のポイントを過程から結果（例えば文学作品や政治制度の条文など）へ移行させる。なぜなら、結果のみが「実体化」を可能にするからだ。したがって、このような発想法が対象に静的性格を要求するのも不思議はない。排他的自足性をもってはじめて対象は安定し実体化しうるのだから。また、実体的思惟は必ずしも物事の具体性だけに止まらない。実体的抽象性も遍在する。実体的具体性と高度な抽象性との間には、常にある種の共犯関係が結びついているわけである。というのは、具体的実在と実体的抽象性はともに「静止」という意味において対象をある閉鎖的空間に抑え込むからにほかならない。ただ、前者が個別的内容をもつのに対して、後者はいかにも普遍的な様相をしているという違いがあるだけなのだ。[26] これに対し、機能性を強調したことは、まさにこの種の「実体化」の潜在意識を解消するためであって、そのことによって流動性に身をおきながら対象の変化を鋭敏に感知し、注目のポイントを結果から過程そのものに移行させるのである。

国民文学論争の中で、文学を政治と対立させ、文学の自立性とは政治の介入を排除することだとする考え方は、典型的な実体的発想法である。なぜならば、そこでは、政治は単なる政治権力の暴力あるいは体制の抑圧に限定され、モラルの位相でそれを抽象的に「悪」とすることによって、政治過程の中でのさまざまな可能性や諸々の複雑な矛盾などが安易に抹殺されてしまったからである。一方、野間宏が各領域の連合を強調し、民族の独立のためにこの一連の領域がそれぞれに自己の責任を負うべきと唱えたとき、実は文学を抽象化し政治・経済などと並置された「物」にしていたわけで、それはせいぜい文学の排他的「自律」に対するアンチテーゼとしての意味をもつに過ぎず、文学のあり方の問題はおよそ深められることはなかったのである。竹内が機能としての文学と政治を区別すべきだと主張したとき、彼が注目していたのは、文学が一種の特殊な「文化政治」の過程となって、単純に政治的結論を導き出してしまうような悪循環からいかに解放されうるか、という問題であった。あたかも丸山真男が政治学の領域において現代政治の「フィクション性」を強調することで政治判断を打ちたてようとしたのと同じように、竹内好は文学領域においても機能性を強調することで文学を直観性から解放し、精神の営みとしての自律的性格を確立しようとしたのだ。明らかに、野間の誤読は、竹内のこのような実体的思惟と対決した、政治性を備えた文学の自律性を理解できなかったところにある。しかし、野間宏のこのような誤読は、果たして竹内の「説明が足りなかった」せいだっただろうか。実際に、竹内は同時代のほぼすべての重大な問題に関わるとき、いつもこのような「機能的な」反応をするのだが、しかしそれはたびたび、まわりの「実体的な」思考様式によって誤読されている。野間宏のように優れた創作活動をつづけていた作家でさえ、竹内の文学と政治の関係についての論考に対する質疑において、実体的な思考法を議論の主軸に据えていた。このようなズレは、「説明」を詳しく行うことによっては解決できないだろう。竹内と野間の間の論争は結局、それ以上進展しなかった。かれらはもしかすると双方の分岐点が根本的なもので、簡単に解消できる誤解などではない、という事実を互いに意識していたのかもしれない。

このズレと関連して、二番目のズレの問題、つまり日本はいかにして封建制から解放されうるかの問題について、竹内の解釈はこうである。野間は「民族の独立」を文学の目標とすることにより「国民の魂の解放」ということの重要性を見逃してしまった。かくして、封建制度との闘争において、野間の「民族の独立」と竹内の「国民の魂の解放」といった方向上の差異が顕在化した。そしてまさにその差異こそが根本的な分岐であった。竹内好は「国民文学の問題点」において、日本の左翼作家たちが政治用語としての「民族の独立」を、文学の規律から離れて文学に押し付けるそのやり方はかえって文学の独立の機能を失わせる、と指摘した。そして「そのような文学は、「自我の確立の文学」を含みえず、封建制との戦いを回避している(27)」と問題を深めた。一方、野間は、竹内がいったい何を言っているのか理解できず、「封建制との戦いを回避する」という言い方に強く反論した。「私たちの文学が民族解放の綱領を文学の面で具体化し、それを文学の面でかちとることをめざしていることについては、すでにのべたが、そのような文学がどうして封建制との戦いを回避していることになるだろうか。植民地従属国に於ける革命方式と帝国主義国に於ける革命方式のちがいを明らかにし、それによって植民地日本の革命を民族解放革命と規定し、その上で日本民族を解放するためにしなければならないことを示した綱領が、もっとも中心にすえているのは農村の土地改良であり、さらにまた帝国主義の支柱となる天皇・官僚封建制打倒である。私たちの文学が封建制との戦いを回避するなどということは考えられない(28)」。

ところが竹内好のいわゆる「封建制との戦い」は、明らかに、日本プロレタリア文学運動に「天皇制の特徴」が孕まれているという観察を踏まえたものであった。彼は日本の左翼陣営は観念的な政治的正しさにこだわりすぎた結果、かえって現実に対する批判的役割を果たせなくなっている、と考えたのだ。そればかりでなく、このような状況はかえってアンチテーゼ(批判)という形で間接的に日本社会の封建的土壌を補強しているのである。竹内からみれば、日本共産党の綱領を引用しながら竹内を批判した野間宏は、むしろそのために、かえって文学の領域において政治的綱領を処理するチャンスを逃してしまった。そこに竹内は「党員芸術家の悲劇を見る」[29]のである。ここで、竹内は再び『魯迅』におけるモチーフを持ち出した。それはつまり文学の真の役割は正しい政治的マニフェストを導き出すことにあるのではなく、自らの特有の方式(竹内はそれを「余裕の産物」や「一身に動を集めた極致的な静」などで形容した)でもって現実にコミットし、自らの「文化政治」を作り上げることにある。そして、この文化政治というスタンスは、現実政治とは決して対等ではなく、常に一致するとも限らず、「無用の用」という逆説的な形で現実政治の全過程にコミットするのだ、と。これこそ、竹内が「文学の自律性など」で書いた「小説を書くことも、一方では政治行為であり、綱領の文章表現は文学的行為である。それぞれの機能を責任をもって果すことによって、目的のために有機的に結ばれたものが、真の自律性である」という言葉の真意であった。

日本文学思潮史において、この国民文学論争に関する公式的な見方は、日本共産党の介入のため、国民文学論争がイデオロギー化され、竹内が期待したような、文学の規律の位相にまで議論が深化されることはなかった、ということになっている。だが実際は、むしろ問題は逆であろう。すくなくとも以上の資料だけからみても、この論争がすでに重大な問題を提起したものであることがよくわかる。その提起された問題の重大さは、竹内の予想をはるかに越えていた、とも言える。とすれば、ではこの重大な問題とはなんであろうか。それは現代国家と民族という枠組みにおける、「文化－政治」の位置づけといった問題である。「民族の解放」と「民族の魂」の解放という問題は、まさにこの意味において区別されなければならない。なぜなら、民族の解放は現実の政治闘争と直接に繋がり、固定的な判断基準も伴っているが、民族の魂の解放は、決して現実の政治に従う外観を持たず、現実の政治判断では決してうまく把握できないからである。こういう意味において、前者が現代国民国家の枠組みに頼って存在するのに対して、後者はその枠組みを越えたところにあるのである。

われわれはここで、再び野間の誤読問題に戻らねばならない。豊富な創作経験や厳格な論争態度を備えたこの文学者は、克明に竹内の関連テクストを読んだ以後も、なお竹内が出した「行為としての文学と政治との間のパラドキシカルな関係」というテーゼを理解できなかった。このことは単純に「党員芸術家の悲劇」に回収できる問題ではあるまい。事実、この党員芸術家の政治理解は極めて代表的なものだった。そしてこの代表性はなにも共産党系の知識人だけに限られるものではなく、むしろ彼らと対立したリベラル派知識人の政治理解にも深く繋がっていた。また、この問題の重みも、「党員芸術家の悲劇」云々でそそくさと話を終わりにした竹内の評言で片づけられる問題では絶対にない。

野間宏は一九五三年、もっぱら政治と文学の関係を論じた別の文章の中で、この問題を理解する手がかりを提供した。この現実政治に対して強い憂慮を抱いていたこの知識人は、文中でまずこう強調した。「人間はいかに政治にかかわりたくないと思っていても、政治はその人間の上に関係をもってくる。また自分では、自分は政治には関係がない、自分はひとりでいるのだと思っていてもやはり同じことである[30]」。これに続き、彼は当時の日本が直面していた政治情勢を次のように分析した。「現代世界で最も重大な問題は平和の問題であるが、もしも自分は政治に関係したくないからといって、この問題から身を引いたとすればどうなるだろうか。戦争がおこれば戦争は決してこの人間の上をさけてとおりはしない。（中略）われわれ日本人が平和を考え、平和をまもるためには、日本が戦争を起こして戦さにまけどうなったか、また戦後日本はどのように変りどうなろうとしているかということを問いつめ、そこから平和に至る道をさがしださなければならない。日本が戦争によって破壊され長い間アメリカに占領され、昨年サンフランシスコ条約を結んで、独立したというにかかわらず、日本の予算は日本人の自由にならず、日本には外国兵を裁判する権利がなく、日本の基地からはアメリカの爆弾をつんだ飛行機が毎日とびたっている。しかし日本がアメリカの基地でなくなりさえすれば、このような朝鮮の戦争をアメリカはつづけることができない」(31)。さらに、野間はマルクス主義の原理を引用しながら、階級闘争を政治闘争、経済闘争、イデオロギー闘争の三種類に分け、文学活動はイデオロギー闘争の部門に属すると強調し、そこから文学の役割問題について次のように言及した。「それは戦争に反対するたたかいのなかに、人間の生きる道があることを具体的に主人公を通して示すことによってはたされる。特に文学者は科学者とはちがって、詩や小説によって、これらの人たち国民の体験の本質をとらえて、それを典型として人間の五官にうったえる姿にして描くのであるから、それを読んだひとは丁度自分がそれを体験したと同じように認識することができるのである。それ故にそれはほんとうにそのひとの血となり肉となる。つまり魂にしみとおり、魂はそれによってたかまる。魂の改造がはたされるのである。文学者はスターリンによって「魂の技師」とよばれたが、現在日本の魂の技師の任務は、アメリカのおしつけるいつわりの平和と国民の求める真の平和とをいついかなるところでもはっきり見分け、自分のなかにしみついているいつわりの平和をそぎおとし取りのぞいて行く、ほんとうの魂の力を養う文学作品

をつくりだすことにある」。(32)

以上やや長い引用をしたのは、あくまでも野間宏の当時の政治状況に対する緊迫感や文学作品に託した政治的期待をできるだけリアルに伝えたいと考えたからである。野間の考えが間違いであったと言う理由はなさそうだ。また、彼と竹内の間で、文学と政治に関する考え方が対立していると断言することも難しいだろう。それなら、なぜ野間と竹内との間に、政治と文学の関係について真の対話が成立しえなかったのか。

おそらくそれは、この日本の文学者の視野のなかに、ある基本的な参照軸が欠けていたからではなかろうか。それは、魯迅を代表とする中国現代文学、そして竹内好が中国現代文学を読むときの読みの視座にほかならない。もし『魯迅』を竹内の思想的な原点と見なさなければ、彼の日本文学や日本思想に対する全発言は理解することができないであろう。まさにこの「魯迅」こそ、竹内の言うように、機能的なものであって実体的なものではなかった。その「魯迅」こそは、竹内が日本思想と日本文学に迫る契機であり、竹内の外に存在するような、吉川幸次郎におけるがごとき「客観的な」研究対象ではなかったのだ。魯迅は竹内を野間と異なる政治理解へと導いたのである。それはいわば、「正しい」観念的抽象化を放棄し、リアルで複雑な現実に直正面から向き合うことである。なるほど、野間宏の時局に対する分析は確かに正しいだろう。しかしこの正しい「あるべき姿勢」が、微妙に戦後日本の大衆社会の基本課題から遊離したのであって、日本文学もこの種の「イデオロギー的責任」を果たすことができなかったのである。逆に、野間が文学を思想イデオロギー闘争の一部門と位置づけたとき、彼が注目したかったのは、この部門がいかにして他の部門とともに、有効にアメリカの東アジアにおけるヘゲモニーに反対するための啓蒙の道具になりうるか、ということであった。彼は文学の特殊なメカニズムを認めるが、しかし以上に触れたように、そのメカニズムは彼にとって、ただ一つの「方法」しかなく、文学の究極的目標は党の綱領によってすでに用意されたものであった。

竹内好が「党員芸術家の悲劇」を見たのは、この意味においては、幾分当たっていなかったわけでもない。野間にとってなかなか認め難かったのは、次のようなことであった。文学はその特殊性のために、現実においては往々にして現実政治と同じ波長で動くことを許さず、時には現実の政治目標と背馳するように見えることさえある、という厄介な問題。また、国民の魂を改造することにしても、必ずしも党の綱領を文学によって形象化したうえで「正しく」民衆の感覚世界に浸透させることを意味するとは限らないということである。このような「啓蒙作品」は、およそ表面的なお説教に流れ、読者が野間の期待に応じてそれを自分の体験につなげることは極めて難しい。かくして左翼の知識人たちは、竹内好が「中国文学の政治性」で指摘したような、日本のプロレタリア文学運動の非政治性に陥りがちである。すなわち、現実が自分の設定した正しい方向へ向かわない場合に、自分の設定を修正するのではなく、「現実の誤り」を責めるということである。このような政治性の問題を理解するためには、政治過程とはなにかという問題を追求する必要があるだろう。野間の場合は、日本共産党の綱領を政治そのものとして理解し、極めて抽象的な位相において現実的危機を把握していた。しかし、現実の政治過程における諸々の偶然性や瞬間的決断、および情勢の突発的変化による状況全体の構造転換など、政治過程そのものに本来備わる構造的な要素が、野間の視野からこぼれ落ちていたことは明らかである。こうした「大政治」と「日常政治」との乖離(丸山真男)は、野間のような優れた進歩的知識人をして、政治過程の複雑さや流動性を単純化させ、かつイデオロギー化させた。実際、このような特徴は、日本の一部の進歩的知識人のドグマ的かつ「非政治的」政治性を露呈させ、彼らの政治的未熟さを物語るものであったと言えよう。

興味深いのは、野間宏と本当に対立していたのは竹内好ではなく、むしろリベラルな知識人や純粋芸術を主張する芸術家であったことだ。彼らは文学が政治から離脱すべきだと考え、あるいは文学芸術の政治化に反対した。だが、この対立が成り立つ前提条件として、両者にはある種の共通性が存在する。それは、文学が政治と並立もしくは対立するような「もの」として意識され、政治もイデオロギーとして単純化されたという点である。まさにこの意味において、政治と文学の関係をめぐる野間宏の発想は、その論敵の思考様式とも見事に重なり合っているのだが。しかし竹内は、このような発想の外にいたのである。

国民文学論争において、竹内がぶつかったのは、主にこのような政治や文学を実体化させ、その上でそれを対立させたり結合させるような思考の構えであった。この論争は竹内の「政治と文学の各自の機能を追究する」姿勢によって、それまでの同類の論争と異なり、興味深い問題をいくつか引き起こした。竹内の国民文学論に関する思考は最後まで民族主義の形を取ったが、もしもわれわれが、竹内が野間にたいして「民族の独立だけが優先しているように見える」と批判し、「日本民族全体の魂を解放する」ことを無視したと指摘していたことに十分注意を払うことができれば、彼にとっての「国民文学」の役割は、決して現実政治の位相における「民族独立」という目標によって決定されていないことが分かるはずだ。いわば他の代表的作家からの誤読を通してはじめて、竹内の文学機能論は、不毛な論争の中で生産的な意味をもちえたのであった。さらに言えば、日本文壇において伊藤整のようなリベラル派の知識人や野間宏のような社会主義的知識人の分化が生じ、「政治と文学の対立」が生み出されたとき、竹内の国民文学をめぐる思考は、まさにこのような対立の構図を解体し、この種の対立の虚偽性を抉り出すものであった。竹内は言う。問題は観念上の対立にあるのではなく、観念と両立した生活実感にあるのだ、と。「民族の独立という高度の政治目標は、けっして民衆の生活から直接に引き出されるものではない」[33]。およそ生活実感から乖離した理念こそが、思想を最終的に絶対化の袋小路に追い詰めるものなのだ。竹内が、「民衆」という言葉をもつ知識人ギルドを解体する役割に目を向けたとき（ここで指摘しておくべきは、竹内にとって「民衆」は基本的に一つの観念的カテゴリーに過ぎないということだ）、それはたかだか知識人を牽制するための戦略に過ぎず、戦後たとえば趙樹理のような農民を描いた作家に関心をもったことがあるとはいえ、その民衆観にはかなりのエリート意識が含まれていた。彼の国民国家枠組みへの相対化は、まさに民衆（すなわち国民）の強調によってはじめて完成できたということは指摘しておかねばならないだろう。国民文学の提唱は実らなかった。だが、竹内の思考の方向性はこの論争によって浮き彫りにされた。この論争は、その他の失敗に終わった努力と同じように、竹内好の「文学的世界構造」に関する思考を理解する上できわめて重要なものである。もっとも、重要なのは、もしもわれわれが竹内の生涯の思考プロセスを研究対象にするなら、彼の基本的な思考のベクトルはこうした具体的な論争の中にこそ潜在しているということであって、論争それ自体ないしその結果は、竹内が残してくれた時代を乗り越える精神遺産と比べれば、むしろ取るに足りないものだと言ってよい。

国民文学論争を通して、われわれは少なくとも次のような基本的な問題点を整理することができるであろう。政治に関する観念的理解は、政治的正しさを補強するイデオロギー的立場の基盤であり、文学陣営の内部では、真正面から複雑な現実政治過程にぶつかることは文学の仕事ではないとされるため、政治過程に対する単純化や観念的発想法がむしろ一般的である。文学者は政治を道徳的に考える傾向によって、政治分析以前に、現実政治に対して善玉悪玉の先験的で単純な価値判断を下しがちだ。そのため激動の二〇世紀において、このような単純な政治判断は往々にして知識人たちを歴史のプロセスの外に追いやることになった。こうした状況のもとで、知識人の行動は現実から遊離したものとなったが、その原因は、彼らが自分の「正しい理想」を疑いなく絶対化するところにあっただろう。つねに変動している現実の中で、そうした正しい理想を調整すべきか否かについてあまり顧慮されず、さらに、正しい理念はいかにして現実にコミットできるか、すなわち大政治をいかなる形で日常政治の課題につなげうるかといった問題もほとんど検討されなかったのである。かくして、「日和見主義」と「原理主義」の対立がわれわれのよく目の当たりにするところとなり、真の政治的知恵はこのような対立のもとでまったく成長できなくなってしまうのだ。

ごく少数の例外を除いて、基本的状況に即して言えば、日本の左翼は戦後徐々にドグマ的な「原理主義」に近寄りつつあり、一方、右翼は次第に原理を喪失して日和見的になっていった。このような状況は、政党政治の成長を大いに阻害し、政治思想の成熟をも妨げている。そうした中で比較的に複雑なケースは、おそらく野間のような政党政治にコミットした知識人の場合であろう。彼らの政治的視野は、明らかに伊藤整のような知識人よりリアルであり、具体的であった。以上の引用からも見られるように、野間が日本共産党の綱領を踏まえて時局を分析したとき、その文章には緊迫感や使命感が溢れていた。実際、彼の時局分析、特に戦後東アジアにおけるアメリカの「植民地主義」の問題に関する分析は、竹内好のそれとも相当程度一致しており、およそ当時の良心的知識人の基本的な見方を代表しうるものであったと言えよう。だが問題は次の点にあった。野間が日本共産党の綱領を引用しながら自らの危機意識を表現したとき、彼はこの綱領が日常政治の性格を備えていないという事実を無視したということである。文学がいかにしてこの綱領を実現できるかという問題を検討する際、彼はほとんど本能的に「正しい」という言葉を繰り返していた。かくして問題のあり方は、かかる判断基準によって微妙に「あるべき様態」へと転化し、当時の現実政治や社会状況の複雑さ、ないし奥行きが隠蔽されてしまったのである。竹内が論争において「問題整理」を強調した態度は、実は論争を抽象的な「あるべき」レベルからより複雑な現実状況へと方向転換させようとすることに起因するものだった。このような態度は、ただの「状況主義」ではなく、現実を直視しようとする原理的な態度である。まさにこの意味において、竹内が敢えて「民族の独立という高度の政治目標は、けっして民衆の生活から直接に引き出されるものではない」と斬り込んだのは、政治的正しさを至上命題とする知識人たちへの一つの大胆な挑戦でもあったのだ。

がしかし、竹内にとっては、政治的正しさに挑戦することは彼の思想課題ではなかった。彼が本当に拘っていた課題はいかにして歴史に入るか、という問題であった。この意味においては、政治的に正しくないという代価を払った竹内は、彼の思想的実践によって歴史に入ることの困難さを示し、状況における思想のあり方を教えてくれたのだ。

第三章　戦争と歴史

一　歴史的瞬間における「誤った」選択

ここまでの議論を終えたところで、私たちは、竹内好の思想の中で最も扱いが困難な、しかし決して避けては通れない問題の考察に向かうことになるだろう。それは日本の侵略戦争に対する竹内好の態度である。

一九四三年末、竹内好は完成させた『魯迅』を、武田泰淳に託して出版社に送った。このとき彼は中国湖北に出征することが決まっていた。竹内好の戦争体験の経過については、彼自身が口を閉ざしている上、重要なことはどの文章にもほとんど記されていないため、充分な材料をえることはできない。「竹内好全集」の年譜と彼の書いた僅かな文章を寄せ集めるとこうなる。竹内好は出征後、老兵や学徒兵ら弱卒の寄せ集めである独立混成旅団に補充要員として配属されたため、ほとんど第一線にはたたず、幸運にも人を殺さずにすんだ。しかし戦場での死傷を目撃したり、正面衝突に遭遇することはあった。竹内好は兵士として失格であり(たとえば、暗号手教育を受けたが計器類を運搬する体力がなかったことや、行軍中落伍するので有名だったこと、さらには落馬して意識不明になったことなどが記されている)、その上ひどいアメーバ赤痢に苦しんだため、半年後には大隊本部の「宣撫班」に転属になり(彼は班長の唯一の部下であった)、兵営の外に居住する権利を認められた。その後中国語教育を行ったり、通訳を担当したりした。こうした従軍経験は、一九四三年一二月から日本の敗戦まで二年近く続いた。

竹内好はその従軍経験のため偶然にも戦争の周縁にとどまったが、しかし彼が日本の侵略戦争に参加したという事実は、間違いなく彼の思想形成にとって重要である。私が最も関心を寄せるのは、竹内好がその思想活動において自らの従軍経験をいかに処理したかを考察することである。そして、彼の個体の経験をその時代の全体的イデオロギーから峻別し、その上でもう一度時代の思想形成過程の中に投げ入れたい。つまり竹内好が『魯迅』で策定しようとした思考方法を私も運用したいと思っている。そうすることではじめて、歴史過程の中の極めて不自由な個体の選択が持つ真の意味に接近することが可能になり、ある時代をおおざっぱに議論して、個体の経験を単純に時代へと還元するような惰性的思考を打ち破ることが可能になるだろう。

一九四二年一月、日本の真珠湾奇襲による太平洋戦争勃発の翌月、『中国文学』第八〇号に竹内好執筆の中国文学研究会の宣言「大東亜戦争と吾等の決意(宣言)」が掲載された。竹内はこのロマンチシズムに満ちた宣言において、太平洋戦争への無条件の支持を表明した。それは日本が、西洋近代を象徴するアメリカに宣戦したことを意味したからである。竹内好は言う。盧溝橋事変の後、彼および同人たちは、日本が弱いものいじめをしているのではないかという疑いをまぬがれなかったため、戦争に対して留保の態度をとっていた。しかし太平洋戦争は日本が強者に対して抵抗を宣告したことであり、「見事に支那事変を完遂し」、戦争の性質を「東亜から侵略者を追いはらうこと」へと変質させた。そこで、それまで理念的にも行動としても日本の中国侵略に抵抗してきた竹内好は、一転して何の留保もつけずに太平洋戦争支持にまわった。彼は記す。「今日われらは、かつて否定した自己を、東亜解放の戦の決意によって再び否定され直したのである。われらは正しく置きかえられた。われらは自信を回復した。東亜を新しい秩序の世界へ解放するため、今日以後、われらはわれらの職分において微力を尽す。われらは支那を研究し、支那の正しき解放者と協力し、わが日本国民に真個の支那を知らしめる。われらは似て非なる支那通、支那学者、および節操なき支那放浪者を駆逐し、日支両国万年の共栄のため献身する(1)」。

テクストを精読するとすぐに目につく明白な特徴は、その空疎さである。この宣言は基本的に抽象的に書き上げられ、日本が弱いものいじめから強者を懼れぬ態度へ変化したことについての竹内の「美学的」な激情を除いて、現実の状況についての分析はまったく行われていない。しかし文中に、一つだけ実在的な現実の対象がある。それは「似て非なる支那通、支那学者、および節操なき支那放浪者」である。初期の竹内好と支那学者の論争を想起するならば、この部分の彼の発言は決して空疎でないことがわかるであろう。まさにこの部分ゆえに、竹内好のこの戦闘的な檄文は、非常に微妙なある特定の意味を含むことになる。真珠湾奇襲を始めとする日本海軍の自殺的攻撃は、彼の文中では後景とされたものに過ぎず、前面に押し出されたのは、竹内が三〇年代から行ってきた支那学に対する妥協なき「戦闘」であった。二つの「戦闘」は、見たところまったく無関係に思えるが、この短文の中では極めて簡潔な方法で融合している。両者を関連づけるものは、歴史の構築に参与しようとする竹内の情熱および理念にほかならない。支那学者との論争から、『魯迅』における魯迅の「行動性」についての位置づけから、さらには戦後の「近代とは何か」にいたるまで、竹内は一貫して、歴史の外で気ままな批評をすることを拒否し、歴史と共存する基本的立場を堅持し続けた。この表面的には極めて空疎に見える宣言も、高度に緊張した歴史的瞬間においては、竹内好のこうした歴史感覚を強化している。戦争は有形の歴史を形作り、思想は内部から歴史の構造を変革させる。重要なのは、常に時代の渦の中心にいるということである。

竹内好および『中国文学』が太平洋戦争を支持した特定の歴史感覚を理解するためには、同時期の他の雑誌を一瞥してみる必要がある。一九四一年一二月八日の真珠湾攻撃の後、日本の総合雑誌はただちに原稿を集め態度を表明した。月刊雑誌では最も早い特集が一九四二年一月号になるが、その一月号で、すべての重要雑誌が反応を示している。『改造』『中央公論』『日本評論』はほとんど全紙幅を用いて「大東亜戦争」特集号を発行した。『改造』と『中央公論』は編集部の「巻頭言」を掲載し、基本的立場を示していた。『改造』は左翼の進歩的雑誌として、中国と密接な連帯関係を保ち続けていた。三〇年代には、日本の中国侵略と中国人民の抵抗について第一線の報道や関連する作品を大量に掲載したため、しばしば検閲を受けて尖鋭的な語句を削除され、誌面に大量の伏せ字が印刷された。ところが太平洋戦争の勃発後、『改造』は一転して何の留保もなしに戦争支持にまわった。一月号の巻頭言「東亜解放戦につき」では、日本がアングロサクソンに代わって太平洋の支配権を握るべきであると強調し、さらに、米英を後盾とする蔣介石政権を孤立させるためビルマ・ルートを切断するとか、ソ連が介入する可能性に注意すべきであるとかいった、現実的な論述を具体的に進めた。特集では、目を引くタイトルを用いて、アメリカが世界大戦の元凶であること、アジア民族の解放に日本が責任をもつべきことを強調し、「国難挺身の辞」「アメリカ抗戦力の基底」「日米開戦と支那経済」「無敵海軍論」といった座談会・論文を掲載した。どちらかというとリベラリズム色の濃い『中央公論』も、巻頭言「国民の決意」において、同じように戦争への無条件の支持を表明した。ただ『改造』と比べると、戦争に対して整合的な説明をしようという意図がより目につく。「(今日の戦争は)武力戦であることはもとより、同時に思想戦、文化戦、経済戦、外交戦、等々であり、しかもこれらの要素が複雑に入り組んでいる。(中略)戦争の長期化してゆく理由の一つも、近代戦が複雑な要素を含むところにあるのであるが、長期戦において勝利を得るための一つの要因は、その複雑な要素が完全な統一に齎されるということに存している」(2)。巻頭言に呼応するように、この号には哲学者三木清の「戦時認識の基調」、大河内一男等の座談会「長期総力戦意識の結集」、および京都学派の四人の学者による著名な座談会「世界史的立場と日本」などが掲載され、この月の雑誌の中、最も「学術的」な特集となった。同時期、もう一つの総合雑誌『日本評論』は、陸軍中将石原莞爾を招いて「戦争の形態」と題する座談会を開き、センセーショナルなタイトルを掲げて、「米英打倒論」「戦争の目標はここにあり」「挙国戦争体制論」などといった文章を掲載した。『日本評論』は二月号、三月号でも戦争についての討論を続け、テーマを政治・軍事・経済から文化へと広げていった。

こうした総合雑誌と対照的なのが、専門雑誌および同人雑誌である。彼らは戦争についてあれこれ語る必要もなければ能力もなかった。それゆえ、いかなる時代・社会でも同じであるが、狭義の専門家によって支えられた、思想的緊張感と基本的に無縁な言論空間は、戦争に対して、時局に順応するだけの態度をとった。たとえば書評雑誌『読書人』(東京堂)では、一月号に「皇国を祝福する」といった短文や和歌を掲載し、『外国の新聞と雑誌』(日本読書協会)は、日本の天皇による対米英宣戦詔書を掲載した。また同人雑誌『学灯』『湘風』などもそれぞれ時局に同調する文章を発表したが、いずれも力不足は明らかであった。多くの雑誌の中で態度が最も微妙だったのは岩波書店の『思想』である。一月号の『思想』には真珠湾関係の文章は一つもなく、「編集後記」に次のようにあるだけであった。「昭和十六年十二月八日、この日は竟に世界史の上に特筆すべき日となった。日本の果すべき世界史的役割が今こそ総ての日本人にはっきりしたであろう。明るくそして厳粛になった人人の表情の上にわれわれは輝かしい未来を看取する」(3)。この文は四段からなる後記の最後に配置されていた。つまり雑誌全体の最後の文章であったわけで、他の雑誌とは著しいコントラストを示している。この『思想』も二月号では、京都学派の高山岩男と高坂正顕による世界史と戦争の形而上学をめぐる二論文を掲載し、六月号では「大東亜戦争」特集を組みはしたが、一貫して、戦争を思想界の課題という次元で扱おうと意図し続けた。以上のように、四二年一月および直後の時期の雑誌を眺めてみると、口を揃えて太平洋戦争支持を叫ぶ明朗な表情の後ろに、千差万別の立場の差異が存在したことが見て取れる。こうした、表面的には対立のない差異のひだに刻み込まれているのは、特定の歴史的瞬間の興奮、緊張、躊躇、傍観、および一時的に統一された学術的諸立場である。ここに見られる千差万別の差異こそが、昭和前期に特有の豊かさにほかならない。圧力のもとで鮮明な色彩を表すことはなかったものの、歴史過程の緊張の時に必然的に引き起こされた表面的には同一の瞬間的反応と同じように、貧困な仮象の下に、「紙一重」の差異が隠されていた。その後の歴史に現れる「かけ離れた」諸対立を理解するにあたって、この紙一重の差異こそがもっとも有効な手がかりになるかもしれない。

もちろん、こうした社会的雰囲気の裏に隠れている、東条英機政府の直接操作による世論コントロールの要因も見逃すことはできない。一九三七年からはじまった言論統制強化政策は、陸軍情報局の直接的関与によって、太平洋戦争勃発前後には極点にまで達していた。用紙供給の制限、雑誌新聞の大量削減、その上厳しい検閲が行われ、さらには一戸一種類の新聞しか購読できないといった規定まで定められ、メディアはすでに気息奄奄となっていた。一九四一年一二月九日、真珠湾攻撃の翌日には、陸軍情報局は戦局報道を厳しくコントロールする規定を実行し、戦局の真相を報道することは決して許されなくなった。こうした世論コントロールは第一に新聞に向かい、その次に総合雑誌へと向けられた。総合雑誌の中でまず圧力を受けたのは『改造』と『中央公論』であった。真珠湾事件に先立つ一九四一年二月、陸軍情報局の「懇談会」に出席した中央公論社の社長嶋中雄作は、無邪気にも、大佐・少佐の位にある情報局員を説得しようと試みたことがあった。「貴下たちは命令さえ下せば、国民は思うように意に従うと考えておられるが、それは軍隊式の考え方であって、言論指導となると、それほど単純なものとはおもえない、第一、国策遂行という点についてならば、われわれとて、基本的にすこしも異なっていない。ただ知識階級を相手とする言論指導となると、まだまだわれわれのほうが専門である。だから、若干時日をもってして、思想指導はむしろわれわれに任していただけないか」。この書生じみた発言は情報局員を激怒させ、少佐は憤然と立ち上がって怒鳴ったという。「そういう中央公論社は、ただいまからでもぶっつぶしてみせる」。こうした雰囲気のもと、当時の代表的雑誌である『改造』『中央公論』のとりうる道は、声を潜めることしかなかった。(4) 中央公論社の立場が「リベラル」と目され、情報局員に敵視されたのも、自然な流れであった。一九四三年、『中央公論』は一月号と三月号で谷崎潤一郎の『細雪』を連載したため、「国民の戦意を喪失させた」との罪状で情報局の干渉を受け、編集長は引責休職へと追い込まれた。そして一九四四年七月、『中央公論』『改造』はともに廃刊の命令を受けた。

一九四二年一月という特定の歴史的瞬間には、強力なイデオロギーがもっとも基本的な抑止力としてはたらき、日本の大小の雑誌は、左右中道の立場を問わず、ほとんど一致した表現で日本軍国政府の身の程知らずな自殺行為を支持せざるをえなかった。しかしながら、私たち後の世代の人間が、問題をこうした次元に帰結させて満足するならば、歴史は私たちと触れあうことなくすれ違うであろう。実際に、この瞬間に内包されている歴史的内容は、後世の人々の想像よりもはるかに複雑である。少なくとも私たちは以下のような判断ができる。六つの主要な総合雑誌を別にすれば、その他の雑誌は、同じイデオロギーの圧力を受けてはいたものの、圧力の強度はまったく異なっていた。つまり強力なイデオロギーのもとでも、利用可能な間隙や方法が残されていて、さまざまな「支持」の方法ないしは消極的な対応が可能だったと言える。同時に、陸軍情報局は戦局報道をコントロールする指令を実行し、また摘発・密告・差し押さえ・合併などの手段で世論をコントロールしたことは事実であるものの、後世の日本知識人を赤面させる当時の著作を一瞥してみると、彼らの著作は、後世の人が考えるほど貧しくなかったことも見て取れる。些細な差異の中に、当時の知識人のさまざまな思想的態度、ひいては実質的には尖鋭な対立が現れている。あるいは、本当に貧しいのは後世の人の想像力なのかもしれない。というのも、「強力なイデオロギー」と「知識人の妥協」といったモデルだけでは、この時期の歴史の脈動に触れることはできないからだ。しかし他方で、だからといって、今日の「自由主義史観」のように、特定の時代の歴史的緊張をわかりやすく抹消したり、当時の社会的雰囲気を全国民的な歓呼と陶酔であったと単純化してしまったりすることもできない。歴史の真実は教科書的なまとめの中には存在しない。それは時代の緊張関係の中にこそ存在するものであり、緊張関係とは、後年竹内好が描き出したように、「紙一重」の形で、表面上は極めて似通った現象の背後にしばしば存在するものなのである。(5)

ここで指摘しておくべきは、戦後の日本知識人が、太平洋戦争と日本の中国侵略戦争を性質の異なる戦争と見なしてきたことである。それゆえ、後世の人は両者をわけて考える傾向があった。それはまた、南京大虐殺と広島、長崎を別個の独立したシンボルとして扱う理論的根拠でもあった。日本の右翼民族主義イデオロギーは、まさにその空隙につけ込み、日本人の第二次世界大戦史を、西洋に対抗して不幸にも敗れ去った「被害者の歴史」と描き出した。しかし実際には、当時の人々の感覚においては、太平洋戦争は、戦局の行き詰まりを転移させる手段として、それまでの侵略戦争を具体的可視的な方法によって「米英への対抗」図式に組み込むための契機でしかなかった。太平洋戦争勃発後の時期の雑誌を通覧してみると、太平洋戦争支持の文章が、中国戦場や東南アジア戦場の情勢を再論することにつながり、さらには当時の東アジアや東南アジアの戦局転換の可能性が語られる地点にまでいたったことが見て取れる。(6)

ここで再び竹内好の宣言にもどろう。学術同人雑誌たる『中国文学』は、言うまでもなく商業的総合雑誌とは大きく異なっている。たしかに用紙が配給されない困難はあったが、一方、情報局に注目される危険も決してなかった。雑誌が「つぶされる」ことを避けるために、必要以上に偽りのことばを書く必要もなかった。少なくとも、編者の態度表明は必要だったとしても、『思想』のように、その文章を雑誌の最後尾におく選択肢はあった。しかし竹内好はそのようにはせず、逆に雑誌の冒頭に、特別に大きな活字を用いて掲載した。彼のことばが本意でなかったと言えないことが見て取れるだろう。実際に、竹内好が戦後になってもこの宣言への後悔を語らなかったことは、傍証の一つとなる。他方で、『中国文学』はその他の学術同人雑誌、たとえば『湘風』などと異なり、四二年一月号で大東亜戦争特集を組まず、その後も無敵海軍といった類の紋切り型の文章を発表しなかった。(7) 四二年一月号の特集は「現代中国と日本作家」であり、竹内好は「支那を書くということ」を発表している。その後廃刊にいたるまで、『中国文学』は大東亜戦争特集号を出さなかったばかりでなく、直接的に大東亜戦争を論じた文章を一編も掲載しなかった。『思想』が学術色の濃い「大東亜戦争」特集を出した六月号では、『中国文学』は「中国文芸の精神」特集を組んでいた。

こうした事実を念頭におくと、竹内好の宣言「大東亜戦争と吾等の決意(宣言)」は雑誌『中国文学』全体の雰囲気から遊離しており、いささか唐突にさえ見える。そのためそれは、これまで竹内好の「過ち」と見なされるか、あるいは日本浪漫派の右翼的立場への支持表明と見なされてきた。竹内好の仲間たちは、この文章を竹内の思想歴程の汚点とみなし、彼の戦後の自己反省の出発点であると好意的に解釈しようとしてきた。(8) しかしいかに好意的になろうとも、避けがたく存在する一つの処理困難な問題がある。それは竹内がこの宣言において、つまるところ日本の軍国主義への支持を明確に表明したことである。

「われらは、わが日本国と同体である。(中略)この世界史の変革の壮挙の前には、思えば支那事変は一個の犠牲として堪え得られる底のものであった。支那事変に道義的な苛責を感じて女々しい感傷に耽り、前途の大計を見失ったわれらの如きは、まことに哀れむべき思想の貧困者だったのである。東亜から侵略者を追いはらうことに、われらはいささかの道義的な反省も必要としない。敵は一刀両断に断って捨てるべきである。われらは祖国を愛し、祖国に次いで隣邦を愛するものである。われらは正しきを信じ、また力を信ずるものである」。(9)

いかに善意をもって見ようとも、竹内好のこのことばは弁護しがたい。それは、日本の侵略戦争を合理化した態度のためではない。国家と距離を保ってきた自らの立場に背いて、「日本国と同体である」と宣言したことにこそ問題がある。しかしここで私が興味を持つのは、竹内が晩年にいたるまでこの文章を懺悔したり隠蔽したりせず、それどころか、一九七三年出版の評論集『日本と中国のあいだ』に収録されることを黙認したのはなぜなのかという問題である。この文章に対する彼の態度は、後世の人のために歴史の真実を残そうという責任感だけから出たと言えるだろうか？

鶴見俊輔は竹内好のこうした態度を解釈して、自己批判を通じて思想建設を行う行動様式と見なした。彼によるとそれは、戦時中に「転向」した知識人が戦後自らの「転向」を公刊し、それを反省の出発点としたのとまったく同じであるという。(10)しかし鶴見は根本的なところで判断を誤っている。竹内好は「転向」していないし、戦後に反省もしていない。(11)竹内好は、さまざまな時期に時局に対する多くの判断ミスをしたことを常に認めており、のちに自分の評論集を『予見と錯誤』と名付けたほどであるが、しかしながら、錯誤への反省を思想の原動力としたことはなかった。実際のところ、自己の立場が正しいかどうかに関心を寄せる知識人だけが、錯誤への反省を新たな出発点とするのである。鶴見俊輔はそうしたタイプの知識人であった。しかし竹内好は、自己の立場が政治的に正しいかどうかについてほとんど関心がないように思われる。彼が関心を寄せたのは、いかにして歴史の内側に分け入るかであり、外からの観察ではなかった。「近代とは何か(日本と中国の場合)」を執筆したとき、日本は近代以来一貫して歴史の外にいたと彼は考えた。この問題提起は、『魯迅』における魯迅への特別な評価にさかのぼることができる。魯迅は先覚者ではなかったからこそ、そして新しい時代と対立し、そこで「掙扎《そうさつ》」したからこそ、中国の現代文学と共存する唯一の文学者になり得たと竹内好は論じている。そして更にさかのぼるならば、同様の思想は「『中国文学』の廃刊と私」、より早い時期の「大東亜戦争と吾等の決意」にも見出すことが可能である。ここにあげた一連の文章の基本的思想は、時局の問題に対する具体的な反応ではない。それは歴史に参与し歴史を建設しようとする焦燥感であった。後世の人間を悩ませる政治的に極めて正しくない立場の問題も、これらの文章にとってはあってもなくても良い付属物であり、それを批判しても文章への批判とならず、それを弁護しても文章への弁護とならない。これらの文章は、まったく別の問題を軸として組み立てられている。

「大東亜戦争と吾等の決意」の基本的構造は、世界史建設に向けた関心である。宣言は次のようにはじまる。「歴史は作られた。世界は一夜にして変貌した」。つづく段落で、竹内好は大げさな感情的表現によって、強大なる西洋に対する日本の挑戦という歴史的事件への感動、およびこの転換の瞬間に彼が感じた興奮を吐露した。ここで竹内好が強調したのは、この特定の歴史的瞬間によって日露戦争の場面を体験しえたということであった。孫文がかつて「大アジア主義」講演を発表したときの態度を想起するならば、竹内好がここで強調したのは、有色人種が白人に勝つことへの特別な喜びであると容易に理解できる。それに関連するように、竹内好は真珠湾事件の前に日本の中国侵略に対して感じていた疑問と無力感を記し、一二月八日を転換点として感じた「聖戦」の意義を書き記した。「わが日本は、強者を懼れたのではなかった」。この一文の直後の段落で、前に引用した「日本国と同体である」の言説、および東亜から侵略者を追いはらうことに道義的な反省を必要としないという文章を書いた。その後に以下の段落が続く。「歴史はしばしば一つの行為によって決せられる。今日われらが狐疑することは、明日の歴史の埒外にわれら自身を放り出すことになるのだ。この戦争を真に民族の解放のために戦い取ると否とは、繋って東亜諸民族今日の決意の如何にあるのだ」。さらに続く段落で、人々に困難に立ち向かうよう呼びかける空疎な文を記した後、竹内好は話題を一転させ、支那通の駆逐を記す段落を書く。その後再び空疎な段落が結末に来て、文章が結ばれる。

竹内好のこの宣言を、同時期の他の雑誌の文章と比べてみれば、その特異性は明白である。この文章には二点だけ真実の告示がある。一つは、歴史に分け入り、自己の「決意」によって時局の性質に影響を及ぼそうとすること。もう一つは、民族の生死存亡の際に自らの職務を遵守し、日本人の正しい中国理解を妨げる支那通および支那学者を駆逐することである。三木清のような哲学者が「時局」を分析したのと対照的に、竹内好は時局について現実的な分析は何もしなかった。当時多くの人に共有された、太平洋戦争は支那事変の妨害者を排除する戦争である、という観点ですら、竹内好にあっては、「強者を懼れぬ」英雄主義に置き換えられた。明らかに、竹内好の問題意識を支えていたのは、現実の政治・経済・社会的認識とは直接的関連のない感情のレベルであり、彼が試みていたのは、そのレベルで「歴史に介入」し、思想によって内部から歴史の構造を変革することであった。この時期の竹内好にとって、日本国への支持表明は認識の前提ではなく、歴史に分け入る手段だった。

とくに注意しておくべきなのは、竹内好がこの参戦宣言を執筆したのちには、実践のレベルでむやみに時局に介入することはなく、逆に一貫して、国家的行動に相対する「党派性」をうち立てようと努力したことである。一つ顕著な例をあげよう。一九四二年「日本文学報国会」が「第一回大東亜文学者大会」を開催したとき、二度にわたって竹内好に対して、日本における唯一の中国文学の団体として文学者の接待に加わるよう依頼があった。それを竹内好は断っている。その理由は「報国会へ出るより『中国文学』の校正をしている方が有意義[12]」だからであった。さらに彼は、中国文学研究会がこのような会議の片棒を担ぐことは、会の伝統が許さないと強調した。

中国文学研究会の伝統とは、すなわち竹内好のいうところの「党派性」である。それは不断に自己を時局の中に投入し、また不断にそこから「自己を選び出す」文学的伝統であった。一九三四年三月に研究会が成立したとき、最初に行った公的活動は、周作人と徐祖正の東京訪問に対する歓迎会であった。この活動は研究会の誕生を告げる契機であった。それゆえ周作人が彼らにとって特別な記憶を意味していたことはいうまでもない。ところが、一九四一年周作人が文化漢奸となって再来日し「東亜文化協議会」に参加したとき、竹内好はただ儀礼的にホテルまで個人的な挨拶に行っただけで、特別な活動は何もしなかった。「周氏は、最高の儀礼と多忙な日程とをもって要路の人々の歓迎を受けられたようである。当然、僕らは遠慮しなければならなかった。そのことを僕は悔んでいない。なすべきをなし、なすべからざるをなさず[13]」。一年後に「大東亜文学者大会」への参加を断ったとき、竹内好は再びこのことばを引用している。「なすべきをなし、なすべからざるをなさず」。そして彼は、「文学における十二月八日を実現しうる自信があるからである[14]」と強調した。ここにおいて、竹内好の「大東亜戦争と吾等の決意」と『中国文学』の文学的伝統を結ぶ関連性が明らかになる。さらにここで、『中国文学』廃刊時に竹内好が、今日の文学は大東亜戦争を処理できぬと失望したことを想起するならば、以下のことが明確に見て取れるだろう。竹内好が日本の太平洋戦争を支持したのは、御用学者のレベルではなく、民族主義者のレベルでもなく、まして軍国主義者のレベルではなかった。彼は常に、世界の文学的構造において戦争を思考し扱っていた。まして戦時中にエスカレートした日本ファシズムに迫られたとか、それに直接的に反抗したということではない。竹内好にとって、根源的な基礎は、世界構造としての文学しかあり得なかった。「なすべき」と「なすべからざる」を決定する根源的な基礎は、狭義の政治的需要ではない。まして

『中国文学』全号を閲覧すると、ある重要な事実に気がつく。この雑誌は多くの特集を組んだが、その中で一人の作家もしくは学者をテーマとした特集はわずか三回しかなかった。それは順に、魯迅、王国維、蔡元培である。これは偶然ではない。もし『魯迅』および関連するテクストを精読するならば、竹内好は一貫して同じ方向性でこの三人を位置づけてきたことに気がつくであろう。その方向性とは「非消閑」である。「この「非消閑」は「消閑」と共に「功用」にも対立するものであると私は思う[15]」。竹内好は「非消閑」において魯迅を理解し、さらにその線は王国維、蔡元培ま

でさかのぼれると考えた。竹内好は、リアリズムでもロマンチシズムでもない第三の流れとして、「人生観上の人生派で芸術観上の芸術派であるような」「象徴派」を想定し、魯迅、王国維はこの流れに最も近かったと考えた。美に対する非消閑的・非功利的態度において、つまり文学が不断に現実政治に自らを投入し、またその投入によって自分の主体性を新たに形成し、さらに現実政治から自己を選び出す態度において、竹内好はこの三人に共通点を見出していた。(16) 竹内好は『魯迅』において好んで用いた「自分を選び出す」という言い方は、主体を自足的に考えたうえで、諸々の主体を外在的に対峙させる「対立関係」を設定するような考え方に対抗する発想法であり、「選び出す」とは、絡み合う関係性から対立を見抜く思想的立場である。例えば、文学と政治が「対立する」という通俗な理解では、文学は現実政治と無関係にあるべきだ、と。同じように、伝統と現代の対立、東洋と西洋の対立なども、自足できるような実体と実体の間において外在的に闘うように想定されている。竹内好はこのような思惟様式を崩した。「投入—選び出す」というプロセスを通して、主体の自足性と実体性が否定され、矛盾する主体の間の緊張関係はつねに主体の自足性を破壊し、我が我ではないということが連続する過程として生じ、しかしそれと同時に、我が我であることも連続した過程として生じ続ける。なぜならば、主体の自足性の破壊は、「内部」からの力によることで、外部の基準に従わないからである。これこそ、竹内好は「近代とは何か」の中で強調した「かれは自己であることを拒否し、同時に自己以外のものであることを拒否する」ということの真意である。ここでは、竹内好は西田哲学からどのような影響を受けたか、という議論をする余地はない。そのような議論は、むしろ竹内好に関する研究を中止させる疑いがある。ここでの問題は、竹内好は魯迅、王国維、蔡元培を「非消閑」の方向で考えようとしたときに、彼は文学と政治の関係をどのように考えて、そしてどのように現実的に決断したのか、ということである。

言うまでもなく、竹内好にとって、王国維と蔡元培と魯迅とは、それぞれに歴史的な意味が異なるが、ある種の共通点をもっている。『魯迅入門』において示したように、この三人とも、それぞれに自分の文脈において時代の「先駆的な」立場に微妙に距離を置いた。その微妙な距離は、彼らの独特な文化‐政治の性格を醸し出した。その文化政治の性格は、現実の政治に対抗するとは限らないし、場合によっては政治的に無色のように見られる。しかし、現実の政治闘争からつねに栄養をとるように、文化‐政治は自分の場を現実に設定した。魯迅の論争姿勢は、そのような特徴を備えている。竹内好が『魯迅入門』で書いたように、「魯迅のように、事件を餌食にして生き、死んで甦る」ことは、多くの人にとっては出来ない。[17]事件を餌食にすることと、事件を目的にすることのちがいは、文学と政治の違いでありながら、同時に文学と政治の関連性でもある。文学が政治から自分を選び出したとき、その文学はすでに政治的になった。

竹内好自身も、同様の角度から時代に介入したと言えるだろう。それこそが「文学における十二月八日を実現しうる」ことの意味であった。興味深い象徴的な出来事を一つあげよう。一九六五年歴史学者家永三郎が教科書に日本の侵略の歴史を正しく反映することを求めて訴訟を起こしたとき、竹内好はすぐに書簡を送り、敬意と支持を表明した。「ご英断に敬意を表します。隻手もって大廈の崩れるを支えるの概あり、云々」。しかし彼は、この重要な政治的行動に加わることは断った。[18]日本の中国侵略の歴史は、今に至るまで不断に美化され改竄され続けている。そして家永三郎たちの「隻手もって大廈の崩れるを支える」努力も今なお続いている。しかしそれは竹内好のやり方ではない。言い換えるならば、そのような行動が「『中国文学』の伝統」から外れるものとなるからである。具体的な原因(例えば竹内は組織化が嫌いとか)でもって竹内好のこの態度を説明するのは皮相であろう。現実政治から自分を「選び出す」ことこそ、竹内における政治性と言えよう。

ここまでの脈絡をふまえると、竹内好の「大東亜戦争と吾等の決意」を同情をもって理解することができるかもしれない。ただそれでもなお、それは誤った選択であったと指摘しておかなければならない。その誤りは時代の誤りであったかもしれず、個体がそれを担うのは重すぎたかもしれない。しかしながら、一人の思想家にとって、そのような言い逃れは意味がない。少なくとも、竹内好の戦争中の実践的立場と、戦後の一連の論争の着眼点を分析した今、しばしば見逃されがちな一つの問題を意識することができるだろう。ある思想家の特定の瞬間における判断やミスを歴史的に考察することは、決して後人が「前車の鑑」を手に入れるためではない。実のところ、思想家の誤った選択とは、通常想像されるような、後生の人が裁いたり弁護したりできるような「ミス」ではない。それは常に思想的緊張や内在的矛盾を含んでおり、そうした思想的緊張や内在的矛盾こそが、歴史に分け入るチャンスを後生の人に与える。ただ多くの後人は歴史に分け入るチャンスをとらえることができず、同じように、前人の錯誤が真の意味で後人にとっての「前車の鑑」となることもない。理由は簡単である。直観的な方法では、前人の錯誤を繰り返すことも、錯誤を避けることもできないからである。歴史上のあらゆる出来事は、後の時代に再生する際には、必然的に複雑な転換のプロセスをともなう。もし前人のミスを直観的に扱うならば、竹内好が歴史に分け入るために支払った努力は、政治的に正しい結論によって遮られてしまうだろう。

竹内好にとって、この宣言の意味は、それが正しいか否かにあるのでなく、歴史の重要な瞬間における個体としての参与の方法にあったと思われる。竹内好はこの方法によって、太平洋戦争を彼自身に、そして彼の事業に関連づけた。その関連づけは、さらに転じて、彼が自らの思想形成過程を見つめ直す契機につながった。それは、『中国文学』を廃刊し、『魯迅』を執筆したときに特別な経験として生かされたかもしれない。主体が歴史に介入する過程とは、こうした経験の中にこそ存在している。

竹内好の一生の中で、「大東亜戦争と吾等の決意」が特別な位置を占めているわけではない。「事件」としては、初期の支那学者との論戦、『中国文学』の廃刊、一九六〇年の辞職といった出来事に、象徴性においても実質性においても遠く及ばない。しかしこの出来事には、他では代替できない思想的意味が附与されている。この宣言に示された「決意」は、時局に対する偽りの判断のもとでなされたが、同時代の他の偽りの判断と比べると、鮮明な個性を有していた。それは、時代の誤った前提や思考の中に自己を投入し、そこからできる限り自分の文化‐政治性を鍛える態度である。すなわち、時局に対する一般的世論にとらわれず、自分なりの政治的判断を打ち出す。いうまでもなく、このような「政治性」を可能にしたのは、時代と共存する過程においてであったが、しかし同時に、時代を超越する可能性をも生み出している。竹内好が時代を超越したのは、彼が正しかったからではない。彼が時代の課題に介入した際に、もっとも難しい問題を決して避けなかったからである。かくして、彼は政治的正しさを獲得するチャンスからはますます遠ざかった。しかし、彼は人間の思考が現実政治に回収されない形で政治性をもつことを可能にしたのだ。

ここに述べた錯誤の中の選択、決断の瞬間の内在的緊張こそが、竹内好が生涯をかけて行った「紙一重」のところで思想課題を練り上げるという思想行動を支えたのであり、これこそが彼の言動を理解する確実な手がかりになる。そういう意味においてはじめて、「大東亜戦争と吾等の決意」は誤った選択としてではあれ、歴史性を刻印されたものとなったのである。

二　主体が歴史に分け入る渇望

竹内好が太平洋戦争を支持した基本的な立場、および「文学における十二月八日を実現する」抱負が明らかにされても、まだ避けることのできない難しい問題が残されている。それは、文学的立場と現実の戦争とのあいだの関連である。

竹内好は出征を前にして『魯迅』を出版社に渡したとき、この原稿を自分の「遺書」と考えていた。つまり彼は時代の最もこみ入った言説と情緒を、魯迅に対する解読の中に凝縮したのであった。こうした事例は当時珍しくなかった。武田泰淳の『司馬遷』も同様である。竹内好が出征した一九四三年末は、太平洋戦争の勃発からまる二年が経過していた。その間に竹内好は『『中国文学』の廃刊と私』で表明したような「大東亜戦争」の理想の破滅を経験し、「大東亜戦争と吾等の決意(宣言)」執筆時のようなロマンチックな激情はもはや持ち得なくなっていた。

一九四三年一一月二一日、竹内好は松枝茂夫宛の手紙にこう書いている。「僕は苦心サンタンの末、やっと『魯迅』を手離しました。どうもイヤな気持です。少しも喜びの感情が湧かぬ。後悔(何に対する後悔か分らぬ)のやうな気持、寂莫の感じだけしか残らぬ。こんなものなのでしょうか。それとも魯迅の影響なのでしょうか。ともかく僕ははじめての経験です(19)」。

あるいはたしかに、竹内好は魯迅の巨大な影響を受けたと言えるかもしれない。しかし逆から考えるならば、竹内好の「魯迅」像と彼の内心世界が緊密に結ばれていたということ、つまり「竹内魯迅」が強烈な竹内好的色彩を帯びていたということである。これはもはや単純な「影響」問題ではない。支那学者との論争、太平洋戦争の勃発、さらには全身全霊を傾けた雑誌の廃刊など、さまざまな出来事を経験した竹内好にとって、『魯迅』の執筆は、内心の複雑な感情をはじめて正面から表現する機会であった。しかも同時に、こうしたすべての出来事の背景には現実の戦争があった。『魯迅』の脱稿が竹内好に解放感をもたらさず、それどころか逆に、魯迅解釈を通じて自己の複雑な内心世界をはじめて対象化したため、もともと潜在していた諸々の感覚に形が与えられることになったことは、想像に難くない。かくして、竹内好は、彼が魯迅のために作り上げた(あるいは彼が魯迅に投影した)雰囲気の中に陥った。絶望に対して絶望したあとは、「文学の行動」に訴えるしかない。

しかし、竹内好が当時直面した「行動」は、侵略軍の一員として魯迅の祖国に攻め入り、魯迅の同胞と戦うことであった。ここでとくに注意すべきなのは、私信であれ公開の文章であれ、竹内好が「軍人」としての感想をほとんど残さなかったことである。もちろんそれは、彼が本当には戦わなかったことに関係しているが、より重要なのは、竹内好がこうした方式によって、後世の人の戦争想像にある特別な空間を残したことである。それは戦争中の静けさであった。正確に言うならば、『魯迅』に書かれているような「廻転する球の軸のように、一身に動を集めた極致的な静の形」[20]の静けさを外にまとった「行動」である。

この意に沿わない中国滞在の六年前、そして「大東亜戦争と吾等の決意」の四年前の一九三七年、盧溝橋事変のあと、竹内好は外務省対支文化事業部派遣の留学生として中国に赴いている。これは一九三二年のはじめての訪中に次ぐ二回目であった。彼の『北京日記』は、後世からみるときな臭かったはずの当時の体験を記している。しかし日記から戦争の気配を感じとることは難しい。日記を読むかぎり、彼は当時の北平でかなり怠惰な生活、端的に言えばかなりの放蕩生活を送った。中国文人とのつきあいは北京在住の日本人とのつきあいに及ばず、日本人女性との恋愛の挫折まで味わっている。竹内好の北京生活は、金銭面ではいつも余裕があるとは限らないものの、余裕ある文人的生活レベルから出なかったとは言えるだろう。しかし彼は帰国するとき、この生活に人に話せないような恥辱は感じていないと述べた。一九三九年一一月に、彼は中国文学研究会が「孤高の精神を失っている」ことを批判するために発表した「二年間」の大部分は、彼の北京日記から摘出したものである。竹内好はこの文章について、「阿呆な虚脱時代の自分を客観したくて、日記の中から材料を抜いてみた」と書いた。それはなぜならば、「我々の時代は、内に鬱屈するものを含みながら、まともにそれを吐き棄て難い拘りがある」からであり、「「何もしないでいるよりは博奕でもした方がいい」、とあった(ここで竹内好が引用したのは松枝茂夫の竹内宛書信のことばである——引用者注)のを得とし、それはつまり不徳を犯せばそれを償う善行か、それを掩没する更に大いなる悪事を働くにちがいないという、臆病者を鞭打って他力にすがらせる、至極簡易な非情の警句に思えた」[(21)]からであった。

竹内好は、北平時代の日記を摘出して「二年間」にまとめ、松枝の「非情の警句」に応えたが、そのとき、彼の日記に記録されていたのはルーズで放漫な行為ばかりであったことにもちろん気がついていた。そこで彼は「私生活のひどい部面は除いたが、それでも多少の浅間しい気はないではない」[22]と書かざるを得なかった。竹内好自身でさえ「浅間しい」と感じる日記の中で、注目すべきなのは、彼が留学中に酒や遊びに時間を費やした様ではない。むしろこうした私生活の記述を通して、かの特定の時代に関する豊富な情報を読みとることができる。

まず最初に注意すべきなのは、竹内好が日記において「異国体験」を追求しようとせず、また中国知識界との交流も多くは描いていないことである。これはある重要な歴史的事実を暗に示している。北平が占領されたのち、竹内好の中国上陸とほぼ時を同じくして、国立北京大学、国立清華大学および私立南開大学は長沙で西南連合大学の前身となる国立長沙臨時大学を創立した。北京大、清華大の教授のほとんどは南下し、このため竹内好は、かつて北平文化界で活躍した中国知識エリートと知り合う縁を絶たれることになった。教授グループの最後の一団が北平を離れたのは一一月であり、一〇月二七日に北平に到着した竹内好は、まさにこの混乱と寂寞の時期に当たっていた。しかし彼は日記に、それに関わる痕跡を残さなかった。三七年一〇月の日記を見ると、竹内好は北平到着後すぐに周作人、銭稲孫等を訪問し、中国の学術状況を了解しようとつとめ、書店を足繁くまわり、銭穆の『近三百年中国学術史』をテクストとして日本人の読書会を組織したことが記されている。ところがこうしたつきあいはわずかの期間しか続かず、周作人、銭稲孫は日記から姿を消し、銭稲孫に紹介された楊聯陞が中国語会話の先生として登場するだけとなった。三七年一一月一八日の日記には、梁宗岱は早くに南下し、沈従文は先頃南下し、老舎は山東、巴金は天津に来るという噂があるとの記載がある。また周作人もまもなく南下するはずと書かれていた。[23]周作人は南下しなかったが、竹内好の日記に、それ以降周作人を訪問したという記録はなく、周作人は消え去っていった。一九三九年一〇月、帰国の前日の日記に、「思い立って周先生訪問」[24]という行間があるような記述がようやく現れるばかりであった。

他方で同時に、竹内好は日本占領下の北平の日常を描きはじめた。大量の日本人（文化人を含む）が北平に押し寄せ、酒屋、私娼、人力車などがお互いに連携して日本人客を引きあい、書肆の書籍文物、図書館の所蔵品、文化的名勝、商店なども黙ってこの招かれざる客を受け入れていた。盧溝橋事変による軍事的占領の傷痕は、竹内好が到着したときには、すでに憲兵と偽政権のうち立てた「新秩序」の後ろに隠匿されたようであった。竹内好は日本人として、何の気がかりもなく、北平の似て非なる文化生活を静かに過ごすことができた。こうした雰囲気のもとで、竹内好は読書の範囲を拡大し、狭義の中国現代文学から中国近現代学術史へと分け入っていった。

竹内好は日記に、学術や文学の書籍を読み飽きたら人力車に乗って日本人の友人を訪ねたり書肆に本を買いに出たりしたこと、東安市場や前門のあたりを歩き回ったこと、北平の伝統料理を味わったあと人力車夫にさそわれ「暗門子」につれこまれたことなどを記したが、しかし、日記に記さなかったことの方が、より真実のことかもしれない。実のところ、後日この日記を出版したとき一部内容を削除したかどうかということは、考えられているほど重要ではない。それどころか、この日記は当時の北平生活の描写としても絶対的な意味での信憑性には欠けている。なぜならば、この日記ははじめから「客観的真実」の記録ではなかったからである。

そのことを有力に証明する手がかりがある。一九七二年、雑誌『辺境』の依頼に応じて、竹内好は一九三四年の日記の一部を整理し、「中国文学研究会結成のころ」と題して発表した。短い「はじめに」の中で、彼はこう書いている。「戦災にあわなかったので、むかしの中国旅行の記録類が残っている」。「読み返していちばん懐かしかったのは、やはり北京放浪時代のものである。しかしこれは公表には憚りがある。公表するならよほどの加工が必要だ。加工しないですみ、かつ、公的に少しでも役に立つもの、という見地から一九三四年の分を選ぶことにした」[25]。ここに読みとれるのは、現実への直接的介入をしなかった竹内好にとっても、「戦災」は言語表現の脅威となっていたことである。彼が比較的安全に記述できたのは、「旅行の記録」といったものだけであった。ここには、竹内好が見聞したことで日記に書き込まなかったことがある可能性が暗示されている。また、「北京放浪時代」とは、まさに三七年から三九年までの「北京日記」の時期である。竹内好は「懐かしかった」、「憚りがある」という表現によって、この日記の私人的性格を明確に表明している。のちに彼自身が、私人性を相対化し客観化しようと試みたと語っているが、その限界は容易に見て取れるものだった。ここから、竹内好の日記を時代の記録へと無媒介に直接転化させることはできないことが読みとれる。一定の転換を経なければ、そこに内包されている特定の時代の情報を読み出すことはできない。

『北京日記』は竹内好の歿後、かつて都立大で彼の助手をつとめた研究者の整理によって出版された。この部分の日記を公開すべきかどうかについては、出版社もそうとう躊躇した。筑摩書房は一九八〇年から八二年にかけて「竹内好全集」全一七巻を刊行したのち、雑誌『ちくま』九月号において、全集の中の日記の二巻について、丸山真男にインタビューした。そこでの主要な話題の一つに『北京日記』があった。丸山真男は『北京日記』の価値を高く評価し、「もうこれからの竹内好論はこの北京日記をぬきにしては意味がないと言いきってもいい[26]」と断言した。興味深いのは、この丸山真男の判断は、『北京日記』の私人的性格、および私人性によって表現された時局への距離感を基にしていることである。同時代人として、丸山真男はかつて彼自身も共有した「同時代体験」を日記に読みとった。福沢諭吉のことばを借りれば「一身にして二生を経るが如き[27]」巨大な時代の転換を個体が経験するとき、選択の不自由こそが、個体の自由意志に対する厳しい試練になるのである。丸山真男も述べているように、盧溝橋事変後の北平において、重大な時局の変化に対して竹内好が示した冷淡な態度は、個人的な私生活や読書に対する熱中と鮮やかなコントラストを示している。「当時の北京をめぐる客観的状況と、好《ハオ》さん個人の内面的な心理の屈折が重なり合ってこの日記になっている[28]」。個人生活の描写、およびそれと重なり合う時局への冷淡さに示されているのは、時局と距離を保とうとする竹内好の思想的緊張ばかりでない。その結果、竹内好の自己解体がもたらされている。丸山真男は、この自己解体によって竹内好の「回心」が促されたと考えた。丸山真男は無意識のうちに重要な問題に触れていた。竹内好の日記を読む際には、そこから「客観的」な歴史的真実を探すばかりでは駄目である。まず「主観的」な時代の体験に着目し、さらに、体験を客観化させることを通じて、それを歴史の記録――体験の記録へと転化させなければならない。だからこそ、丸山真男は竹内好の北京時代の自己解体に着目し、丸山自身の同時代体験から出発して、竹内の自己解体に高い思想的意義を与えたのである。

しかし丸山真男は、実際は誤った判断をもとにして、竹内好の個人としての自己解体の思想的背景を語っていた。「当時の中国はいってみればどろどろ融解している半国家なんです。そうでなければ、敵国のなかで北京日記に出て来るような日常生活をすごすこと自身がおよそ不可能な筈です。敵国の只中《ただなか》にいて、一方では軍事占領している出先機関と接触し、他方では北京大学教授や中国知識人から街の女まで広汎につき合っている。（中略）日中戦争は国家としての帝国主義と運動としての（傍点は原文ママ、以下同じ）ナショナリズムとのたたかいであって、中国のナショナリズム運動に日本帝国が敗れたというべきです。日本をふくむ帝国主義国家が土足で中国をふみにじってゆくその過程が、同時に新生中国の陣痛でもある(29)」。

丸山真男は中国について無知だったため、慣れ親しんだ西洋の理論を最大限「活用」するしかなかった。丸山真男の思想資源は西洋のモダニティ理論にしかなく、彼にとって中国は自分の意見を述べるための媒介に過ぎなかった。ある意味では、竹内および『北京日記』自体も丸山にとってはその媒介にすぎなかった。そのため彼は、思想史家としての理論感覚を貫徹させ、重要な問題をさらに突きつめることができず、入口にとどまった。――中国の「ナショナリズム」を一つの運動と考え、西洋の理論にしたがって国家と社会の相互関係の中に置いて議論することははたして可能なのだろうか？　そのような分析の有効性と限界は何であろうか？　こうした分析は、抽象的レベルにおいて中国現代史を概括するには助けになるかもしれないが、しかし竹内好の『北京日記』を解釈するには有効な視角とならなかった。なぜならば、『北京日記』を書いた時期の竹内にとって、北京の生活は決して「一身にして二生を経るが如き」ものではなかったからだ。

竹内好が北平の二年間に体験したのは、「国家の解体」とは正反対の経験であったかもしれない。

彼は「北京大学教授や中国知識人と広汎につき合う」ことはなかった。その意味では、彼が出会ったのは、中国では「偽北京大学」といわれる少数の「留平教授」だけで、中国の学術文化界はすでに北平から南方に移動していた。竹内好たち中国文学研究会メンバーにとって特別な意味を持っていた周作人は、一九三七年から三九年にかけて、日本軍に協力して偽華北臨時政府の教育督弁を引き受けるか否かで難しい立場に立たされていた。竹内好の北京到着三ヵ月後にあたる一九三八年二月九日、周作人は日本軍の関係する「更生中国文化建設座談会」に出席し、中国文化界の人々はこれを「叛逆」のしるしと受け取っている。竹内好にとって北平での静かな生活は、丸山真男が推論するような「半国家」状態の混沌とした空隙などではまったくなく、中国の長い歴史上いくたびとなく出現した、戦争によって文化・政治の中心が移動したあとの状態にほかならなかった。この移動は、内実からみても方法からみても、歴代王朝時代の移動とは大きく異なっていたが、それでもなお、国家とナショナリズムの対立図式によっては解釈できない複雑な歴史的瞬間であり、そこには中国の歴史の内在的ロジックが内包されていた。そしてそれより注目すべきことは、つぎの点であろう。知識を生業とする一人の文化人として、竹内好はそのような歴史的瞬間に遭遇したこと、がそれであった。——彼が到着したのは、中国文化知識界によっていったん放棄された北平であり、そこに昔日の景観は残されていたが、昔日の魂は失われていた。

そのことに関する感想を、竹内好は日記には書き記さなかった。しかし私たちは別のルートから、この瞬間の複雑な反応を知ることができる。一九三八年一〇月一二日、すなわち北京到着一年後、彼は松枝茂夫宛の手紙にこう書いている。「僕はだんだん支那、支那人、支那文学がいやになってきた。いまは教える必要上というのでなく、日本語が面白くて日本語の勉強をしています」。また同じ手紙には、次のような一節がある。「僕は近代科学図書館をやめて新(?)北京大学理学院で日本語を教えています」[30]。当時の北平が文化的な意味で「空城」であることを理解せず、また竹内好が中国知識界の状況をよく知っていたことを念頭におかなければ、「支那、支那人、支那文学がいやになってきた」という発言の複雑な感情を理解することは難しいだろう。とくに、竹内好が当時の北京大学を疑問符付きの「新」北大と書いたとき、この疑問符の持つ強度と内容の豊かさはことばでは言い表せないものがある[31]。

この方向性においてのみ、竹内好の他の言説も位置づけることが可能になる。一九三九年、日本に一時帰国したあと北京に戻る客船上で、竹内好は、日本軍人として中国出征中の武田泰淳に手紙を書いた。「僕ら兵隊にゆかない連中の間で、いまの時代の思想の在り所を摑み得ずに、また摑もうとする努力を空しきものに思い込もうとし、うろたえて混沌としている人間に、ことさら兵隊である君の手紙は痛ましいくらい鮮かである」[32]。また東京に帰ったあと、彼は、留学して支那文学を勉強しなかったことには恥辱を感じていないが、自分の行為を客観化しようとしてかえって混沌に陥ったことには悔恨が深いと語り、虚脱時代の自分を客観化したいと述べた[33]。同時期の松枝茂夫宛の別の手紙には、失恋の打撃によって胸中空虚になったことをほのめかす文章に続いて、次のような一節があった。「どうも北京以来、精神的の仕事に妙に自信がなくなってきた」[34]。北京時代から出征にいたるまで六年間にわたり竹内好が使い続けた「虚無」「混沌」といった語を、『魯迅』執筆時の彼の感覚と結びつけて考えるならば、「虚脱時代」の竹内好が経験した「回心」とは、丸山真男がまとめたような「自己解体」にとどまらないことが見てとれるだろう。より重要なのは、苦痛と活力に満ちた歴史過程の外に排斥された「うろたえ」の感覚であり、かつその感覚の延長線上にある歴史に分け入りたいという渇望である。

二年間の北平生活によって、躍動する中国文化界に入れないことに対して、竹内好があきらめと隔絶感を感じたとしても、それは「うろたえ」の外在的要因にすぎない。より内在的な要因は、彼が日本の知識人として目をそむけたくとも直面せざるを得ない、戦争の現実そのものであった。戦争の現実がもたらす困難は、ファシズムの高圧的政策によって個人が時局に正面から対抗できなくなったことにあるばかりでない。のちに竹内好が述べたような「抵抗と屈服の紙一重」[35]の複雑な情勢にもそれは見出せる。丸山真男は同時代人として、竹内好のこの感覚を深いところで理解していた。それゆえ前述のインタビューにおいて、彼なりの言い方で戦争中の知識人の選択の苦しさについて繰り返し強調した。「日本の国内状況でも三七年の日中戦争の拡大は劃期的な転換で、これ以後の社会運動や昭和研究会などの動きには、戦争協力と時局批判の両義性がどうしてもつきまとうようになる。協力と抵抗との間にそうスッキリと線がひけなくなる」[36]。そのうえ、現代中国学研究に従事する日本知識人にとっては、こうした状況のさらに背後に、研究対象たる中国にとっては敵国に当たる国の一人員であることへのどうしようもない苦悩がある。丸山真男が指摘した竹内好の「回心」は、その意味に限って言えば正確である。竹内好が北京時代に自身の状況を自覚したことはたしかである。だからこそ彼は精神的な仕事を続ける自信がなくなってきたと語った。

このような複雑な精神的歴程をたどったあと、太平洋戦争の勃発に当たり竹内好が興奮を書き記したのは、自然な流れといえるであろう。彼はそのときついに「虚脱状態」と「うろたえ」から抜け出る有効な道を見つけだし、歴史に分け入る可能性をかすかに見出したように見える。その後、戦争がその残酷さと欺瞞をさらけ出したのち、竹内好は精神世界において『魯迅』へと向かったのであった。竹内好の『北京日記』と「大東亜戦争と吾等の決意」は結びつけて読まなければならない。そうしてはじめて、竹内好がなぜ躊躇なく感情のレベルで戦争を支持しそれを審美化したのか理解でき、また、彼が太平洋戦争を無条件で支持したことに対して、なぜ最後まで悔恨を感じなかったかも理解できるだろう。

しかしながら、以上のような過程に理解できるところがあるとしても、なお解釈できない問題が残されている。それは、戦争に対する道徳判断をいかにうち立てたかという問題である。基本的な道徳問題——戦争は人を殺すものである——に対して、彼はどう感じていたのだろうか？　加害国の一員として、彼は懺悔したのだろうか？　また、したとしたらどのように懺悔したのだろうか？

人を殺すことそのものについて、竹内好は正面から触れたことはないようである。そのため、竹内好が戦後行った戦争体験についての議論、および戦争と倫理道徳の関係についての議論は、別の問題に向かっている。竹内好の戦争観および道徳観を正確に把握するためには、より早期の状況に触れなければならない。三〇年代初期の日本文壇で一世を風靡した「シェストフ体験」の影響である。この影響は複雑である。シェストフ体験は、時代の雰囲気として、竹内好を魅惑したことは想像できるが、しかし竹内好は、彼独特の「その中に投入し、そこから自己を選び出す」方法によって、この特定の文化思潮に応えている。

本多秋五は、竹内好を同時代の日本文学者たちの列に加えて解釈し、こう指摘した。「竹内好が「政治と文学」という形でとり組んだ問題は、実は同時代の日本の文学者が「宿命と自由」、「運命と意志」、あるいは「絶望からの自我の再建」という形で悩んだ問題とおなじ場にあるものであった。すなわち、そこには共通の体験があった。文学史的にはそれをシェストフ体験という(37)」。

竹内好が「シェストフ体験」の直接的影響を受けたかどうか、証拠を見つけることはできない。シェストフが流行していた一九三四年前後(38)、彼は郁達夫に没頭していた。九年後に出版した『魯迅』の思考と用語を見るかぎり、彼はたしかに本多秋五の言うとおり、同時代の問題と深くつながっているようで、「シェストフ体験」流行時のキーワードがかなり使われている。しかし詳細に見てみると、そうとは言い切れない部分も見られる。「シェストフ体験」において、シェストフの反観念的な、信仰に挑戦する宗教感情を理解するには理念によるしかなかった。その結果、日本の知識人はいわゆる「シェストフ体験」によって、「正常」への回帰、理性への回帰、行動への回帰を求めることになった。シェストフ体験の流行と同時に、小林秀雄を中心とする『文学界』同人に対立するグループが「行動の文学」を提起したことは、それを明確に示す参照系と言える。行動主義そのものは、文学思潮として特別な貢献はないように思われる。しかし対立する立場から、「シェストフ体験」の非シェストフ的特徴を示した点に価値がある。「シェストフ体験」という虚無主義思潮によって、日本の知識人は危機意識に表現を与えることが可能になった。しかしシェストフの核心にある問題、すなわち既成の価値観念体系を突破し、複雑で醜悪な現実に向かい合うための信仰を新たに求めるという課題に近づくことはなかった。竹内好は、「行動主義」に対立する意味での虚無主義の立場は取らなかった。竹内好の立場にシェストフ的な性質がいくらか含まれているとは言えても、それはまさに、同時代の日本の「シェストフ体験」に欠けていた部分であった。すなわち、先入観にとらわれた一切の観念や前提を捨て去り、静止的な二元対立や抽象的表現を自己の最大の敵とみなし、敵に対する根源的な攻撃を混乱、虚無、理知の失効、あるいは能動性の喪失とは考えない態度である。竹内好は一貫して非道徳的な判断の立場を取っていた。ここにはたしかにシェストフの影が見える。しかし日本のいわゆる「シェストフ体験」とは根本的な違いがある。竹内好は、日常道徳への回帰を追求することはなく、逆に、日常道徳に背く究極的な道徳を求めていた。戦争という残酷な状況においては、このようなスタンスに基づき、竹内をして、もう一つの歴史の真実に迫っていたかもしれない。

竹内好がいかにしてこうした基本的立場を形成したのかは、判断の難しい問題である。同時代日本の知識人と同じく、竹内好もシェストフのような宗教感情は持たなかった。シェストフは、同時代人の誤読を通じて竹内好の視野に入ったのかもしれないし、あるいはそもそも竹内好の視野に入らなかったかもしれない。しかしはっきり断定できることがひとつある。魯迅が、シェストフの提起した基本問題とまったく同じ意味において、竹内好の視野に入り、かつ彼の一生に影響を与えたことである。ここで言う基本問題とは、「最後の審判」という神ですら逃れることのできない事実を取り除いたあと、魯迅の「全然宥恕のない」態度によって、日常道徳の善がその虚偽性をあらわにすることである。竹内好はここにおいて、日常性を超える道徳的立場を確立した。それは理性によって回収しえない道徳である。あるいは魯迅を経なければ、この道徳世界に分け入る暗示は得られなかったかもしれない。

これこそが、竹内好が『魯迅』執筆後、後悔と寂寞を感じた原因であると私は信じる。もっともここには、シェストフが価値世界の転倒に向かったときの落ちつきが存在していないのだが。

竹内好の戦争体験と戦後の体験は、この特定の感覚に基づいている。この特定の感覚に沿うことによって、戦争という血なまぐさい出来事に対する竹内好の道徳判断に接近することが可能になる。

第四章　絡み合う歴史と現在

一　敗戦体験の深化――戦争責任論と文明の再建

1　敗戦体験の深化――戦争責任論と文明の再建

侵略軍の一員として、中国の戦場で見聞した日本の敗戦を、竹内好が正面から語った文章としては、一九五三年発表の「屈辱の事件」および一九五五年発表の「八月十五日」がある。前者で竹内好は、敗戦を迎えたときの丸山真男との感覚の違いを語っている。ポツダム宣言が発表されたとき、国内でそれを目にした丸山真男は、「基本的人権は尊重せらるべし」という一句を見て、何年も見たことのない文字に驚き、「顔の筋肉が自然にゆるんでくるのを、おさえることができなかった」。丸山は、喜びを人に見られたら大変だと思い、感情を殺すのに苦労したという。竹内好はこう書いた。「この話をきいたとき、私は感動した。そして自分をふりかえってみて、そういう経験をもたなかったことを残念におもい、また後悔した」。「(これは)やはり抵抗の姿勢に関係があるのではないか。もう一つ、政治知識――というより政治感覚のちがいということもある。私は、あのような形の終戦を予想することができなかった」。

「天皇の放送は、降伏か、それとも徹底抗戦の訴えか、どちらかであると思った。そして私は、後者の予想に傾いていた。ここに私なりの日本ファシズムへの過重評価があった。私は敗戦を予想していたが、あのような国内統一のままでの敗戦は予想しなかった」。そして竹内好は「よろこびと、悲しみと、怒りと、失望のまざりあった気持」を感じた。「八・一五は私にとって、屈辱の事件である。民族の屈辱でもあり、私自身の屈辱でもある。つらい思い出の事件である。ポツダム革命のみじめな成りゆきを見ていて、痛切に思うことは、八・一五のとき、共和制を実現する可能性がまったくなかったかどうかということである。可能性があるのに、可能性を現実性に転化する努力をおこたったとすれば、子孫に残した重荷について私たちの世代は連帯の責任を負わなければならない」。「八・一五のとき、人民政府樹立の宣言でもあれば、たといかぼそい声であり、その運動が失敗したとしても、今日の屈辱感のいくぶんは救われたであろうが、そのようなものは何もなかった。高貴な独立の心を、八・一五のときすでに、私たちは失っていたのではないか(1)」。

ある意味で、一九四五年八月一五日という歴史的日付における、敗戦をめぐっての竹内好と丸山真男の政治感覚の違いは、二人のその後の一生の思考軌跡の違いを決めるものであった。竹内好について言うと、日本の思想伝統を形成しようとする強烈な意識は、敗戦の瞬間の「よろこびと、悲しみと、怒りと、失望」の複雑な感情において、日本民族の独立の心への期待と、期待が裏切られたことへの怒りとして具体化した。八月一五日を境として、それ以前の竹内好の戦争をめぐるあらゆる発言は、この日の複雑な感情の基礎となり、以降の彼の主要な思考は、この日に感じた、ことばでは表現できない心情をめぐって展開したといえるのではなかろうか。思想史的問題としては、戦争と敗戦の意義は、国家間関係の問題として扱いきれるものでない。それは第一に、国家内部の政治、社会、思想構造の組み直しへと向かうものである。竹内好にとって、その組み直しの最大の契機は、敗戦の瞬間に潜んでいたはずであった。ところが、少数の部分的な抵抗も日本内部に何ほどの混乱を引き起こすこともなく、全国民は挙国一致して天皇の詔書に服従したのであった。かくして竹内好は、チャンスが失われたことに失望することになる。

「屈辱の事件」がふれた重い話題の一つに、日本の侵略戦争の結果として、日本と中国・朝鮮との間で示された鮮明な対照がある。日本ファシズムの専制は、日本人の気力を消耗させたが、中国や朝鮮では逆に抵抗の力を強めた。その結果、戦後東アジアの隣国は「独立の心」を持つことができたが、日本は被支配の立場を受け入れざるを得なくなったという。竹内好が太平洋戦争初期に、強者への挑戦という日本の姿勢に幻想を抱いたとするならば、その幻想が徹底的に破砕されたのは敗戦の瞬間であった。竹内好は戦争末期、以下のように予想した。敗戦によって日本は混乱するはずであり、アメリカ軍の上陸作戦の際、日本は主戦派と和平派に割れ、革命運動が猛烈に全国に広がり、軍隊の統帥は失われ、各地の派遣軍は孤立した単位になる。明治以来の「天皇制国体」は混乱の中で瓦解し、民主社会がそこに誕生するだろう、と。敗戦は必然であったとしても、竹内好は、このような全国一致の敗戦の形式は受け入れることができなかった。彼からみると、それは、戦争に負けながら、その残酷な代価にもかかわらず新しい変化の可能性をつかめないことを意味していた。

竹内好が当時の情景を回想したのは一九五三年のことであり、複雑な感情からすでに八年という時間のフィルターを経過している。その間に彼は「国民文学論争」に参加した。したがって、「屈辱の事件」を当時の感情の自然主義的再現と考えるのは不適当である。しかし逆から言うと、この時間のフィルターは、竹内好の思想世界の核心に最短で接近するのに有用である。というのも、竹内好はこの時間によって自身の感情を精錬したからである。それにより、竹内好の関心の基本にあったのが、中国と日本の人民にもたらされた戦争の創傷でなく(それは彼の視野に入っていたし、のちに「戦争体験の一般化」を論じる際には重要な内容となったが、戦争の問題を論じる原動力にはなっていない)、また戦争の性格付けでもなく(彼が戦争の性格を侵略だったと繰り返し言っていることはいうまでもないが)、日本の「独立の心」であったということが見て取れる。米軍占領下という状況において、独立が意味したのは、アメリカの属国の地位からの、野間宏の鋭いことばを借りれば「虚偽の平和」からの脱出だけではなかった。日本が、外圧に依存してアメリカ主導の「民主」を受け入れるのでなく、敗戦の陣痛から自己自身の民主的「共和国」を生み出すことこそが重要であった。しかし、竹内好が戦後体得したのは、日本社会がそのような「独立の心」を持っていないことであった。彼は、仮想の世界で日本人さらに日本ファシズムを過大評価していた。しかし残念ながらこの民族は武器を手に取るときも手放すときもまったく同じ態度をとり、主体感覚を欠いていた。この同一性こそ、竹内好を落胆させずにいないものであった。その後彼は、問題をさかのぼり、戦争中の日本人の人格の品度、および道徳修養の欠陥について思考しはじめた。竹内好が痛恨の思いで思考した問題は、日本人に抵抗精神がなく易々と転向するという一点に集中していた。竹内好にとって、一二月八日の真珠湾奇襲は、弱小の島国日本による強大なるアメリカへの挑戦を象徴していた。彼がそこに見出したのは、軍事行動の政治的意味ではなく、道徳的かつ美的な自己完成の世界であった。一年後中国文学研究会を解散したときには、道徳的自己完成という幻覚は彼一人の幻想であり、日本軍国主義の現実の行動とはまったく関係がないことに気がついた。さらに敗戦時に中国戦場にいた竹内好は、日本軍人が敗戦の日、「まる一日号泣した。それから寝てしまった。翌日、目がさめると、彼らは一斉に帰国準備の身支度に取りかかった」という無抵抗状態を目の当たりにし、また国内では天皇のたった一枚の詔書によって国中が敗戦という事実を受け入れたことを耳にし、「日本人」としての強い恥辱を感じないではいられなかった。言うまでもなく、その恥辱とは、侵略戦争を「やり抜く」べきだという主張と表裏するものではない。彼の関心は、戦争下における人間の道徳状態に向けられていた。彼によれば、道徳状態は、日本社会の政治形態の基盤をなし、戦後責任を意味付けるものに他ならない。つまり道徳状態への関心は、戦争責任への反省と、創傷体験の思想的意味の咀嚼へと向かうものである。

一九四九年五月に発表された「中国人の抗戦意識と日本人の道徳意識」(のちに「中国のレジスタンス」と改題)は、敗戦時に感じた恥辱を日本の道徳批判へと転化させた文章である。林語堂の『モメント・イン・ペキン』の日本語訳(邦訳名『嵐のなかの木の葉』)に見られる、中国人の抵抗意識に対する日本人の無知を手がかりにして、中国人の高い道徳意識と比した日本人の意識の低さを批判している。竹内好によると、林語堂の小説は歴史意識に欠けており、また中国の社会生活の現実的基礎も備えていない。だから中国の民衆から見れば失敗作である。しかしたとえ失敗作ではあっても、成功している部分がないわけではない。それは、中国人民の抗戦意識を道徳のレベルにおいて完全に表現したことである。

竹内好は小説中のエピソードを引きながら以下のように論じた。日本人が中国侵略の中で行ったのは、密輸と麻薬であった。それは局部的な出来事ではなく、軍部の黙認のもと公然と行われた略奪行為であった。もっとも無恥だったのは、中国の小学生に対してまで麻薬の手を伸ばしたことである。中国人民の日本に対する抵抗意識は、まさにこうした野蛮で無恥な行為への道徳的な義憤を出発点として奮いおこされた。中国人にとって(ここではまず林語堂にとって)、この戦争は野蛮人の侵入であり、したがって一時的な征服であった。こうした理解は林語堂の歴史認識の浅さを示すものではあるが、一点において彼は正しい。すなわち、林語堂は日本の侵略戦争の「前資本主義的掠奪」の一面をとらえていた。他方で竹内好は、「中国の抗日民族戦線の土台となった国民倫理の高さ」を見て、そこに日本の「国民的道徳意識の低さ」を省察するための参照軸を見出した。竹内好は以下のように考えた。毛沢東の戦争に対する判断は、緻密かつ全面的であったものの、帝国主義的侵略の面で戦争を見たため、日本内部の反戦勢力を過大評価してしまった。日本国民はそのような反戦の可能性を持ち合わせていなかった。なぜならば、この戦争は帝国主義と野蛮人心理の結合だったからであり、近代的な意味の反戦勢力が存在する余地はなかった。「私は軍隊で、無意味な破壊行為をたくさん見た。戦術上の必要からではなく、また戦場の異常心理でも説明のつかない、無目的の破壊である。それは価値の規準を失った近代人のアナーキイの心理からでなく、もっと素朴な野蛮人心理のように私には見えた。私たちの心の底深く、そのような野蛮人本能が住んでいるのかもしれない(2)」。文明と野蛮をめぐる竹内好の定義が正確であるか否かはここでは問わない。また近代人を文明人と同等視する価値判断が妥当であるかどうかも問わないことにしよう。ただ彼が用いる恣意的な概念の表象の奥に分け入れば、真の問題のありかを見出すことができる。竹内好はこうした「野蛮人本能」への本質的な省察を基盤として、一九四五年八月一五日以来、日本の思想伝統の形成に向けた一貫した努力をスタートさせたのである。

敗戦以来、進歩的日本人は苦痛に満ちた自己反省をはじめた。こうした一億総懺悔に対して竹内好が距離をおいたことは明らかである。中国人の道徳意識をめぐる彼の議論、あるいは抵抗を原動力とする中国の近代化モデルについての彼の議論などを見ると、彼が関心を寄せていた問題のありかがわかる。それは、戦争という近代的な出来事をより複雑な構造の中に組み込むこと、そして戦争責任の追及を非イデオロギー的な問題の中に組み込むことであった。ここで一点注意しておきたいことがある。竹内好の戦争反省の視角は、日本の中国侵略戦争をめぐる問題の急所をついていた。すなわち道徳心を喪失した野蛮性の問題である。この戦争は、日本の戦争史上かつてない空前の野蛮性を示したため、竹内好の鋭い文化的自己批判の立場からすれば、この侵略戦争を他の近代的戦争と同じ次元で単純に論じることはできないという重要な問題を提起している。今日に至るまで、進歩的知識人を含む一部の日本人は、それぞれの理由から、日本の侵略戦争を「通例化」しよう、すなわち他の戦争と同列に論じようとしてきた。そのことの看過できない問題点は、「野蛮性」の問題を見逃すことにある。

敗戦の経験に基づき、黒澤明が映画『羅生門』で新しい日本的な価値観の転倒と「不安」を表象し、国際的な好評を博していたとき、竹内好は、戦争中には示さなかった「行動精神」を発揮していた。彼が北平で松枝茂夫に宛てて書いたような、精神的な仕事に自信を失う状態は一掃され、精神的な仕事に全力を投入しはじめていた。彼がもっとも重視したのは、いかにして「独立」の問題系において日本の思想伝統を打ち立てるかであった。

五〇年代末期から六〇年代前期にかけて、竹内好は「戦争三部作」、すなわち日本の戦争責任をめぐる三編の論文を執筆した。この三編の論文は五〇年代初期の竹内好の戦争観をさらに深めるものであった。三編に共通する特徴は、戦争の問題をより大きな背景において議論する点にあった。その三編とは、順に、「近代の超克」(一九五九)、「戦争責任について」(一九六〇)、「日本とアジア」(一九六一)である。

「近代の超克」については本書の別の章で論じるのでここでは省略する。この長編論文のポイントは、結果から出発して戦時中の思想形成の努力を単純に否定することなく、太平洋戦争を支持し身をなげうった日本知識人の立場の中から、思想形成の契機を探ることにあった。その前提のもとで、第二次大戦中の日本の戦争責任の性質について分析と位置付けを行おうとした。「戦争責任について」と「日本とアジア」では、「近代の超克」で提起した戦争の二重性格の問題、すなわち東アジアへの侵略戦争と太平洋戦争のあいだの区別の問題をさらに深め、整理して、以下のような基本的観点を提出した。日本が一九三一年にはじめた戦争は二つの部分に分けられる。ひとつは侵略戦争(太平洋戦争勃発までの中国侵略戦争)であり、もう一つは帝国主義対帝国主義の戦争(太平洋戦争)である。前者については、日本は無条件に戦争責任を負うべきである。後者については、日本が一方的に戦争責任を負うべきではない。しかしながら、前者であれ後者であれ、戦争体験が普遍化できない状況下では、戦争責任も普遍化できない。したがって、唯一の方法としては、日本の民族感情に自然な責任感の伝統を求め、それをそれぞれの戦争体験を処理するための基礎とすることしかない。(3)

「戦争責任について」はメモ形式の短文である。各種の戦争責任論の立場を整理することを通じて、当時の日本社会とくに日本思想界の戦争責任問題に対する様々な見方を展望し、さらにその上で、戦争責任の問題を抽象的観念から複雑な現実のレベルに引き込んだ。文中で竹内好は、ヤスパースが『戦争の責罪』で述べた「四つの罪の概念」を引用し、さらに丸山真男を援用してヤスパースのように戦争犯罪を罪一般に含めて統一的に説明することが日本の状況にそぐわないことを述べ、次のように書いた。「責任には誰に対する？　という設問がかならず付着することは丸山の指摘のとおりである。しかも、罪は客観的に存在するが、責任は「責任意識」に主体化されなければ存在を証明できない。少くとも説得はできない。ところが戦争責任は「免れて恥ない」ものである。この救済のためには、民族感情に自然な責任感の伝統をよりどころとするしかない。そのような伝統としては、アジア、とくに中国に対する侵略の痛みしかない。（中略）ただ、野蛮対文明、ファシズム対民主主義の図式からはこの可能的巨像が掘りおこせないのだ」。[4]ここで竹内好は、戦争犯罪と戦争責任という、通常連結して考えられる、あるいは同一視されがちな二つの概念を区別した。そして、日本には罪の意識のともなわない戦争体験が広く存在しているゆえに、戦争責任論は加害者意識の持続を前提としなければならず、加害者意識の成立のためには主体化された「自然な責任感」に訴えるしかないと鋭く指摘した。侵略のイデオロギー的批判に陥りがちなアジアに対する責任感を主体的なものとすることは、竹内にとって、生涯の思想課題となった。外在的な批判だけに頼っては、真の責任感が生まれてこない危険性がある、と竹内好は考えた。そのため、彼は日本人の「痛み」という自然感情を狭いナショナルな領域から解放し、さらにそれを「責任」へと転じさせようとした。言うまでもなく、痛みは痛みのままでは、すなわち自然感情は自然なままでは、

「自然な責任感」にはならない。そのために、いくつかの要素を同時に発掘しなくてはならない。竹内の考えでは、それは独立の心と多元的な文明観である。

容易に見て取れるように、竹内好が「屈辱の事件」で述べた、独立の心を欠いた日本民族への痛切な思いが、ここでは戦争責任追及の次元に向かっている。その背景にはもちろん特定の歴史的事件があった。一九四六年五月に反枢軸国連合国の名義で始められた極東国際軍事裁判、すなわち「東京裁判」である。竹内好の世代の人間にとって、実質的にはアメリカにコントロールされたこの軍事裁判にいかに向き合うかは、きわめて難しい問題をはらんでいた。というのも、日本軍国主義の主な責任者を裁くという意味においては、良知ある日本人は誰もがこの裁判を受け入れたからである。しかしこの軍事裁判は、アメリカなどの意志を体現するものであり、かならずしもアジアの被害国民衆の意志を体現しなかったため、(5) 正義の名のもとに多くの根源的な問題を覆い隠すことになった。たとえば、東京裁判は完全にアメリカの政治的理由から、米軍の占領統治の便宜のため、日本天皇の訴追を免ずる決定をした。そして日本天皇制の政治イデオロギーが戦時中にはたした現実の役割を水に流した。さらに日本の侵略戦争はアメリカ、イギリス、フランスによってヨーロッパ・モデルで解釈され、極端な軍国主義分子が計画し発動した侵略戦争と規定された。天皇の戦争責任が免ぜられると同時に、日本が太平洋戦争の前に中国などアジア隣国を侵略したときにおかした多くの残虐な犯罪行為が免罪され、また中国の一般民衆が戦争中に受けた大規模な殺傷も無視された。南京大虐殺をのぞいて、たとえば日本軍の細菌戦など様々な凶悪な犯罪はすべて覆い隠された。裁判の重点は日本の真珠湾攻撃すなわち日米戦争におかれ、人道的問題についても、日本軍による英米捕虜虐待の非人道性ばかりが強調された。さらにもう一つ重要な問題があった。アメリカが国際法に違反して、原子爆弾を投下して広島・長崎の市民を大量殺傷した事実が、この裁判で裁かれなかったことである。少数の裁判官の追及に対して、法廷は、原爆が戦争の早期終結を促したとして、この人類史上空前の惨劇を正当化した。

東京裁判は明らかに「勝者による敗者の裁き」であったため、日本の進歩的知識人は困難に直面せざるをえなかった。この裁判は本当に日本の戦争を審理したのだろうか？　裁判が規定した戦争責任は、アジアの民衆の創傷をいやすのに有効だろうか？　それ以上に日本の進歩的知識人を悩ませた問題があった。それは、アジアの被害国を中心とした軍事裁判が存在しない状況下において、(6)連合国の名義で行われたこの軍事裁判が、「国際」の名において日本の戦争をあつかった当時唯一の軍事訴訟および裁決だったということである。日本の侵略犯罪は、戦後清算されなければならない。不公正な東京裁判が清算を完成させなかったことは明らかであるが、歪曲された形ながら、アジア被害国の国別の裁判ではできなかった「日本制裁」の役割を、最低限ははたした。日本の右翼民族主義者は、戦後一定の時間が経過したのち、アメリカ・イギリスなどが東京裁判で覇権を握っていた事実を逆利用し、反対の方向に戦争の歴史を単純化し、日本の侵略を美化した。ここで強調しなければならないのは、この裁判が問題をはらんでいるからといってその重要な歴史的意味を否定するのは賢明でないが、同様に、裁判の歴史的役割を否定できないからといってそれを単純に「擁護」することも賢明でないということである。つまり、二元対立の思考形式ではこの出来事の核心にふれることはできない。東京裁判への賛成もしくは反対といった漠然とした政治的立場によっては、この複雑な出来事に対して政治的判断力を生かすことはできない。

竹内好は民族の独立の問題と戦争責任の問題を結びつけて議論した。そのとき彼の視野にあったのが東京裁判の基本的な構図であったことは明らかである。東京裁判が定義した「平和に対する罪」と「人道に対する罪」という基準に対して、竹内好は賛成している。しかし東京裁判におけるアメリカ支配の正当性に対しては、かなり明確に否定した。それは「近代の超克」やその他の発言において「帝国主義は帝国主義を裁けない」ということばで表現されている。しかしながら、だからといって、竹内好は東京裁判反対という漠然とした立場に立つことはなかった。まして自らの立場を単純な民族主義右翼の立場に混同することはなかった。彼は、東京裁判におけるアメリカ支配にたいする否定を、日本の戦争責任追及の一環として処理した。この意味において、彼が敗戦時に行った日本民族の「独立の心」への追求は、現実的な政治的意味を有している。彼が日本民族の「主体化された自然な責任感」に訴えたこと、戦争責任問題でヨーロッパ戦場の経験を日本にあてはめるのは無理があると繰り返し強調したこと、ヤスパースの責罪論では天皇制下の日本の戦争責任を解釈できないと考えたこと、これらはすべてアメリカの覇権と非正義への対抗という意味において、現実的な批判力を持っていた。

竹内好は「中国人の抗戦意識と日本人の道徳意識」で日本の野蛮性と中国の高度な道徳意識を対比したが、「戦争責任について」では、日本の侵略戦争を野蛮対文明、ファシズム対民主主義の衝突ととらえることに反対した。容易にわかることだが、竹内好はこれらの概念を使う際、その概念が現実の政治関係に果たす役割に留意していた。文明対野蛮の図式は、東京裁判では反枢軸国対枢軸国の代名詞として使われ、民主主義対ファシズムの図式と同義に扱われた。さらに重要なことに、文明は明治維新以来日本が一貫して追求してきた目標でもあった。日本の近代化の過程において、文明は核心的概念として、様々な価値基準を生み出してきた。価値基準は外在化されて具体的な対象となり、そこから明治以来の「脱亜」の風潮が生み出された。脱亜からはじまり、アジアを代表して西洋に挑戦する姿勢に至るまで、日本の近代化は一つの既定の枠組みをはみ出ることがなかった。すなわち、文明とは西洋から来る「先進的」産物であり、アジアは「後れた」野蛮状態にあるという考えである。東京裁判の「文明が野蛮を裁く」図式は、こうした文明理解の方法を再考する契機であった。それは、日本が近代化プロセスで自任してきた「文明」を打ち砕く契機であっただけでない。この裁判におけるアジア被害国への不平等待遇は、実は、日本が明治以来次第に定型化し同時に空洞化させてきた「文明」イコール「西洋」の幻想を破壊する契機でもあった。残念ながら、当時の学術界を含む日本社会の大部分は、前者を理解したのみで、後者には気づかなかった。

東京裁判の中で、日本人にこの問題を意識させる可能性のある出来事が一つだけあった。インド人判事パール(Radhabinod Pal)の判決意見書である。少数意見の判事の一人であったパールは、日本の戦犯全員の無罪を主張した。注意すべきはその結論ではなく、彼の主張のロジックである。国際法学者として、彼は東京裁判の合法性に疑問を提起した。法廷にあてた二五万字にのぼる英文の判決意見書の中で、パールは、東京裁判が国際法の根拠を欠いていることを強調している。たとえば、「侵略戦争」の定義が不完全であること、証拠採用のプロセスに明らかな欠陥があること、「全面的共同謀議」を理由に戦争責任者を断罪する方法は当時の国際法では成立しづらいこと、極東軍事法廷は太平洋戦争開戦以後の「戦争」を裁くのみで、盧溝橋事変以後の「戦争」を同等に扱わなかったこと、すなわち日中間の戦争を審理対象から排除したこと、などなど。法律上の十分な正当性がないことを理由に、パールは、日本の戦犯への有罪宣告が法的判決として成立しないと考えた。完全に法手続きを根拠としたパールの意見は、フランス人判事ベルナールなどその他の少数派の「法手続き」にもとづく反対意見と重なるものであった。しかし客観的に見て、日本の侵略の罪を弁護したきらいすらあるパールの法手続き論は、東京裁判を承認するという大前提の枠内にあった他の反対意見と異なっていた。彼が疑問を提起したのは、具体的な技術的問題でなく、東京裁判の大前提だった。パールの反対意見はこの徹底性のゆえ、当時のみならず今日に至るまで独特の意味を保っている。

その意味とは、アメリカが極東軍事裁判を支配することの合法性を国際法の立場から問い質したことである。パールは法学的論理のみにしたがって、純粋に手続き論として日本の戦犯無罪の結論を導き出した。かくも重大な歴史的事件の前で、彼の姿勢が学究的・非政治的に見えるのはたしかである。あるいはこれは、国際法の限界、法律そのものの限界を示す良い例証なのかもしれない。筆者は関連資料を調査していないため、パールの行動の政治的背景を判断することはできない。また本書は、法手続きの公正と人類の正義のあいだの緊張関係といった課題を扱う能力もない。しかし論理的に考えて、パールの判決意見書がマイナスの面があるにもかかわらず、彼による東京裁判への疑問提起が重みを持っていることは疑いない。なぜならば、パールの判決意見書が問題にしているのは、日本の戦犯が有罪かどうかといった問題でなく、この裁判そのものの法手続き上の「違法」性だからである。パールの判決意見書は、法手続きに背いた東京裁判は断罪の権威を持ち得ないと宣告した。

日本の右翼および戦犯は、もちろんパールの結論を歓迎した。(7) パールにとってこの結論は論理的に導き出されたものであったが、右翼が侵略戦争を美化する口実として十分であった。しかしながら、それはパールの判決意見書の真の効能ではない。法律文書たるパールの判決意見書が示したのは、さらなる探求と意味の転換を加えるべき重要な問題の糸口であった。パールは法律特有の機能を運用して、アメリカの強権政治がはらむ正義の虚偽性を明らかにしている。

竹内好はこの問題を鋭敏に意識した。東京裁判のときは、彼は勝者が敗者を裁く方法に抵抗を感じはしたが、当時圧倒的だったのは解放感であり、他の人々と同じく、東京裁判の合法性に疑いをもつ余裕はなかった。十数年後、朝鮮戦争および安保運動を経たのち、日本の進歩的知識人は、第二次世界大戦終結時のようにアメリカに欺かれることはなくなった。そのとき竹内好は東京裁判を再考しはじめ、原理的な問題として、この裁判が日本の思想伝統の形成に対して持った意味を思考した。一九六一年、竹内好は「日本とアジア」を執筆し、原理的問題としてパールが提起した問題を再考し、日本の近代以来の文明観念と東京裁判の前提を同じ場において議論した。彼はいわゆる「東西文明の衝突」を超える視野において、文明観念についての重要な思想課題を提起した。

「日本とアジア」の構造は、福沢諭吉に代表される日本の近代文明観を東京裁判に代表される欧米文明一元観と結びつけて論じたものである。この構造自体は、実体化された東西文明対立モデルを打破している。単線的文明進化論に対峙し、歴史的ダイナミズムの中、とくに歴史的緊張関係の中で分析を進めたため、この文章はきわめて複雑な内在的関係を内包することになった。文章が直接的に挑戦の相手としたのは、実体的に東洋と西洋を区分し、概念的に「文明」観念をあてはめる思想傾向であった。

竹内好が最初に論じたのは福沢諭吉の文明一元観である。「文明一元観というのは、歴史は未開から文明への一方通行だという歴史観を軸にして世界を解釈する思想のことである。文明とは、ある本源的な力であり、定冠詞つきで呼ばれるべきものである。その文明が野蛮へ向って滲透する自己運動の軌跡が歴史である。（中略）文明こそすべてである。こうした思想が、日本の近代化の起動力になっていたと考えられる」[8]。竹内好のこの定義は、日本近代史上の文明観に対する彼なりの整理であった。彼はこの整理が単純化されたものであることを認めつつ、さらなる議論のため、単純化した整理をもう一歩進めた。そして、文明一元観の最大のイデオローグは福沢諭吉であるとして、日本近代が封建制から中央集権的近代国家へ移る過渡期において、福沢が明治国家の思想コースを設定し、さらにその後の日本人の精神形成にモデルを提供したと述べた。竹内によると、『文明論之概略』で特徴的なのは、文明の本質は「智」にあるとし、それを「徳」の上位においたこと、および智と徳の総和が文明であるとして、文明の地域による程度の差を認め、それを努力によって追跡可能と考えたことである。福沢はこの哲学的基礎の上で、自ら改革者として自信を持ち、明治初期の偉大な啓蒙思想家になった。そして智は計量可能なものという信仰は、深く現代日本人の心性を規定したという。

竹内好の分析によると、日本は明治維新後、封建制の打破、近代国家の建設、産業革命の完成という三つの変化を経た。第三の変化である産業革命は日清戦争後の時期に起こり、それは植民地経営と不可分であった。この時期までに、文明一元観は訂正の可能性を失い、植民地領有を正当化するものになった。そして福沢諭吉の啓蒙者としての作用も完結した。「戦闘的啓蒙者としての福沢の役割りは、たぶん日清戦争まででおわっているだろう。彼の思想が国家の思想として実現し、定着することによって思想家そのものは消滅するのである。その後のすべての軍事行動、および外交政策は、ことごとく文明一元観によって正統化されることになる。少くとも太平洋戦争の前の段階まではそうであった(9)」。

「文明と植民地戦争」という枠組みを設定した上で、竹内好は文明一元観の近代史上のはたらきを鋭く指摘した。彼は一つの皮肉な事実に注目している。「東京裁判は、日本国家を被告とし、文明を原告として、国家の行為である戦争を裁いた。(中略)東京裁判の検事および裁判官(少数意見をのぞく)は、文明一元観の上に立っている。その文明観の内容は、福沢とほぼ等しい。福沢の文明論の源流は、ギゾーやバックルにあるといわれている。近代ヨーロッパの古典的文明観であり、したがって、ニュールンベルク裁判に範をとった東京裁判の原告と意見が合致するのは当然であろう。それならば被告である日本国家の代表たちは、原告である連合国を通して福沢そのものに告発されていると見るべきであろうか(10)」。

この皮肉な事実は日本の戦後思想の支柱であった。日本の戦後思想では、ファシズム戦争を、明治以来の「文明伝統」からの逸脱、反逆であり、その延長ではないと考える見方が支配的であった。その発想は、論理的には、文明の名において日本の野蛮行為を裁いた東京裁判の思考を受け継いでいる。それに対して竹内好は、日本のファシズム戦争の野蛮性を確認した上で、慎重に問題を深め、日本の戦後思想の皮相性を分析した。彼の見るところ、戦後の歴史過程の中で、ファシズムが根こそぎ抜き取られたとは考えられず、かえって、ファシズムを告発した「文明」の側に不安と動揺が見られるという。この事実が示しているのは、かつて疑問を持たれたことのなかった絶対の前提である「文明一元観」こそを、問い返さなければならないということである。「日本の独立という緊迫した課題に全身で立ち向う中で福沢が身につけたような、生き生きした文明のヴィジョンは、残念ながらわれわれにはない。思うに、この原因は、少くともその主体的側面は、文明一元観を疑うべからざる前提として、そこから出発した思惟の怠惰と関係があるのではないだろうか(11)」。

竹内好の問題意識はここからスタートする。彼は、パールが意見書の四年後に日本を再訪し、法の普遍性を強調したことを引用して、パールの東京裁判に関する発言を次のように述べた。「「一部の者にたいする法律は、法律ではなくして、リンチ(私刑)に過ぎない。」「彼らはニュールンベルクと東京裁判は、チャーター(憲章――裁判所条例)によって定められた法律でさばいたという。このように勝手にチャーターをつくって、勝手に人をさばいたというなら、さばいた判事自身こそ、本当の犯罪――法を曲げた違反者としてさばかれなければならぬ。」「パールから見ると、逆にその文明は虚偽の文明であり、あるいは文明の退化である。なぜなら、それは法の普遍性を冒し、真理を傷つけているからである(12)」。

竹内好が関心を寄せたのは、法律の神聖不可侵ではない。国際法がニュールンベルクと東京裁判のあと変化したかどうかという問題でもない。パールがふれた西欧文明の正統性への質疑こそが竹内の関心の中心であり、そこから、文明観の存在方式そのものへと問題を広げていった。

竹内好は次のように述べた。福沢諭吉にとって、脱亜論を主張したとき、「西洋の文明国と進退を共に」するのは、国の独立のための唯一の手段であった。彼は手段として主体的に「外来文明」を導入した。その意味で、文明とは天使ではなく、東洋にとって拒みがたい暴力であった——だからこそ福沢は「脱亜論」で文明を麻疹にたとえた。ところが国の独立の基礎が固まるにつれて、福沢にとっては内面的緊張の下にあった目的と手段のあいだに分裂が生じ、両者の関連性が失われはじめた。「脱亜論」では緊迫感のもとでとなえられた「亜細亜東方の悪友を謝絶する」という要求が、絶対化され静止した目標になり、アジアを興すという目的が手段と化した。こうした微妙な転換の中で、「大東亜共栄」のスローガンは、実質的にはアジアに君臨し「盟主」となるための口実となりはてた。竹内好は『文明論之概略』の一節に注目した。福沢は、アメリカ文明が元々白人文明でなく、インディアンの文明であったこと、白人がアメリカを奪ったためアメリカ文明が白人文明の代名詞になったことを述べ、白人文明の暴力がアメリカを覆ったのみならず、アジアを蚕食していることを強調した。文明の名をかたる暴力の前で、アジアの国家たる日本は、たとえ一時的に侵略を免れることができても、いつかは暴力に直面せざるをえない。福沢が思想家として活躍した明治二〇年代までに彼が示した緊迫した危機感と冷静な認識は、日本のアジア認識および世界認識が持ち得た思想的可能性を表している。福沢は『文明論之概略』などの著作で、日本が非ヨーロッパであること、アジアはヨーロッパによる蚕食の現実的危機に瀕していることを主張し、その前提下で脱亜を文明選択の手段とした。竹内はまた、脱亜だけを取り出すことは福沢の本音を没却することになり、却って「鹿鳴館文化」のような自国の独立と文明を害する「エセ文明」へと容易に変わりうることを指摘した。

竹内好は、福沢諭吉が思想家としての活躍した時期の内在的緊迫感を記述し、アジアがいかにして自己の文明を形成するかという思想課題を練りだした。竹内好は言う。福沢は西洋文明に関するパラドキシカルな認識を提起したあと、原理的にこの問題を深めることができなかったため、『時事小言』執筆時には、西洋文明の暴力的な強制を是認する方向へ後退していった。「しかし、それだからといって、福沢の後退した地点で福沢を継承することは、真に福沢精神を継承することにはならぬのである。むしろ、福沢の拠ってもって立つ原理そのものを改めて問題にする方が、文明の再建に役立つだろう[13]」。

竹内好が一九六一年の文章で文明の再建という課題を提起したとき、そこに暗示されているのは、彼がとりくんでいた問題の歴史的側面である。五〇年代末トインビーが日本を訪問したとき、反共親米知識人を中心として「日本優越論」がとなえられた。アジアは「文明序列の劣位」に位置づけられ、「日本」は、福沢が初期に持っていた緊張感を持たないまま、再び脱亜した。こうした脱亜のコンテクストで東京裁判の問題が再審されたが、日本は西洋と同質の近代文明国家であると見なされたため、東京裁判の合法性を問い質すものはいなかった[14]。梅棹忠夫は、文明生態論によって文化系譜学を破ろうと試みたが、かつて法手続論によって東京裁判の合法性に挑戦したパールと同じく、文明一元観の強力な思考形態に抵抗することはできなかった[15]。こうした状況下で、竹内好は、かつて福沢諭吉が原理化しなかった「文明論」を原理化し、エセ文明に陥らずに東アジアの文明を建設するという思想課題に立ち向かった。

「日本とアジア」に魯迅は登場しない。しかし『魯迅』の方法論は貫かれている。竹内好はこの複雑な文章において、文明一元観と多元観の対立を軸として、歴史的時空を超えて内在的に結ばれた二組の思想的立場を扱っている。一組目は、福沢諭吉の文明一元観が内包する多元の可能性と、多元の可能性を持たない竹山道雄の文明一元観である。福沢の文明一元観は、ヨーロッパ文明の強大さを強調するとき、その覇権的性格に注意することを忘れなかった。したがって、日本とアジアの文明の可能性を思考するときも、「非西洋」型であった。しかしこの思考は、十分な成長と形成をまたず、日本の植民地侵略の拡張と福沢自身の思想的後退にともない、単純な文明一元観に合流する結果となった。竹山道雄は、福沢が後退した後の文明一元観を継承した。したがって福沢の初期思想とは無縁である。彼は戦後一貫して、日本の非アジア的性格と明治国家の「文明的性格」を主張しつづけた。その前提のもとで、日本の戦争責任は、少数の軍国主義者のみの責任であり、明治以来の日本の国家理念とは関わりがないと強調した。

もう一組の思想的立場は、パールと梅棹忠夫である。この両者は、表面的にはまったく関連がないように見えるが、歴史過程の中ではたした役割には共通した部分がある。彼らはともに、非イデオロギー的方法によってイデオロギー的問題に介入し、ともに保守派に同盟者とみなされた。しかし、彼らが歴史の中ではたした真の役割は「多元化」である。パールについていうと、彼の国際法理解は、インドの法精神の「普遍性」に基づいていた。その意味で、彼が反対したのは、東京裁判の「リンチ性」だけではない。それ以上に彼は、西洋文明だけが唯一の文明だとする「文明一元観」を批判していた。梅棹忠夫についていうと、彼の文化機能論は、アジアとヨーロッパの区分を打破したあと、世界を再解釈する新たな図式を打ち立てようと試みていた。この図式は、文化の内容でなく文化の様式を比較するものであったため、文明系譜論および価値判断を排除し、東西対立に基づくイデオロギーとしての文化本質主義を、最大限に打ち破ろうとしていた。パールの日本戦犯無罪論と梅棹の日本非アジア論は、ともに非イデオロギー的思考の結果であり、それぞれの思考プロセスから生まれたものである。それを個別にとりだして論じることはできない。しかし、非イデオロギー的思考でイデオロギー的問題に介入することにまつわるマイナスの側面について、彼らは明らかに無力であった。

竹内好は文中で、この二組の思想的立場を組み合わせ、歴史過程の中において、それを文明多元論と文明一元観の対立にまとめあげた。この脈絡において、アジアがいかにして自己の文明を形成するかという問題が現実的な意味を持ちはじめる。

竹内好は言う。文明一元観の基礎はアジアに対する認識能力の低下である。竹山道雄に代表される非現実的日本観・アジア観は、日本が脱亜以来歴史的に作り上げてきたアジアに対する無知の産物である。その無知の結果、アジアがヨーロッパ文明の侵入に抵抗する過程で変化をおこしたことを、日本は感知できなかった。またガンジーが糸車をまわして「文明」に対抗し、孫文が「大アジア主義」をとなえて覇道を捨てて王道をとるべきだと演説したことの真の意味を理解できなかった。竹内好の見るところ、表面的には西洋文明に抵抗する民族主義独立運動に見えるこうした運動は、実は、アジア内部で西洋をまねるエセ文明に対抗している。その作用は、エセ文明を否定し、エセ文明の内部でそれを別の文明に改造することにある。言い換えるならば、これは現実に迫る思想的立場である。この立場は、アジアの近代の宿命に向き合っている——アジアは排他的な意味で西洋文明に対抗することはできず、西洋文明を内在化させる歴史プロセスの中で独立した文明を築かねばならない。しかし、西洋文明を内在化させ、同時に文明一元観におちこまない立場は、一方で「エセ文明」すなわち東洋内部の西洋中心主義から峻別し、他方で保守的な民族主義者からも峻別しなければならない。竹内好がここで再度強調したのは、彼が「中国の近代と日本の近代」(のちに「近代とは何か(日本と中国の場合)」と改題)で述べた、自己であることを拒否し、同時に自己以外のものであることを拒否する極限状態——彼が魯迅から学び、福沢諭吉に見出した、極端に不自由な状況下での独立意志であった。竹内好はこう書く。「エセ文明を虚偽化していく作用はエセ文明の内部にいるものだけが担当できるのであって、外から力を貸すことはできない。独立が文明の恵沢でないのはそのためである(16)」。

福沢諭吉はかつて、文明が日本で無抵抗に「模倣」されたならば、「虚説」すなわち架空の形式になってしまうことを意識し、それを防止するために、日本人の「抵抗の精神」を発揮させなければならないと指摘した(17)。竹内好はこの点において、福沢の思想遺産を継承する可能性を発見した。彼は『魯迅』で提起し「中国の近代と日本の近代」で発展させた基本的観点を現実の問題に即して展開した。すなわち「エセ文明」は内部の自己否定と再構成を経なければ真の独立運動となりえない、と。竹内好にとって、その自己否定と再構成の原理こそが、アジアの原理であった。

以上の意味で、戦争責任の追及と文明再建の課題、および文明の名のもとで覇権を行使するアメリカの世界政策への対応は、相互に絡み合う政治・思想構造となった。この構造が表面化するには、同じように複雑な出来事が必要であった。戦後、その事件は一九六〇年に発生した。それは、安保運動であった。

二 安保運動——戦争体験の「現在進行形」

いわゆる「安保反対運動」とは、一九六〇年岸信介内閣が、五二年に締結した「日本国とアメリカ合衆国との間の安全保障条約」の改定条約をアメリカ政府と結ぼうとしたことに対しておきた、大規模な大衆反対運動を指す。新安保条約は、旧安保条約では仮想に過ぎなかった軍事・経済条項を具体化・拡大して、日本をアメリカの軍事力に強固につなぎ止めるものであった。それは日本社会のさまざまな階層の強烈な抵抗を引き起こした。安保反対運動の前史としては、一九五八年の「警職法改正案反対運動」がある。その運動では、「国民会議」「国民中央大会」などの大衆組織が成立し、組織的な抗議行動によって法案の国会通過阻止に成功した。一九五九年、日本共産党、全学連などは、安保条約改正に反対する組織をそれぞれ結成した。その後、事態の進展にしたがって、安保反対の組織はしだいに拡大していった。一四の組織が連合して「国民会議」が結成され、さまざまな組織の行動を調整する媒介役をになった。全学連は学生組織として独立した活動を続けた。一九六〇年一月一六日、新安保条約調印に渡米する岸信介首相を阻止するため、全学連は七〇〇名の学生を動員して羽田空港の滑走路に座り込みをした。同年二月、衆議院安保特別委員会は審議を開始した。四月、東京を中心とする各種団体の労働者は、断続的に組織的ストライキをはじめ、諸団体は請願活動をはじめた。彼らは、安保条約不承認、岸信介内閣総辞職、安保採決前の国会解散などの要求をつぎつぎと出した。五月一日、戦後日本最大規模のデモが発生した。全国九〇〇以上の地方で合計六〇〇万人が参加し、東京では六〇万人がデモに加わった。五月一九日深夜、デモ民衆と野党議員の座り込みに対して、国会は警察を導入して秩序維持を行い、衆議院安保特別委員会は、議場の混乱状態の中で安保条約を強行採決した。五月二〇日、雨天にもかかわらず国会を囲む抗議デモの民衆は一〇万人に達した。その後も、各種規模の抗議活動がつづいた。抗議の内容は、安保条約拒否から拡大して、国会解散の要求および岸信介内閣総辞職の要求となった。六月一五日、国民会議、全学連が組織した国会前デモは一〇万人に達した。当日武力衝突が発生し、全学連主流派の学生は警察との衝突で多数の負傷者を出し、女子学生樺美智子が犠牲となった。六月二一日、政府は安保条約批准までのプロセスを完成させた。六月二三日、新安保条約が発効した。同時に、新安保条約の不承認と国会解散要求を掲げた抗議活動はさらに継続し、社会党や自民党の反主流派、民社党は倒閣統一戦線を結成した。そして岸信介内閣は辞職を余儀なくされた。

安保反対運動(以下「安保運動」と略す)は、五九年の準備段階から六〇年五月一九日の新安保条約の強行採決まで一年以上つづいた。結果から見ると、日米新安保条約の調印・発効は阻止できなかったが、岸信介内閣を辞職させたことで、日本の民意の力を示すことはできた。第二次世界大戦において侵略を阻止できず、戦場で非業の死を余儀なくされた普通の日本人が、戦後の日米安保条約反対闘争において、潜在的な民主主義の力量を発揮したと言える。

しかしながら、上述の教科書的なスケッチは、この時期の歴史に詳しくない読者のために安保運動の一般的状況をわかりやすく説明したものに過ぎない。安保運動への認識をこのレベルにとどまらせるならば、歴史に接近することはそもそもできない。歴史上のあらゆる緊張の瞬間と同じく、安保運動も内部に激烈な葛藤とさまざまな偶然を内包しており、緊張の中に社会権力関係のバランスをはっきりと表出している。知識人はその時代の「声」として、複雑で多声的な不協和音を伝えた。私たちが歴史に分け入る意味とは、こうした不協和音の中に共振する接ぎ目を探し出し、それによって流動性を保った場を構築することにこそあるのではなかろうか。

この一年以上におよんだ大規模な民主運動を認識し評価するための基本的な出発点は、安保運動の主体——民衆についての想像である。東京の中心に位置する国会前に数十万人の市民が集結したこと、さらには市民の中に地方から駆けつけ荷物をとく間もなくデモ現場に駆けつけた参加者も多かったことなどを見れば、日本の庶民が極めて高い民主主義的素養を発揮したように思われる。実際に、大衆運動の評価において、その民主の程度の評価は、通常はこうした「人心を奮い立たせる」場面のみから下されることが多い。大規模な大衆集会と組織的ストライキが、日本政府に圧力をかけたことは想像に難くない。問題は、岸信介内閣がそれでも大衆の強烈な抗議を無視して、強引に新安保条約を強行採決しえたのはなぜかということである。

天皇制下の軍国主義体制からアメリカのコントロール下の民主主義体制へと直接的な転化をとげた日本社会にとって、一九六〇年のこの歴史的な転換における民主主義の衝突はある種の試行錯誤に過ぎなかったとも言える。当時の冷戦構造および日米関係についてはさておき、日本国内のみについて言うと、衝突は少なくとも二つの方面で発生した。日本政府は大衆の意志に向き合わねばならず、国民は国家政治に参与する有効な手段を模索しなければならなかった。代議制体制、すなわち議会の政党の議席数によって国家政治が左右されるという形態のみによって民主主義が体現されているとき、国民が政治に直接参与するためには、往々にして、デモやストライキといった非常手段によるしかなかった。安保運動という衝突から生じた第一の基本問題は、こうした「民主主義の構造」に対する省察であった。

社会学者日高六郎は、安保運動の際の民衆の土壌について極めて正確な判断を下した。彼は運動が収束したのちこう総括した。「戦後日本の政治過程は、一方では価値感情において、「国民《ネイション》」の共同性を持たない私的個人および小集団のエゴイスティックな雑居的状況と、他方大ビルディングの建築が進行するのと軌を一にして政治物理学的なメカニズムが整然と体統化されていく二方向の共存としてあらわれている。だからして日本に単一の政治社会が存在しているかに見えるのは形骸の整然さにおいてだけであって、見えざる有機的つながりによるものではない」(18)。日本の官僚政治の制度的な確立および硬化は、こうした土壌から発生したものである。また表裏の関係にあることとして、日本民衆は戦後一貫して「国家の外」、つまり国家の政治経済生活とは関連を持たない私的空間において生活してきた。日高六郎の指摘するとおり、安保運動とは、戦後民衆の「自然状態」、「私生活主義」のもとで、「突発的出来事」として発生した「政治的情熱」であり(19)、実はその基礎は、公共空間とは関連のない個人的な理解であった。日本の民衆が安保条約反対の抗議デモの盛り上がりに身を投じたとき、それまでに彼らが体験していた民主の経験は、局部的かつ直接的なものばかりであった。たとえば米軍基地に反対する抵抗闘争は、現地の人の直接的経験を基礎としており、間接的な話題、つまり公共性をもった話題への想像力は欠いていた。そのため、五〇年代に日本各地で断続的に展開された米軍基地反対運動は、いずれも連合を欠いた局部的・地域的な限定を伴った。

安保運動は、その意味において新しい意義を有していた。それは全国的な呼応を喚起しており、明らかに公共性を備えていた。しかしながら、それ以前の民主運動が直接的・局部的であったことによって安保運動も影響を受け、潜在的に方向性が定められ、大規模な民主運動たる安保運動の内在的メカニズムが形作られた。安保闘争中に典型的なエピソードがある。一九五九年六月二五日、全国統一の一〇万人抗議行動が行われた同じ日、東京の中心にある後楽園において三万人あまりの観客が野球の巨人・阪神戦を楽しんだ。国会前でデモ活動に参加してすぐ後楽園に遊びに行くといった行動スタイルは、安保運動中めずらしくなかった。政治への参加意識と私生活の享楽とが並行的に共存するスタイルは、大衆の民主参加の真の状態を観察する際に有効な視角である。それによって、大衆の民主参加行動と政治イデオロギーとを単純に同一視する過ちを防ぐことができ、また大衆運動を神話化する過ちも防げる。安保運動の時期には、知識人エリートが啓蒙者の役割を演じたため、大衆運動を神話化する傾向は主流にならなかったが、「民主」の神話化は運動の中心だった。民主運動に民衆が参与する際の局部性と直接性を、知識人はいかに処理すべきか。それは民主主義のイマジネーションの訓練でもある。あるいはこうした事情を考慮したためか、日高六郎は文中で、デモ活動における「恋人現象」について繰り返し強調し、「むろん「デート」のほうを国家より大切なものと感じる意識がなかったら運動は起らなかった」[20]とまで書いた。民衆を、局部的・直接的な利益関係から国家的政治に参与する公共空間へと組み込むために、一九五九年、社会党・共産党などの政党、労働組合、知識人、学生などはそれぞれ多様な方法で宣伝活動を行った。この年の具体的事件は運動の下地となり、翌年の大規模な大衆運動にむけた基礎となった。さらに一九五九年三月、一四の政党、組織により「国民会議」が結成され、連合行動を調整する機関となった。ただしつぎつぎと内部分裂および衝突を起こし、その結果運動の司令部としての有効な役割を一貫して果たせなかったため、後世の人の批判の的となった。

「国民会議」が安保運動ではたした役割を詳しく論じることは、本書ではできない。筆者が興味を感じるのは、当時の知識人のあいだに現れた基本的な分岐である。安保運動のあいだ、活発な知識人はほとんど皆この民主行動のプロセスに直接参加し、集会、講演、請願などさまざまな方法によって社会の精神的リーダーの役割をはたした。知識人の運動に対する影響は間接的であり、運動そのものを直接的に組織することはできず、さらには彼らの態度が運動の各組織に直接的な作用を及ぼしたとも言い難いが、それにも関わらず、彼らの著述・言論は、時代の痕跡として、後世の人が継承し参照すべき精神遺産となっている。

安保運動前期、日本のメディアはほとんど一致して岸信介内閣を批判した。現実の報道においては、メディア内部にかなり厳しい検閲制度があり、そのため言論の自由が呼びかけられもしたが、とはいえ、相対的には自由な言論状況下で、メディアは知識人に議論の空間を提供することができたのだ。この特定の時期、雑誌を主として、大量の講演稿、「共同討議」「学術シンポジウム」の記録などが掲載され、きわめて豊かなディスクール空間が形成された。内容を大まかに整理すると、知識人の議論は、五月一九日の「新安保条約強行採決」を境として、着眼点が大きく変化している。

それ以前の主な関心は、安保条約の国会通過の阻止にあり、それ以後の関心は、日本社会の民主主義政治そのものに集中した。ただし視角を換えて、問題意識の位相について見てみるならば、基本的な対立は、五月一九日を境として変化したわけでないことも見てとれる。対立は、運動の具体的な目標達成に向けた関心と、原理的な問題に向けた関心とのあいだに存在していた。そしてその対立を軸として、大衆運動によって前景化した日本社会の民主制度の構造をめぐる問題が、それぞれ異なった方向に向けられた。

　抽象的レベルで言うならば、原理的な問題と具体的実践のあいだに、本来は矛盾があるべきではない。しかし現実の状況下では、両者はしばしば対立してきた。ことに知識人が精神的リーダーとして社会に働きかけることができる時代には、矛盾はなおさら先鋭化した。多くの場合、実践は理論に対して、直接的な指導と論証を提供するように要求する。しかし原理的な議論が直接的な有用性を発揮しうることはほとんどなく、多くの場合、運動の障害になることすらあった。運動の状況の中で、矛盾が激化するにつれて、知識人のあいだで議論が引き起こされる。しかしこうした議論が問題をつぎのような位相にまで深められることはほとんどなかった――原理と実践の関係は、機能的な意味においてのみ捉えるべきなのだろうか？　両者のあいだの良質な相互関係をどのようにして構築すべきなのだろうか？

　現実の運動の中でこうした問題を提起できないのは当然である。ことに安保運動のような大規模な大衆運動を前にしては、なおさら難しい。この大衆運動が向き合った敵は、錯綜していた。闘争の構造から見ると、敵は、日本を植民地化、軍事基地化しようとしたアメリカ政府であった。したがって、国民国家としての独立を守るための対外的な大衆運動であったと言える。しかし闘争の内容からみると、運動の対象は終始一貫して日本政府と国会であった。新安保条約破棄の要求は、岸信介内閣への抗議という形で表現された。これはどこか中国の「五・四運動」に似ている。その性質は基本的に国民国家内部の民主主義運動であった。国民国家の国家機構が人民の意志を体現できていないにも関わらず、国家の名義によって外交協定の調印を行う。その行為に対して、人民を主体として外と内の双方に向けた二重の対抗行動が引き起こされる。さらに、国内の政治制度に対する衝撃が必然的に発生する。このように内政問題と外交問題が結合し、多層的な抗議が引き起こされると、運動の目標は、その多層性のゆえに転移しやすくなり、多層性の内在的な関連を示すことはきわめて難しくなる。その結果、こうした転移の点上において、知識人のあいだで議論が生じる。

安保闘争が山場にさしかかったとき、すなわち新安保条約が発効し闘争の目標を再調整する必要が生じたとき、政治学者と政治思想史学者を中心として、雑誌『世界』において「共同討議」が企画された。議論は丸山真男、日高六郎、藤田省三、坂本義和など学問上きわめて近しい関係の知識人によって行われ、彼らは相互に連携をとりながら、運動目標の転移という問題を、さらに深いレベルの問題へ広げていった。議論の中で、実際にはすべての運動参加者が新安保条約に反対していたわけではなかったことが指摘された。なぜならば、アメリカの支援を失ったら日本の経済発展ができなくなることを心配する人もいたからである。そこで丸山真男は、安保条約の問題を薄めて民主化の制度問題を強化することを主張した。それによってより多くの人が運動に参加できるようになるという。坂本義和は、安保問題と民主化問題との関係をはっきりさせないまま民衆の関心を民主主義に向けさせるのは危険だと強調した。なぜならば、そのような民主の議論は、日本内部の「警察のうしろには自衛隊がおり、自衛隊のうしろには米軍がいるということ、つまり安保は決して対外的なものだけではなく対内的なメカニズムである」[21]という厳しい現実を隠蔽する可能性があるからである。藤田省三は、二つの方面からより難しい問題を指摘した。一つの問題は、民主主義の原理問題と民衆の現実感覚のあいだに空白地帯が存在していることで、民主の概念を民衆の中にあることばへいかに翻訳するかが重大な課題になるという。もう一つの問題は、岸信介と新安保に反対する側が共に「民主主義」という概念を用いていることで、その結果、いわゆる国会正常化と議会主義(五月一九日を国会の異常事態と見る立場と、日本の国会組織を根本から否定する立場)の対立が生じたという[22]。

この座談会は当時の日本政治学の最高水準を代表するものであった。政治学の学術的訓練をつんでいた彼らは、当時の複雑な情勢にひそむ基本的課題を網羅し、極めて正確に時代の脈動をつかんだ。政治学者たちは、日本の民主制が、制度のレベルにおいて、明らかに非民主的・反民主的な傾向にあること、かつその市民的基礎が、安保闘争中の組織形態として表出したことを意識していた。そのような状況下で、民主主義の原理をいかに「翻訳」するかという課題が急務となった。政治学と思想史の訓練をつんだ知識人は、こうした「翻訳」が可能であると堅く信じていた。彼らはひとつの前提を共有していたからである。それは、原理が正確であるならば、現実の複雑な実践と何らかの関係を結びうるという信念であった。したがって、彼らのあいだの具体的な相違は、大前提のもとで統一を見た。民主主義と安保運動の実質が表裏の関係にあるならば、それを対立させて議論するのはそもそも無意味となる。

こうした立場と対立する側にあったのは、同じように憂患を感じる「運動知識人」の中からの懸念と批判であった。学習院大学教授清水幾太郎は、安保運動のあらゆる場面において、署名のよびかけ・講演・文章の発表などの方法を駆使して、具体的な組織・動員活動を行い続けてきた。彼は、五・一九以降、丸山真男や竹内好など知識エリートたちがとった「民主主義建設を優先させる」立場に強い不満を表明した。なぜならば、こうした立場は新安保条約に対する反対と賛成の態度の違いを抹消し、民主主義の立場へと統一してしまうからである。清水はこういった。「新安保阻止という目標から眼を離さない限り、私たちの敗北は疑う余地がありません。けれども、民主主義擁護という目標に眼を転ずれば、とにかく、エネルギーの空前の昂揚は疑いようのない事実なのですから、誰でも勝利と言いたくなるでしょう。新安保の方は固体で、民主主義の方は液体なのです。測る尺度が違うのです」(23)。清水幾太郎の考えるところでは、竹内好など学者たちの当時の発言は、簡潔かつ明快であったため、強いアピール性を持った。しかし、そのせいで運動の目標は転移し、安保運動は失敗に終わることになった。

清水幾太郎と他の知識エリートとの分岐は、一見すると安保問題それ自体をどのように扱うかの相違に思われる。しかし実はここに示されているのは、原理と状況の関係についての思想界の基本的な認識構造であった。上述の政治学者たちの討議も、この認識構造をいくらか示しはしたが、安保闘争の具体的内容と民主主義理念との一致といった論述に置き換えられた。上述の討議でこの認識構造にもっとも近づいた坂本義和ですら、現実には簡単に答えの出ないこうした問題を、最終的には、政治学的分析の次元において回収していた。「新安保の方は固体で、民主主義の方は液体なのです」という清水幾太郎の比喩は、決して正確ではないものの、極めて簡潔でイメージに富んでいる。すべての現実的課題は、具体的な目標が明確すぎて弾力性に欠けるため、固体と同じく、随意に形態を変えることが困難である。他方で思想的課題は、基本的立場を変えることなく、状況に応じて自己の形態を変化させることが可能で、しかも具体的状況を超えて持続的な課題を生みだすこともできる。清水幾太郎のような活動家タイプの知識人が、安保運動で目指した目標は、新安保条約の調印と発効の阻止であった。そのため、あらゆる問題は、この「固体」の問題をめぐって組織された。ある意味で、現実の成否がすべてに優先しており、勝利の可能性が残されている時期に運動を逆流させるあらゆる要素に対して、彼は最高度の警戒を示した[24]。他方で、坂本義和をふくむ政治学者たちは、「固体」と「液体」の違いには関心を持たなかった。彼らにとって現実の成否は決定的問題ではなかった。現実の状況を分析し、現実を指導する思想的課題を確立することこそが、根本的な問題であった。熟考に値するのは、同じように安保運動に身を投じていたこの政治学者・思想史学者たちも、象牙の塔で発言しているわけではなかったことである。彼らの議論そのものが極めて強い現実感と問題意識に貫かれていた。しかしながら、政治学や思想史の学者である彼らの活動は、思想的次元において分析的に展開された。彼らには政治学や思想史の分析方法を使用するほか道はない。清水のことばを借りるならば、彼らは「液体の問題」を議論し、「固体の問題」を液体化させることしかできなかった。こうした学者たちの議論の中では、清水が感じた「固体と液体」の矛盾は最終的に解消し、安保反対運動と民主主義擁護の立場は統一を得る。日高六郎の問いかけはこの統一の感覚を十全に表現している。「安保の問題か民主主義かという二者択一ということはおかしいのではないかと思うのです[25]」。

ここで日本の進歩的知識陣営に存在する上述のような分岐を明らかにしたのは、清水幾太郎の功利主義を非難するためでないし、また政治学や思想史などの学者が理念に偏っていることを非難するためでもない。そのような批判は双方に不公平である。筆者が指摘したいのは、隠れた形で存在しているひとつのアポリアである。清水幾太郎は、自分が運動の中で原理を追っていると信じていた。またアカデミズムのエリートは、自分たちのやり方で原理を現実運動に結実させようと努力していた。したがって彼らはともに、自分たちが原理と現実の関係を扱っていると考えていた。しかし彼らは追いかけている問題の方向性が異なっていたため、両者のあいだに、相互に排斥しあうような関係性の場が形成された。この関係性の場そのものこそが、理論と現実のパラドキシカルな関係を示している。いかなる指導的な原理であれ、原理のレベルにおいて、複雑な現実を変えることはできない。また現実の実践目標は、具体性・直接性を備えているため、具体的な目標を転移させる可能性をもつ原理的な思考を排斥しがちである。理論と現実のあいだの真の関係は、理論もしくは実践のどちらかにおいて単独で示されることはありえない。したがって、不断に議論され続けてはいるものの、討論が理論もしくは実践のどちらかで行われている限りは、真の解決を得ることは困難である。安保運動が終息したのち、そこから表出したこの問題は、さらに展開されることのないまま、それぞれの学者の個別の思考の中に消え去った。座談会に参加した政治学者と思想史学者の大部分が、のちに自分の研究において、日本社会の民主化という課題を深めたのは事実である。

しかし彼らが、清水幾太郎のぶつかったアポリア、「固体」と「液体」をいかに関連づけるかというアポリアに真に向き合うことはなかった。

安保時期に真に明らかにされることのなかったこのアポリアは、現在でも隠れた存在として日本の進歩的知識陣営を支配している。現実運動と原理的思考は、いまだ真の相互性の場を見出していない。左翼知識人は、「固体」のやり方で具体的事件に向き合い、それぞれ対応する理論を召喚するか、あるいは「液体」のやり方で、抽象的に議論できるような現象を分析するかのどちらかである。現実と原理にまつわる問題は、「固体」と「液体」のあいだの真空地帯を漂うばかりで、自分の場所を見出していないように思われる。

竹内好は安保のとき、上述の二種類の批判的知識人と相互に補完関係に置かれている。安保時期の竹内好は、以上の異なるポジションに結び付けて考察しなければならない。それは、竹内好が他の知識人よりも優れていたという意味ではない。ほかの知識人との関連付けという構造のなかで考察してはじめて、竹内好の批判的知識人としての貢献を認識することが可能になるという意味である。

安保運動が萌芽しつつあった一九五九年一二月、竹内好は安保時期の最初の講演を行った。この講演では、竹内好特有の思考方法が典型的に示されている。彼は大事件を身近な小事件の中において認識し、小事件を大事件に類推することで、概念の型枠に閉じこめられている事物の真の状態を明らかにし、そこから真に現実と切り結ぶ思想的課題を見出す。

竹内好の講演は、「基本的人権と近代思想」(26)と題された。中心的な話題は、日本の各層における

「差別」の問題であった。竹内好の見るところ、日本人の各種差別の問題は、日常生活のレベルに現れている。敬語や人称代名詞の使用法、被差別部落の問題、さらには、気付かないうちに中国人や朝鮮人を差別する集団的無意識など。これらすべてはまた、国際関係における日本の立場の基礎をなしている。竹内好の考えでは、安保条約改定は、強いものと連合し弱いものを差別する日本の思考様式を集中的に表している。そこに現れているのは日本の伝統の醜い一面であるという。竹内好が新安保条約締結に反対するのは、太平洋戦争勃発時に日本の開戦を無条件で支持した立場とまったく同じであった。彼が反対するのは、強者と連合し弱者をいじめるやり方で、彼が支持するのは、強者の覇道に対抗する精神であった。

注意すべきなのは、竹内好のこの演説の基本的な思考である。彼は演説中二回魯迅を引用し、相互に関連する二つの問題を提起した。ひとつは、大きな社会改革のほうが小さい日常生活の改革よりもやりやすいこと、もう一つは、奴隷が奴隷の主人になることは奴隷の解放ではないことである。前の問題で竹内好が示したのは、日常生活の中の民衆の精神構造が、実は社会運動や政治事件を左右する基礎であること、あとの問題で竹内好が示したのは、国際関係における強権政治の本質的特徴であった。二つの問題が結びつけられて議論されたとき、安保運動に対してひとつの重い課題が示される。すなわち、この運動を通じて日本の普通の市民の平等意識を再建し、日本の伝統にある「強きを助け弱きをくじく」悪習を捨て、「弱きを助け強きをくじく」伝統を発揚するという課題である。したがって、竹内好は安保運動に身を投じたほとんど最初の瞬間から、日本社会の日常性にひそむ「差別」を除くことを目標としていたと言える。それに関連して、彼は目指すべき価値としての「独立」について繰り返し語っている。彼の多くの演説において、日中関係が大きな比重を占めたのは事実である。しかし注目すべきなのは、竹内好の論述において、日中関係は二つの国家のあいだの具体的問題であったばかりでなく、「独立」の哲学に関わる問題とされたことである。「中国が日本の「独立」を援助するという外交方針は、お互いに被侵略国であるという同情だけからうまれるのではない。また、日本をアメリカから引きはなすのが有利だという現実政治の要求だけからうまれるのでもない。いわんやイデオロギイの押しつけは、ほとんど無関係である。では何が根底にあるか。非独立国は平和にとって危険だという、自己の体験からうまれた哲学が元になっていると考えるべきである。自主的な判断をもたぬ個人が社会にとって危険であるのと同様、自主的な行動をせぬ国が存在することは国際社会において危険である。それは戦争誘発の原因になるからである。このことを中国は自国の歴史から学んだ[27]」。

安保時期には、日中関係は極めて具体的な課題であった。それゆえ同時代人の多くは、竹内好を日中関係問題の権威と見なした。しかしその結果、彼の言論の原理的な色彩は見逃された。実は、安保時期の竹内好は、太平洋戦争中に目指したこととほとんど同じこと、すなわち、独立、平和、民主といった理念の基礎になる平等意識をうち立てることを目指していた。彼にとって「中国」は、平等意識をうち立てるための重要な媒介にほかならなかった。中国の「媒介」としての意味は、真実の存在としての意味をはるかに超えていたと言えるほどである。日本の近代において、「脱亜入欧」がスローガンとなりえたのは偶然ではない。その源流は「強きものと連合する」日本の伝統にある。福沢諭吉の文明論は、この面において悪習を助長させるはたらきを果した。竹内好の鋭敏な意識において、日中関係の議論は、現実の日中関係を改善するためばかりでなく、それ以上に、中国を媒介として日本の「強きを助け弱きをくじく」思想傾向を取り除くためのものであった。長期にわたる中国研究の中で、おそらく「北京日記」時代の北京が空洞化していたあの名実伴わない中国体験を経たのち、とくに、竹内好は「中国」から、そして魯迅から、日本人の体験したことのない経験を吸収していた。それは、自力で独立を獲得し、現実の中で形式の真実の存在様式を考えるという習慣であった。安保闘争の全時期を通じて、竹内好が他の精神的リーダーたちと微妙な差異を示した根源にあったのは、「独立」と「形式」に対するこうした「中国的」な理解であった。[28]したがって、竹内好の思考と他の政治学・思想史学者の思考とのあいだには重大な差異があったことを指摘しなければならない。竹内好は、正しい原理が「翻訳」を通じて「本土化」[29]できると考えたことはなかった。なぜならば彼にとって、原理とは自分の力で自己の形態を見つけだすほかあり得ないものであり、いかなる形でも「持ってくる」ことはできないものであった。実際に、竹内好は安保闘争中に「民主」という概念を使った際、その多義性と逆用される可能性を常に強調していた。彼自身「民主か独裁か」という有名な講演を発表したが、しかし彼の関心は日本人の「独立」に向かっていた。[30]竹内好は安保時期に、民主という魅力的な概念を幅広く使うことに対して強い警戒を示した。だからこそ彼は、「形式的な民主主義の手続きを経て、独裁者が生まれる」[31]という重要な問題を示すことができた。

安保闘争は、民主化の形式をとった民衆独立運動であった。清水幾太郎の分析を参照すれば、この運動中、大衆の情熱と指導組織とのあいだに衝突・不調和が存在したことが理解できる。また政治学・思想史学者の分析を参照することで、この運動の制度上の革新の契機と国際政治関係が、運動の過程で微妙な消長をとげたことがわかり、同時にまた、民主化の理念と民衆の現実状況とのあいだに隔絶があったことも理解できる。もしこうした諸方向からの分析がなく、竹内好の分析だけを読んだならば、分析は容易に善悪二元的に道徳化されるであろう。大規模な大衆運動にとって、道徳化された解釈は、問題の複雑性と現実の意義を単純化してしまうことが多い。竹内好はそのことを直感していたのかもしれない。彼が運動に投じたとき、不協和音に満ちていたものの、彼は依然として自覚的に自分の声を多声部の主旋律に融合させたのである。

三　内在的否定としての「伝統」

安保運動は通常二つの段階にわけて考えられる。一九六〇年五月一九日を境として、それ以前は、新安保条約調印阻止のための「安保反対」段階で、それ以降は、日本の民主主義形成に向けた段階とされる。二つの段階の関係をめぐる議論、つまり清水幾太郎が提起した固体と液体の問題は、本文の論考の重点ではないので、ここでは深入りしない。しかし、この問題から派生した問題である、知識人の活動の限界をめぐる思考は、本文で論じたい問題である。竹内好はモデルとしてひとつの試みを提起している。清水幾太郎のいう「固体」と「液体」の対立を解決するような活動のレベルを設定することはできないであろうか？

五月一九日に日本の国会が新安保条約を強行採決したのち、二一日、竹内好は東京都立大学教授の職を辞職することを決意した。彼は研究室の助手に徹夜であいさつ状をガリ版印刷してもらい、翌日朝、助手の最後のお願いを振りきって、彼のつくった知人名簿の宛名に約三〇〇通のあいさつ状を郵送させた。教授会で正式に辞職が認められるまでは、このことはひそかに進められなければならなかった。そのため竹内好は、私信のやり方で自己の態度を表明した。しかしあいさつ状を発送した翌日、東京のメディアがこの事件を報道し、社会にセンセーションを巻き起こした。

竹内好が説明した辞職の理由は、変質した「憲法」への拒絶であった。彼は「辞職理由書」にこう書いている。「私は東京都立大学教授の職につくとき、公務員として憲法を尊重し擁護する旨の誓約をいたしました。五月二十日以後、憲法の眼目の一つである議会主義が失われたと私は考えます。（中略）このような憲法無視の状態の下で私が東京都立大学教授の職に止ることは、就職の際の誓約にそむきます。かつ、教育者としての良心にそむきます(32)」。

私人の動機とは異なる位相において、攻撃者に「周の粟をはまず」と非難されたこうした竹内好の態度は、一つのポーズであった。だからこそ彼の辞職は公共性を持ち得た。とくに数日後鶴見俊輔が東京工業大学を辞職したことで、知らず知らずの間に、「辞職」という行為が社会性をもつ抗争モデルとなった。竹内好は再三にわたり、彼の辞職は個人的な行為であり、文筆活動で生計を維持できることが前提となっていると言明したが、しかし彼は、予想できない社会的な反応に直面せざるを得なかった。実はそれこそが、竹内好の辞職という行為の真の意義であった。すなわち、この行為のため、竹内好と安保運動の関係は変化し、彼はもはや評論家あるいはアジテーターとしての立場で運動と一定の距離を保つことはできなくなった。辞職という個人的行為を通じて、安保運動が竹内好の個人生活の空間に引き込まれた。

竹内好の辞職に対する社会の反応もまた、その私人性に集中していた。悪意の攻撃はほとんど二つの型に集中していた。一つは「アカ」という非難(当時、竹内好が中共から一千万円をもらったという風説や、共産党の秘密党員だというデマが流れていた)、もう一つは「売名行為」だという非難である。善意の反応にも誤解が含まれていた。たとえば、竹内好は公務員だと政治活動が不自由だからやめたという説、岸内閣の下での公務員はイヤだからやめたという説、辞職するならば黙ってやめるべきだという意見等々である。

むろん、竹内好の辞職の個人的な動機を、五月一九日の新安保条約強行採決という反民主・反憲法的事件のためとだけ言うことはできない。また公共的な原因だけから出た行為とも言えない。しかし彼の辞職が表明しているポーズは、この事件に向けられていた。悪意のデマであれ善意の誤解であれ、彼らはみな、個人的動機と社会的ポーズのあいだの違いを正しく分別していない。その結果、竹内好は厳しい試練にさらされることになった。彼は十分な冷静さをもって、人身攻撃と善意の弁護の中において、問題の方向性を指し示さなければならなかった。

竹内好は相次いで三編の「雑感」を書き社会の反応に応えた。彼は重大な落とし穴を指摘した。彼の辞職は「周の粟をはまず」ではない。悪意の攻撃も善意の弁護も、無意識のうちに、辞職は岸信介内閣のために仕事をするのを拒否するためだという伝統的な考え方を強化していた。竹内好は言う。「これは新聞が流布した説で、憲法感覚が未熟である。「天皇の官吏」的感覚である。公務員は国民によって選定されたものであって、政府の使用人ではない」[33]。同時に、竹内好がさらに強調したのは、彼の辞職は政治活動に従事するためでもないことであった。彼は安保時期の活動を政治活動とは考えていない。「あのとき自分が政治活動をやったとは、当時も考えなかったし、今も考えない。市民生活への政治の不当な介入に、やむをえず抗議しただけである」[34]。

これら数編の簡潔な雑感は、竹内好の民主主義実践に含まれる複雑な内実を正確に伝えている。表面的な意味では、竹内好は、辞職を通じて国民と憲法の関係を確認しようとしたと言える。しかし深層において、竹内好は辞職という「旧式」の行為スタイルを通じて、日本の伝統に欠けている民主主義の実践を求め、無意識のうちに、戦後日本のもっとも困難な思想課題、モダニティの基本的価値と日本の伝統の中の積極的な要素を結びつけ、日本の近代思想伝統を構築するにはどうしたらよいのかという課題を指し示していた。それゆえ、竹内好は辞職という行為に含まれる「個人の責任」の問題を繰り返し強調した。「責任のとりかた、「責任」ある行為という観念が、戦後ほとんどないといっていい」[35]。竹内好が心身すべてを振り絞ってぶつかった基本問題とは、日本社会の六〇年代の基本問題であった。それは、日本人が一般に理解する「国民」は、近代社会における「公民」ではなく、共同体のメンバーという意味でしかないという問題であった。

辞職の紛糾の中で、竹内好の社会的影響力はまたたくまに拡大した。この出来事の私人性のゆえに、彼に多くの面倒がもたらされた。なかでも最大の面倒は、世論の関心が竹内好の個人的な動機に集中し、彼の辞職の社会的ポーズが見逃されたことであろう。そのポーズによって生じたプラスの反応は、おそらく都立大学デモ隊のプラカード「竹内ヤメルナ、岸ヤメロ」だけであった。辞職から出た原理的な問題、たとえば公務員と憲法の関係、公務員と政府の関係などは、正面から論じられることはなかった。少なくとも、「周の粟をはまず」といった伝統的な理解が、竹内好の辞職の姿勢によって打ち破られることはなかった。社会的な話題としての人々の関心は、ほとんど竹内好本人の議論や推測へと集中した。

竹内好のこの時期の個人的な経歴ももちろん、彼の苦悩を深めたであろう。しかしおそらく、自己の活動によってはしなくも切り開かれた新しい次元に対する彼の自覚は、そのためにより強化されたと思われる。その意味で、清水幾太郎が竹内好らに対して、安保運動の方向を転移させて条約発効阻止の運動を失敗させたと批判したことに対する、彼の回答は注目に値する。「これ(批判)は、現実政治をふまえているようにみえて、実はかえって観念的なものになっている。条約にしろ、法律にしろ、実際には手続きだけで絶対的にきまるものではなく、もっと柔軟なもの、力関係できまるものだ、と思うのです[36]」。竹内好がここで示した思想原則は、現在にいたるまで活動家には認めがたいものであろう。それは、形式的な勝ち負けだけにこだわるのでなく、社会生活の中の実質的な進展に関心を寄せるものであった。竹内好の見方では、清水幾太郎のこだわる運動の結末およびその判断は表面的である。なぜならば、たとえ一九六〇年に新安保条約調印阻止に成功したとしても、日本民衆が真の独立意識を確立していなくては、植民地化は避けられないからである。逆から言うと、安保条約は「満身にきずをうけ最低の形で発効したので実際の効力はかなり減っている。(中略)池田首相の低姿勢も安保闘争の結果としてでている[37]」。こうした認識と、不成功即失敗と見る観点との最大の差異は、静止した形式(あるいは概念)を唯一の判断基準とせず、それゆえ、オール・オア・ナッシングの静止した判断方式に反対することである。しかし問題はつづく。形式や概念を判断基準としないならば、諸意見が甚だしく対立する動態的な理解の中で、ある種の統合的な要素を見出して基準を確立せねばならず、かつ、それが公衆に認められなければならない。確立した指標によって物事を見ることに慣れた人々にとって、それは理解の難しいことであった。

まさにこうした時期、竹内好は戦争体験の「一般化」を考えはじめた。

戦争体験の一般化の議論は、安保運動の思想課題を直接的に受け継いだものである。竹内好は、もし安保運動において、個人の戦争体験をきちんと整理し、それを集約化もしくは一般化できていたならば、安保闘争はもう少しうまくたたかえたし、成果もあがったのではないかと考えた。

一九六一年一〇月に執筆した「戦争体験の一般化について」は、表面的には簡潔かつ平易な文章だが、内に極めて大きな構造を潜めていた。彼は文中で、安保時期に丸山真男、開高健と三人で行った座談会を取り上げた。ただし取り上げたのはもっぱら、当時の座談で展開されなかった話題およびかみ合わなかった話題であった。座談会において少なくとも二つ、深められなかった話題があった。一つは戦争体験の問題におけるジェネレーション・ギャップの存在であり、もう一つは、日本の「民主主義」の国家主義的性質と自然主義的精神風土との関係であった。前者について竹内好が強調したのは、安保闘争時期、異なった世代の人々が戦争の体験を共有できなかったため、運動における感じ方も大きく異なり、その結果、運動が分化し、連帯が弱まったのではないかということであった。後者について述べたのは、自然主義的精神風土のため、日本では「国家」の人為的な性格が認識されず、自然・所与のものと見なされ、その結果、日本人にとって先験的で絶対的なものになったことである。こうした自然主義の立場が日本的な「国体論」を強化した。逆から言うと、この自然主義の思考様式が日本人の民主感覚を作り上げ、民主もまた自然・所与のものとされた。上述の二つの問題は、実は緊密に連関している。竹内好は以下のように強調した。まさに自然主義的認識論のゆえに、戦争体験が封鎖され、個人的記憶の産物となった。それは自己陶酔と感傷のほか、いかなる思想的な土壌も提供しなかった。若い世代の人たちがこのような戦争体験を拒絶するのはむしろ当然である。

竹内好特有の飛躍のある表現のせいで、この短文に潜んでいる大きな論述構造は容易には見出されない。しかし、彼の問題設定の方法に沿って問いを続けていけば、構造を出現させることはたやすい。竹内好が問題を提起するのに以下のような順序をとったのはなぜなのだろうか？

彼はまず、戦争体験の問題におけるジェネレーション・ギャップと戦争の思想的処理が未完成であることの関わりを提起した。次に、運動の中で共同体験を持つことの重要性を強調し、体験の「一般化」によって記憶を定着できることを述べた。その次に、もっとも解決の難しい問題を提起した。戦争体験は自然主義的な意味では真の体験となりえない。なぜならば自然主義的な体験は「体験に埋没している体験」だからである。こうした「偽の体験」の基礎にあるのは、「国体論」を支えていた日本的な認識方法であった。そして最後に彼は、戦争体験を一般化する道を指し示した。それは、戦争体験を戦後体験に重ね合わせ、さらに、戦後体験をもとに思想的に未処理の戦争体験へと逆にさかのぼる方法であった。

このように論述の順序を整理すると、一つの基本的な構想が現れる。竹内好が構築しようと試みた思想構造は、個人の体験を基本的視角としながら、体験を思想化する構造であった。しかしこの構造に含まれていたのは、戦後思想史のもっとも基本的な課題であった。日本人を「国体」的な思考様式から脱出させ、真の意味の「民族独立」を獲得させることである。六〇年代初期の冷戦構造の中において、竹内好は、日本社会における戦争問題はまだ歴史になっていないと見ていた。彼の考える唯一の方向は、「中国の近代と日本の近代」において魯迅の形象をかりて表象した「抵抗」精神を、日本において育てることであった。そのため、安保闘争の真の価値は、「本来は戦争中にあるべきものが、十五年おくれて発生したと考えてもいいのである。あれはファシズムと戦争の時期におこる抵抗の型であった[38]」と、彼は指摘した。

容易に見てとれるように、竹内好がここで扱おうとしたのは、丸山真男と極めて近似した思想課題であった。彼らはともに、根深い天皇制国体思想に対抗し、真の民族独立の基礎を構築するにはどうしたらよいかを考えていた(ただし、この二人にとって、民族独立という思想課題の優先順位はかなり異なるが)。しかし実際には、竹内好は問題を体験の一般化という次元に設定したため、丸山真男の思考とは異なったポイントに自己の活動を定めることになった。竹内好の活動の次元を正確に言い表す概念もしくは理論を、私たちは持ち合わせていない。丸山真男の「肉体文学から肉体政治まで」も、同じように自然主義的思考を批判した[39]。しかし丸山の道筋に沿って体験の問題を考えると、竹内好の活動の次元は覆い隠されてしまう。丸山において、問題は二元対立として処理された。しかし竹内好は一貫してそうした対立の外で活動した。丸山真男は日本の肉体的思惟を批判したとき、問題を理性的なフィクションの精神へと向けた。しかし竹内好が日本自然主義の肉体的思惟を批判して引き出した問題は、真の体験とは何かという問いであった。このように竹内好は、丸山真男とは異なった思考を指向したため、形式化(あるいは観念化)された認識を打破する認識論を最後まで貫き通し、それによって流動的な思惟の局面をうち立てることができた。

竹内好の「体験論」を理解する助けとなりうる手がかりはある。彼の辞職である。竹内好の辞職という出来事が引き起こした社会的な反応は自然主義的であった。悪意にせよ善意にせよ、人々がもっとも関心を寄せたのは、竹内好本人の動機であった。辞職という態度には、「国体」式の感覚(すなわち「周の粟をはまず」の感覚)に対立する「公民意識」(竹内好が繰り返し述べた公務員の責任感）が含まれていたが、それはほとんど関心を惹かなかった。もちろんそこには、竹内好の行為の伝統的な性格も関連している。まさにその伝統的な性格のため、竹内好は丸山とは異なる局面にたった。伝統に対立するのでなく、伝統の中において思想的批判の立場を構築したのである。自己の生活の変化を社会的・公共的生活の変化への媒介とすることは、日本の知識人の行為としてめずらしくない。ただ、社会生活の中であれ、当事者の個人的思想の歩みとしてであれ、私生活の変化が構造転換につながる重要な意味を持つことは、めずらしかった。竹内好の辞職はそのような事件であった。おそらく竹内好自身も事前には予想していなかったと思われるが、この出来事は極めて豊かな内在的矛盾をはらんでいて、竹内好の実践する思想の次元の存在を指し示した。それは自然主義的な私生活の動機と異なり、また理念的な境界とも異なる次元であった。竹内好は、彼が目指す思想課題の中に自分を投げ入れながら、同時に、個人的動機と社会的効果のあいだの区別を終始慎重に注意しつづけた。竹内好の辞職に暗示されている体験の真実性は、個人の経験領域を超えるものだったが、同時に、抽象へと単純に進むことを許さないものであった。辞職をめぐって彼が発表した一連の言論は、この事件の性質を説明している。この事件は辞職ということだけに止まらず、構造的に思想史的な意義を備えている。すなわち、われわれは辞職の私的動機と公の効果を区別する竹内の思考様式から、あらゆる事件を観察する角度が得られるわけだ。いわゆる戦争体験の一般化は、理論的なテーゼではない。一般化とは、個体の感情と動機が個人の次元から分離して、「事件」となったとき、現実にインパクトを与える原理的問題として現れることである。竹内好が一貫して追求した問いは、同じように安保闘争に参加した人々にとって、行動の背後にある「原動力」

は何かであった。感情記憶[40]が異なる人々は、表面的には似た行動をとっても、動機が異なっている可能性があり、その事実を見逃すと、真の連帯が弱まる可能性があることを、彼は察知していた。言うまでもないが、こうした問いは、概念を使用して分析的な活動を行う政治思想史の領域で展開されることはほとんどなかったし、私小説風の個人動機詮索に頼っても答えは出ないに違いない。

安保闘争が退潮したのち、日本社会は新たな「ナショナリズム」の段階に入った。戦争についてのさまざまな語り、とくに「大東亜戦争」についての語りが急増し、反米の意味において、戦争体験が再動員された。一九六三年前後、「大東亜戦争」についての著作がいくつか世に出ている。その頃、竹内好が行ったのは、日本の明治以来のアジア主義の思想的伝統を整理することであった。彼が関心を寄せたのは、日本がいつ、どのような契機で、大東亜の理想を連帯から侵略へと変質させたのかという問題であった。他のナショナリズムの語りと異なり、竹内好の「ナショナリズムの語り」は、彼の「独立」の理念に貫かれており、その基点にあるのは戦争体験であった。ここで私たちは興味深い事実を見ることになる。この時期に、竹内好がかつて安保時期に密接な協力関係を結んだ思想史学者との対話はほとんど消え去り、知的スタンスが異なるその他の知識人との対話がはじまっている。安保時期に西洋モダニティ理論を用いて活動した進歩的知識人たちは、この時期、日本の戦争体験の整理に力を注ぐことはなかった。それは、彼らの立場上、あるいは学問上、否定すべき対象ではなかったとしても、少なくとも、彼らが正面から扱いえない対象であった。ここにおいて、進歩的知識エリートの立場に再度分化が生じ、批判的知識人の活動は、再び理論とイデオロギーの次元で展開することになった。感情の領域にとどまって「本土化」の思想的契機を探ったのは、少数の例外を除いて、ほとんどが保守派の知識人であった。

この時期に注意すべき座談会が二つあった。それは、竹内好の活動の範囲、および当時の思想界における彼の位置を示している。

第一の座談会は、「大東亜共栄圏の理念と現実」と題され、竹内好と鶴見俊輔、橋川文三、山田宗睦によって行われた。この座談会は、反天皇制・反国家主義の立場を明確に示す雑誌『思想の科学』の一九六三年一二月号に掲載された。この号では「大東亜共栄圏」特集が組まれている。座談会や他の文章を見ると、当時の日本社会で「大東亜共栄圏ブーム」が静かに広がりつつあり、テレビで戦争中のニュース・フィルムが放映されていたことがわかる。メディアの伝える情報は、日本軍が東南アジアに進駐したのち現地の住民の自発的な歓迎をいかに受けたかといった側面に偏っていた。座談会に参加した知識人はこうした情報を注意深く利用しながら、この時期の歴史に分け入る道筋を再度議論しなおした。座談会では、第二次世界大戦中、大東亜共栄圏の構想過程においてドイツの作用があったこと、大東亜共同体が理念的に空疎であったことなどが指摘され、さらに、思想的内容がなかったため、大東亜共栄圏という名の下でロマンチシズムの幻覚が生みだされたことも述べられた。また、普通の日本人が太平洋戦争勃発時に一瞬感じた英雄主義の色彩、とくに、日本の中国侵略戦争に対して留保の態度をとった日本人が、対欧米の戦いを無条件で支持したことが指摘され、両者のあいだのコントラストが強調された。極めて息の合ったこの座談会において、ほとんどの参加者は、日本の第二次世界大戦中の歴史を侵略という犯罪行為に単純化させることはできないと考えており、歴史状況の複雑性を探求していた。そして竹内好の役割は、話題を現実状況の細微な部分へとさらに展開させることにあった。

竹内好は以下のような発言をした。日本の民衆にとって、戦争について伝えられる情報はよいことばかりだった。たとえばジャワ島の占領によって砂糖が特配され、いくらでも砂糖がなめられると聞いていた。また日本軍が東南アジアの各国で歓迎されたことだけが伝えられた。これは「共栄圏」の欺瞞である。また、日本軍が東南アジアに行ったとき、はじめ歓迎されたのはたしかであろうが、宣伝されているような、日本のおかげで西洋の植民地だった各国に民族精神が覚醒したということはない。むしろ、東南アジア各国は、自分たちの民族独立運動のために日本の侵攻を利用したと見るほうがいいのではないか。そのため、日本軍が占領と統治をはじめると、状況は急転し、日本は徹底して憎まれるようになったのではないか、と。

以上の発言のあと、竹内好と鶴見俊輔のあいだで、日本国家の没落をめぐって友好的な意見の不一致が生じた。鶴見は民族意識の強くないインターナショナルな知識人であり、竹内とこうした対話を行うときいつも意見の不一致を見せていた(41)。彼は、日本を孤立状態から抜け出させる可能性に着目し、アジアの盟主になるのでなく、「技術顧問」の役割に限定してアジアのためにはたらく可能性を考えた。そしてそこから、国家の「末期」の問題を提起した。竹内好と彼の不一致は、こうした考えが正しいかどうかにあるのではなく、実際的であるかどうかにあった。竹内好自身も、戦争がもし本土決戦までいっていたら新しい可能性もあり得ただろうし、戦争がもしさらにつづいていたらかなりの人が国家を捨てたかもしれないと認めている。しかしそうした仮定は、現実には発生するにいたらなかった。そこで竹内好はこのように述べた。「私はネーションというものにこだわる、捨てられれば捨てたいのだが、捨てられないと思う。ネーションを解体して大東亜共栄圏に日本人が全部行っちゃえばいい。適材適所に配置して。それができるならば問題ない。できないから困るんだ」[42]。彼はさらに、ネーションとステートを区別して、国家に対抗しうる民族を構想しようとした鶴見に対して、それは日本では非常に困難であると穏やかに反論した。「日本のステートはほとんど自然存在みたいになっているからね。明治の人は国をつくるという考えがあったろうけれども、それ以後は作ったという経験がないわけでしょう。わずかに満州国というのを作った。日本人が参加してというよりも、それこそ盟主で作ったわけなんだがね。しかし、作るということは一方でこわすということがないと作れないわけでしょ。満州国の場合は日本のそのままの投影にだんだんなってしまった。それで見るとどうも日本人の国家観というやつは非常に固いんじゃないかという気がするな」[43]。

今日の眼から振り返ると、この座談会の話題は極めて強い現実的意義を有していたことが見てとれる。竹内好は三〇年以上前に、まるで九〇年代中期の日本で発生する戦争の歴史の書き替えを予見し、それに対抗する思考を提供していたように思われる。問題は以下の点にある。安保闘争終息直後に提起された、日本の自然主義的国体論に対抗する思想課題が、四〇年近く過ぎた現在になってもなお真の進展を見せていないのはなぜなのだろうか。今日の日本が「ネーション」と「ステート」の区別の方向へ向かわず、両者を同時に否定するか、あるいは同時に肯定するかになっているのはどうしてなのだろうか。

竹内好は戦後一貫して戦争体験の整理にこだわった。その中の課題の一つに、戦争体験の角度から日本人と国家の関係を問い質すことがあった。七〇年代になっても彼はこの課題に力を注ぎ、戦争体験の中に、日本人の国家観念を解体する資源を見出そうと試みた。[44] それは政治思想史の領域にはほとんど存在しない着眼点であった。しかも極めて困難な課題であった。観念的叙述の慣習的分析を打破し、同時に、生命力のある理念は失わないようにしなければならない。現実感覚を整理し昇華させる能力を保ちながら、同時に、社会生活の領域における民衆の真の感覚に沿わなければならない。このような思考の局面に入るならば、政治的に正しい先験的な前提は失効するだろう。眼前に現れるのは、現実生活の雑然とした状態そのものである。生活経験の中から流動する生きた思想資源を抽出し、それを状況の核心にある問題と切り結ばせること。それが竹内好の示したモデルである。彼はこのために、政治的な正しさを失うという代価を支払った。[45]

「大東亜共栄圏の理念と現実」座談会が発表されてまもなく、竹内好は別の座談会「大東亜戦争をなぜ見直すか」に出席した。前の座談会と異なり、この座談会の出席者の立場はそれぞれに距離があった。彼らは「大東亜戦争」という前提だけを共有して座談会に参加した。しかしこの極めて複雑な座談会には、今日もなお日本社会に存在し続ける戦争観の基本的なモデルが集約的に現れている。

座談会に参加した五名のうち、二人は当時話題の著作を発表していた。一人は「大東亜戦争の思想史的意義」を発表した哲学者上山春平、もう一人は上山のあと「大東亜戦争肯定論」を連載しはじめた林房雄である。両者は基本的なところで多くの対立があったが、当時、表面的な判断をする読者や批評家は両者を同一視した。「太平洋戦争」の代わりに「大東亜戦争」を提起することは、戦後アメリカの占領下では禁止されていた。二人がこの名称を題名に用いたため、似たような立場のナショナリストと見なされやすかったことは、想像に難くない。しかし微妙な問題があった。上山春平の論文が先に発表され、林房雄の連載が後であったにもかかわらず、社会的な反響はあきらかに後者が中心であった。

上山春平の「大東亜戦争の思想史的意義」の基本的な立論は、近代の戦争と国家の関係、および政治と道徳の関係の整理であった。上山は、国家が国家を裁く方法によって、日本のこの戦争を裁断することはできないと考えた。そこで彼は東京裁判の権威に対して疑問を提起し、「主権国家は主権国家を裁くことはできない」、「それぞれの主権国家が自己の至高性を主張してゆずらぬかぎり、それぞれの利己的偏見をこえる普遍的原理、つまり裁きの尺度は、正しく認識できないからだ(46)」と指摘した。上山はさらに、日本国憲法第九条にも疑問を提起した。この「ホンヤク憲法」の条文において、日本は自衛権をふくむ一切の武力を放棄している。彼は言う。これは国家の国民の意思によって定められた憲法というよりは、一連の国際的協定を前提とする「国際的文書」である。保守派政治家たちの改憲の願望に対抗するためには、この人類史上最初の国家理念の表現を擁護すべきである。しかし戦後の冷戦構造を考えると、この「平和」憲法はアメリカの軍事計画に組み込まれていることを指摘せざるをえない。そのため、日本はアメリカに警察予備隊の発足を強要され、いわゆる平和憲法も、実際には、アメリカの冷戦政治の道具に過ぎなくなっていた、と。

安保運動収束後まもない時期の、上山春平の鋭い発言は、極めて価値がある。平和と民主という意向のもとに隠された新しい戦争の影は、安保条約発効後、静かに日本の社会生活に忍び込んでいた。日本が新しい戦争構造の中で果たすべき役割は、かつて夢見た東アジアの盟主でなく、アメリカの手先の共犯者になっていた。上山はその後、論述の方向を変えた。彼は日本が自衛のための防衛武力をうち立てる方法を考え、すでに存在する陸上部隊十七万、艦艇十二万トン、航空機千数百機からなる軍隊を、アメリカのコントロールから「不戦国家」の防衛構想へと転化させる道を主張した。(47)

上山は、戦後の世界政治構造の複雑な変化や、日本の憲法第九条といった微妙な問題を論じた。しかし彼の論述は、厳正な論理的推論の次元に終始とどまっていた。そのため、彼は非論理的な問題、とくに「大東亜戦争」と日本人の複雑な感情記憶の関係といった問題を扱うことはできなかった。上山が行ったのは、問題を以下の地点にまで進めることだけであった。「私たちは、この二十年来、人類史上最大の、願わくは最後であってほしいあの戦争について、「大東亜戦争」史観、「太平洋戦争」史観、「帝国主義戦争」史観、「抗日戦争」史観といったさまざまな解釈を、国民的な規模において学んできた。あの戦争を、これほど立体的に、これほど多元的な角度から反省する機会をもった国民が、ほかにあるだろうか」。(48)しかしながら上山には、「史観」以外のより複雑な感情の問題は扱えなかった。なぜならば、それらは歴史観に単純に帰納することができないものだからである。そして林房雄の「大東亜戦争肯定論」が扱ったのは、まさにその問題であった。

「大東亜戦争肯定論」の基本的な視角は、いわゆる「百年戦争」である。林房雄は、大東亜戦争を単独で論じるのは意味がないと考えた。それは明治前後以来一世紀近くにおよぶ戦争の一段階にすぎず、彼自身もふくむ第二次世界大戦の体験者とは、実は、この長い戦争の途中参加者に過ぎなかったという。そこから彼は、日本の中国侵略戦争と太平洋戦争をふくむ全過程を、「百年戦争」の組成部分として位置づけた。そして彼は上山らとまったく異なった見方を示した。

「大東亜戦争肯定論」は、幕末一八六三年の「薩英戦争」から書き起こされ、イギリス人との最初の衝突を起点として、「予想を超えた日本の抵抗力」が重点的に描き出された。つづいて彼は、いくつかの章を用いて、明治維新、征韓論、日清戦争、日露戦争などに言及した。その叙述の基本線は、日本人が歴史的事件で表した勇敢で頑強な精神の上にあった。林房雄も、歴史評価に関わる多くの問題を論じはしたが、しかし彼の真の叙述は、表面的な意味のみによって伝達されるのでなく、主に行間によって表現された。林房雄が懐旧や敬慕の念をもって歴史的な人物や事件について述べたとき、彼が行っていたのは、上山春平とはまったく異なる作業であった。林房雄は、文学を専業とする知識人として、つぎのことを本能的に理解していた。潜在的な「日本アイデンティティ」に直接的に訴えかけさえすれば、余計な論述がなくても、共同体の求心力を高めることができる、と。この強烈な反響を呼んだ著作は、歴史叙述として、あるいは思想史の著作としては不合格かもしれない。しかしそれは、安保運動後の日本社会に広がっていた「困惑の感情」を力強くつかみ、その困惑を表現し転移させる道筋を提起した。

ある意味において、林房雄は、五〇年代後半に日本ロマン派の文人亀井勝一郎とマルクス主義歴史家遠山茂樹のあいだで交わされた「昭和史論争」の問題を受け継いでいた。彼は左翼知識人に対する批判を立論の出発点にし、歴史をいかに「人間化」させるかに論述の重点をおいた。第三章で明治維新を論じた際、林房雄は「坂本竜馬スパイ説」への反駁の形で、日本の左翼学者への強烈な攻撃をおこなった。「彼らは日本にはまだソ連流または中共流の「人民革命」が必要であり必然であると信じている。日本に革命をおこすためには、日本の歴史を、できるだけ野蛮に、できるだけ醜怪に、不正と愚行と暴行にみちた無価値無意義なものとして描き出す必要がある。彼らは「共産革命」という政治目的のために、日本人の歴史に泥をぬることが「学問の使命」だと思いこんでいるのだ」。(49)

林房雄は、昭和初年にはマルクス主義を熱狂的に信奉した進歩的人士であった。しかし、前述のような彼の攻撃的な発言を、ただ単に左翼陣営からの転向者による右翼イデオロギーへの賛同と簡単に見なすことはできない。林房雄は「大東亜戦争肯定論」執筆時、すでに隠居して、「左」とも「右」とも関係ないと宣言していた。それは嘘ではなかった。このひたすら長い文章には、戦後日本思想史の中で繰り返し表出した一つのモデルが見てとれる。「左」と「右」、「善」と「悪」というイデオロギー判断や道徳判断から抜け出して、「日本人自身」の感情を包含したシステムおよび価値体系のモデルである。そのモデルを実体現しようとしたもののかなりの部分は、マルクス主義からの転向者だった。彼らは日本のマルクス主義の外来性を感じ、日本的「心情」に回帰する過程の中に、民族を整合させ、自主的な日本社会を再建する可能性を見出そうと試みた。林房雄の大東亜戦争肯定論は、安保運動において芽生えた、日本の伝統的共同体構造打破の可能性を継承したものではない。まったく逆に、日本人の心情を、上山春平が条件付きで肯定した「国際化」された国家理念に対立させ、非イデオロギー的なレベルにおいて自己肯定の可能性を見出そうとした。

明治以来一貫して私小説に象徴されるような自然主義的精神土壌を発展させてきた日本において、

イデオロギーや善悪の観念を抜け出そうという声は受け入れられやすかった。ことに、問題が日本人の自信や戦争の歴史と結びつけられたとき、反響を呼びがちであったことは容易に理解できる。林房雄の「大東亜戦争肯定論」の影響力が上山春平をはるかに上回った原因はここにある。問題は、こうした努力が、イデオロギーと道徳的立場からの真の脱出を意味したのかという点にある。それは人々の関心をどこに向けようとしたのだろうか。

林房雄の文章は「攘夷論」の再論からはじまった。彼の考えるところでは、日本の攘夷論は中国の「反植民地戦争理論」の直系の先輩であり、「幕末の日本の苦悩の表現」[50]であった。同じ理由から、彼は「征韓論」も、「維新革命によって一応の国内統一を達成した日本の「西欧列強」に対する、最初の、そして性急な反撃計画であったと考える。性急すぎ、早すぎたために、それは挫折した」[51]と解釈する。こうした「善悪によらずに歴史を論じる」論理にしたがい、林房雄はつづいて天皇制の「非イデオロギー的」認識を導き出した。天皇制は日本の精神風土の核心であり、さまざまに変形しようとも、日本民族と共に存続しつづけるという。この章において、天皇制への評価は、日本共産党攻撃およびマッカーサー諷刺の文章を借りてなされた。彼はさらに、「右翼の虚像」を取り除くと称して、日本の右翼の精神的源流は、老荘的あるいは虚無主義的な浪人精神にあると強調し、そこから、日本にファシズムは存在しなかったという結論を出した。ここで、彼は丸山真男の日本ファシズム批判に対する攻撃を重点的に行った。「丸山氏はアメリカン・デモクラシーとソ連コンミュニズムを同等に聖化し、東京裁判における検察官側の反ファッシズム理論を、ほとんどそのまま受入れて「日本ファッシズム」の実在を論証するために多くの労作を発表したが、この努力は空しかったようだ」[52]。林房雄の叙述においては、日本民族の求心力たる「心情」や「苦悩」が主軸をなすため、こうした強弁ですら、論理運用や史料上の欠陥にもかかわらず、著作の弱点とならない。それどころか、彼のほとんど詭弁といえるものから、ひとつの重い真実が読みとれる。進歩的知識人は、戦争責任を追及するばかりで、日本人の戦争をめぐる複雑な感覚および戦後の感覚に対して、適当な場を与えなかった。その結果、彼らの批判は、林房雄の著作から受けたような挑戦を受けがちになった。なぜならば、林房雄たちが訴えかけたのは、まさに、場を与えられなかった潜在的な感情にほかならなかったからである。林房雄について言うと、非イデオロギー的な努力も最後には必ずイデオロギーに利用され、左でも右でもない第三の道は成功しないという点に彼の困難があった。林房雄が「非イデオロギー」として語ったことも、日本歴史上の尚武的な民族英雄(たとえば西郷隆盛)を借りて語られたため、おそらく政治的感覚を持った知識人ならば敬遠するであろうような政治性の濃い内容になった。しかし彼のコンテクストにおいては、政治性の色濃さも、いわゆる日本人の苦悩という口実によって十分に単純化されていた。

林房雄と上山春平がともに参加した次の座談会において、その林房雄によって暗示されている真実ははっきりと現れた。一つの問題において、参加者のあいだで譲歩と協力が成立した。それは東京裁判への対抗という態度であった。しかし共同の態度のもとでも、容易に統一できない派生的な問題があった。それは日本の民族的自尊心をいかに守るかという問題である。林房雄の考えでは、日本の早い時期の歴史を強調しさえすれば、第二次世界大戦中の侵略の事実はうすめられ、それによって日本人の罪悪感も幾許《いくばく》かは減らされるというものであった。他方で、上山春平の考えでは、戦争観を多元化させることで、歴史を単純化する傾向を取り除くことが可能だった。しかし、林房雄が非イデオロギー的立場を堅持したため、その他の参加者たちが彼の語りに混乱させられる局面が生じた。大平洋戦争勃発時の情勢の変化についての話になったとき、以下のような対話が交わされた。(53)

林　これで、日本は支那で変な戦争をしているが、これでやっと正道に返ったという……。

五味川　その変な戦争というのは、侵略という意味ですか。

林　いや、それは……。

五味川　けんかすべき相手でないものとけんかしているということですか。

林　そうそう。

上山　さっき支那事変、満州事変はとにかく悪かったにしても、それ以後の大東亜戦争はよかったという考え方は具合が悪いのではないかというお話があったが、それといまのご意見はどういうことですか。戦うべからざる戦い、それはどういうことですか。

林　どうも論理に、一貫性がございませんが。

上山　論理の一貫性を追究しているのではないのです。

林　たしかにこの戦争は意味ないと思っていましたね。

上山　そこを知りたいのです。

竹内好は明らかに、この種の対話に関心を持っていなかった。この座談会での竹内好の発言は少ない（あるいは本人が事後に削除したかもしれないが）。話題が林房雄によって、とりとめのない民族主義的感情の発散に向けられたときだけ、竹内好は介入し林房雄をさえぎった。林房雄に反駁するという意味で上山春平を援用したが、実のところ、上山春平への同意も限定的なものであった。『思想の科学』座談会の楽しげな様子と比べると、この座談会での竹内好は極めて節制的な態度をとっていた。座談会のおわり、上山が無邪気にも、炸裂した論点を取りまとめようと言ったとき、竹内好はすぐに反対した。ここに見てとれるのは、この座談会が接点のない議論であったと竹内好が認識していたことである。

では、竹内好とこの座談会の関係をどのように考えればよいのだろうか。

座談会において、竹内好は新しい意見を述べることはなかった。彼は近代日本における脱亜思想と興亜思想の変奏という基本的観点を述べただけであった。しかし、この座談グループに竹内好が加わったことで、新しい組み合わせの可能性がもたらされた。実際のところ、政治的に進歩的な態度を示していた上山春平に、林房雄式の歴史叙述の真のポイントをつかむ能力はなかった。彼は林房雄に対して、政治的立場を明らかにせざるを得ないよう迫ったことだけで満足していた。上山たちと異なり、竹内好にとって、この座談に参加し、かつ自分と他の参加者の立場を慎重に区別しつづけることは、はるかに複雑な努力であった。座談会において、竹内好は林房雄と対立する立場に立たなかった。彼は、道徳とイデオロギー判断を解体しようとする林房雄の努力をはっきりと尊重した。しかし彼は同時に、こうした解体の危険性を熟知し、十分な注意を払った。そこで竹内好は、

控えめに、「戦争三部作」を書いたモチーフは林房雄と同じだが、ただ内容が違うと発言した。(54)

太平洋戦争勃発時に「大東亜戦争と吾等の決意(宣言)」を書いた竹内好は、戦争三部作では思想伝統の発掘と、福沢思想の可能性や明治維新の歴史的意義についての再検討を試み、第二次世界大戦を日本の百年の歴史と切り離すべきでないと考えた。動機からみても表面の思考方法からみても、彼はたしかに「日本民族の苦悩」を強調する林房雄と近いところがあった。竹内好はほとんど終生、「火中の栗を拾う」態度で日本民族の独立精神を打ち立てようと努力した。戦後の、日本国家とナショナリズムを批判する進歩的思潮の中で、彼は独特の方法で、かつて魯迅について書いたように、「私が感じているような恐怖に捨身で堪えた」。疑いなく、竹内好が六〇年代初期に日本のアジア主義の整理に着手し、軍国主義のレッテルを貼られた歴史思潮がどの段階で思想からイデオロギーに転じたのかを論じようとした原因は、一九四八年の「中国の近代と日本の近代」執筆時に感じた凝固し実体化した思考を、彼がこの時期ふたたび感じ取ったからにほかならない。その思考は、東洋と西洋の二元対立を、静止的かつ改変不可能な本質的対立と理解する。そのため、日本の伝統的思想の整理はすべて保守派の仕事とみなされる。安保闘争の洗礼を経たのち、竹内好は、アジアの問題と日本近代の歴史を有効に議論する仲間を見出せなかったように思われる。そのため林房雄のような直観的思考をする保守派の文学者と「大東亜戦争」を議論せざるをえなくなった。それは辛辣な皮肉に見える。ある意味では、竹内好は孤独でなかった。なぜならば、当時の日本思想界で、大東亜戦争を論じ、明治維新以来の日本の歴史を整理するのは一つのブームであったから。しかしある意味では、竹内好は孤独だった。なぜならば、敗戦直後のように信念を同じくする同志を見つけることができなかったから。百歩譲ったのち、竹内好は林房雄との「内容の違い」を堅持した。この最低ラインをみることで、私たちは竹内好の真実の境遇を読み取ることができる。

竹内好と林房雄の「内容の違い」は、おそらく日本思想史上もっとも解決の難しい問題であるだろう。林房雄的な反イデオロギーの態度や日本人の「抵抗精神の賛歌」は、今日なお「自由主義史観」として再生産され続けている思考様式であり、比較的定位しやすい。その特徴は、内在的な自己否定の要素をまったく持たず、排他的で、直観と扇情的な面を際だたせるところにある。このモデルと基本的に対立しているのは、日本マルクス主義のもっとも教条的なグループを代表とするイデオロギー批判である。それは政治的に正しい結論を応用するが、複雑な現実の状況への対応は不得手で、ことに日本人の民族感情をめぐる問題を妥当に処理することができなかった。その結果、不断に再生産され続ける自己憐憫的な日本アイデンティティは、ほとんどいつも、マルクス主義あるいは左翼知識人への対立を表看板に掲げることになった。こうした単純化された両極のあいだで、その他の立場を分類することは難しくなった。たとえば、丸山真男を代表とする理性主義的批判の立場、上山春平や鶴見俊輔がそれぞれの方法で行った「反国家主義的立場」と人道主義の立場、および竹山道雄のような冷戦構造に吸収された「自由主義知識人」の反共の立場などである。こうした立場は、今日なお、程度こそ違え再生産され続けていて、私たちは知識界の言論の中に、彼らの影を見出すことができる。しかしもっとも分類が難しく、もっとも継承が難しかったのは、竹内好の立場であった。あるいは、分類が難しすぎたため、ほとんど伝承されなかったかもしれない。

戦争三部作についての簡単な紹介において、私たちはすでに、竹内好による戦争体験整理の基本的な輪郭を見た。それは、「エセ文明の内在的否定」を軸として、民族の感情記憶の普遍的な共有を視角とする戦争観であった。それはアジアの近代の問題と表裏の関係をなし、かつ非イデオロギー的な作業であった。竹内好が表面的にとった方法は、戦後のいわゆる自由主義的知識人と極めて似通ったやり方であった。日本人の精神的な誇りの原点——明治維新時期の、思想的な緊張感とヒロイズムみなぎる歴史人物にさかのぼる方法である。竹内好は福沢諭吉を、林房雄は西郷隆盛を取り上げた。二人はともに、現代日本人の誇りと自信を取り戻す媒介を求めたように思われる。同時に彼らはまた、日本人の感情経験に訴えかけようと試み、単純にイデオロギー的結論へ向かう方法を拒否した。しかし、彼らのあいだには根本的な差異があった。竹内好が福沢諭吉にさかのぼったのは、日本文明への内在的批判および再建の必要から出たものであり、それゆえ彼は一貫して、『魯迅』で確立した自己否定の視角を持ち続けた。戦争は、自己否定と自己再建の媒介として、「エセ文明」を分析し解体するための有効な契機とされた。竹内好が五〇年代初期に戦争中の日本の野蛮性を反省したことと、六〇年代初期にアジア主義を整理したときアジア主義の連帯から侵略への変質に注目したことを結びつけて考えれば、竹内好の思考の中心線を見いだすことができる。それは一貫して、日本民族の近代精神をいかにして打ち立てるかという問題をめぐって展開された。そこで重要な位置を占めていたのは、いかにして開かれた国際的視野において日本のポジションを思考するかという問題であった。それこそが、竹内好が繰り返し強調した日本民族の独立の真の意味である。戦後の国際的冷戦構造において、日本の「自由主義知識人」のほとんどは、表面的には反米、しかし心の中は親米の態度をとった。彼らの語る「抵抗」には、自己否定の意識がまったく見当たらず、実際には極めて強い依存が見てとれた。彼らのアメリカ植民地政策への批判は、ソ連・中国への恐怖と、それぞれ虚・実の関係をなしていた。座談会における林房雄と竹内好の対話はそうした状況を示している。(55)

林　中共のほうが日本に屈服しろと言いませんか。冗談のようですが。

竹内　それはいろいろ、ご意見を伺いたい点がありますが。

林　中共が日本に屈服を要求しないですか。

竹内　アメリカが日本に屈服を要求したから中国だって要求するかもしれませんね、アメリカに日本が屈服したようにすることは反対なんです。

「中共」という呼称で中国大陸を呼ぶことを拒否した竹内好は、林房雄の目には、腹だたしい親中派にうつったかもしれない。しかし竹内好がここで述べたのは、中国に対する態度ではなかった。林房雄は、日本の知識界に広く存在した冷戦構造の虚実に対する反応を典型的に表現した。反米は虚で、反「中共」こそ実であった。それに対して竹内好が述べたのは、国際政治関係についての彼の基本的な視野であった。六〇年代初頭の日本にとって、アメリカの準・植民地主義的な行為は現実となっていた。この現実の意味は、冷戦構造の中で日本が一つのコマになることだと竹内好はよく理解していた。彼はアメリカと中ソの冷戦関係の中において、日本の本当の境遇をはっきりと見ていた。林房雄の観念的な恐怖と異なり、竹内好は現実の真の脅威およびそこから発生した一連の反応に対して憂慮していた。そのため、林房雄が座談会の最後に「日本隠居論」を述べはじめ、そして上山春平が日本には自衛のための軍備が必要であると強調したとき、竹内好は彼らに反対意見を述べた。彼は「ビジョンというものがない」と言いながら、太平洋戦争は盧溝橋事変を解決せず、その問題は最初のままの形で残っているので、戦争は終わったと見なせないと強調した。「この戦争を終わらせるのが私を含めての世代の責任で、あとに引き継ぐ課題としてあると考える」[56]。

竹内好は丸山真男、鶴見俊輔と協力関係にあり、彼らの理性主義的分析の立場を肯定していた。それは、日本の模倣文明を内在的に批判するための重要な理路であった。竹内好は、「日本人」の心情を自然主義的な方法で外来の理性主義と単純に対立させる立場はとらなかった。彼は伝統的な思想資源を整理する際に、伝統と外来の対立を十分に取り除いた。竹内好が唱導しつづけた日本民族の抵抗精神は、開放的な意識を備えていて、排他性はまぬがれていた。林房雄を代表とする排他的な立場とは、この点において、完全に対立している。実際に、安保運動が林房雄、竹山道雄といった知識人を吸収することはなかった。安保運動は、ある意味では、福沢諭吉の「日本国民の抵抗精神」の思想伝統を継承した社会運動であったが、日本の抵抗精神を強力に鼓吹する文人が精神的リーダーとなることはなかった。この事実は一つのメタファーとなっているように思われる。現代社会における民族の自信を、直観的・非理性的な感情によって支えることはできない。国際的な視野および状況と密着した緊張感が必要であり、また伝統の継承を契機とする自己否定と自己の再構築が必要である。竹内好が全力で行おうとしたのは、まさにその仕事であった。

竹内好は、安保運動終息後、自覚的に精神的リーダーから退いたように見える。一九六五年、彼は評論家廃業を宣言し、指導的あるいは予言的な言論は発表しないと述べた。彼はこのせいで本当に沈黙したわけではなかったし、彼の宣言は、体調の悪化とも直接的な関係があった。しかし、「評論家廃業」という彼のポーズは、往時の辞職と同じく、思想界の構図や位相の変換という意味をもたらした。その変換が象徴しているのは、ある種の重要な思考パターンが自己の真の位置を確定する前に、言論の中心から退かざるを得ないことであった。彼の引退によって、日本の言論界はより一層、二元対立的思考様式の強化に向かい、進歩的知識陣営は一層イデオロギー批判に向かいがちになった。日本人の「民族感情」が、林房雄的な自己否定の意識を欠いた「心情論」によってしか表現されないことを顧みると、竹内好の往時の努力は、貴重かつ困難であったと思われる。日本の進歩的知識人が、主体の再生のために、内在的な否定の原動力を探そうとするならば、いったいどこに思想資源を求めればよいのだろうか。

竹内好は、三巻本の評論集のために書いた短い序文において、「和氏の璧《かしへき》」の故事を述べ、その故事に仮託して自己の前半生の仕事を総括した。「和氏でない私は、二十年かかって掘りおこしたものが、玉《ぎょく》の原石であるか、それともただのガラクタ石であるか、自分では判定がつかない。王に献じなかったおかげで足は斬られずにすんだが、その代り、玉人に相《そう》させることも怠った。ひたすら発掘だけに熱中した。さて、気がついてみると、日はとうに西に傾いている。これから家に持ち帰って、自分で磨くだけの気力が残っているかどうかもあやしい。いっそ大道に立って、通行人によびかけるのが得策かもしれない。『玉か石か保証はしないが、ひとつ試してみませんか』」(57)。

玉か石か、私たちの気力では磨くことも判断することもできないかもしれない。しかし重要なのは、後から来た者として、私たちには竹内好に答える責任があることだ。「ひとつ試してみましょう！」

第五章　「近代」を求めて

――「近代の超克」座談会の射程――

太平洋戦争勃発の翌年、一九四二年のこと、「近代の超克」と銘打った座談会が日本のエリート知識人たちによって開かれた。この座談会は、戦争の暴力性を背景にしつつ、当時の日本における国民総動員といった社会的雰囲気を映し出し、また太平洋戦争の勃発という特定の歴史的時点における、エリート知識人たちの戦争参入に向けた「学術的」な情熱を顕露していた。もっとも座談会そのものでは、少数の参加論文を除いては、戦争が正面から取り上げられることはなく、そこで論じられたのは、欧米モダニティから発生した基本的問題、西洋モダニティの日本における効果と副作用、あるいは日本精神の再発見などといった諸テーマであった。主催者は「結語」で、この座談会の主旨は、大東亜戦争のスローガンによって押し隠されようとしている「精神の努力や能力」を世間に伝えることにあったと強調した。さらに、イデオロギーが強力な時代にあって「所謂「いひたいことがいへない」といふのは、感傷的な自己告白に過ぎない」とも指摘し、つまるところ、この座談会は、イデオロギー的なスローガンでもなく、また感傷的な自己告白とも異なり、「我々は「如何に」現代の日本人であるか」を討論するものであったと主張した。(1)

座談会はこの「結語」の意図を忠実に実行したが、他方で現実の残酷さに対する注意には欠けるところがあった。和風旅館で二日間にわたって豪勢に開かれたこの座談会は、戦場からは遠く離れていたものの、しかしたとえ形式の上だけであっても、体制イデオロギーと反体制イデオロギーのどちらとも異なる第三の道を形成するということは不可能だった。そもそも、反体制イデオロギーが基本的に存在しない一九四二年という年にあって、体制イデオロギーと表面的に協力しもしくはそれを黙認しながらしかも独立した思想を建設しようとする試みは、本物の体制イデオロギーに容易に飲み込まれるほかなかった。実際この座談会において両者の差異は基本的に曖昧模糊となった。そのため、戦後の日本思想界のこの座談会に対する見方は、具体的な評価には違いがあるものの、ファシズムの戦争イデオロギーとある種複雑な共犯関係を持ったと見る点で一致した。

しかしこの評価のかたわら、パラドキシカルな現象が一貫して存在しつづけていた。すなわち、この座談会は声望が極めて低かったにもかかわらず、後世の思想家たちは、質的にはより高く評価される同時期のいかなる座談会よりもこの座談会を重視し、繰り返し分析を行ってきたのである。この座談会を分析しようとする一連の努力から、われわれは一つの基本的な事実、この完成度の低い座談会が後世になお重要な意味を有しているという事実を確認することができる。それはまた、この座談会が一時的なイデオロギーの喧噪であっただけに止まらず、後世に啓発を与えるだけの価値を内包していたということを意味している。

かくして、後世の人々は、このパラドクスを自分なりに処理しようとした。思うに、後世の論者はほぼ以下のように扱ったと言えよう。人々はこの座談会そのものを超越しようと試み、座談会をある特定の時代の思想的シンボルとみなした。そして座談会の分析を通じて第二次世界大戦ないしはより長い歴史における日本思想の基本的問題を導きだそうとした。そのため「近代の超克」はシンボルとなる務めを果たすと同時に、それ自身の中身をはるかに超える歴史・思想的内容を引き受けざるを得なくなった。日本近代イデオロギーとファシズムの関係、日本モダニティの基本的問題、および戦争と知識人の責任などといった大きな問題への回答が求められ、さらには、それらの問題への回答が充分でないと非難されさえした。

以上の基本的なスケッチに沿って戦後知識人の手による一連の「近代の超克論」を読解してみよう。座談会「近代の超克」と後世の「近代の超克論」は、一つのまとまった、かつ独立した問題群を構成し、日本知識人の「近代」についての思考の軌跡を示している。この軌跡をスケッチすることは、いわゆる「近代」の衝撃によって呼び起こされた日本や東アジアにとどまらない問題を思考することに役立つと思われる。

一　座談会の基本的輪郭

「近代の超克」座談会は、雑誌『文学界』主催の多分野の知識人による座談会である。(2)この雑誌は文学を中心としていたが、多分野の開放的な討論を組織することで名を馳せていた。河上徹太郎の回想によると、こうした開放的なイメージを作り出すため哲学者三木清を特に同人として招いたという。文人たちのあいだでは三木清の評価をめぐって何度か口論があったともいう。(3)しかしながらそのような事実にも関わらず、『文学界』の同人が文学を基本として思考・討論していたことは軽視できない。さらにこの雑誌が座談会を開くことを決めたとき、同人たちが議論の基本的な流れを構想したという事実も銘ずるべきである。つまりこの多分野の様相を帯びた討論は、実は相当に文学的な枠組みのもとで開かれている。[4]

二日間にわたった座談会では以下のような話題が議論された。ルネサンスの近代的意味、科学に於ける近代性、科学と神の繋がり、われわれの近代、近代日本の音楽、歴史——移りゆくものと変らぬもの、文明と専門化の問題、明治の文明開化の本質、我々の中にある西洋、アメリカニズムとモダニズム、現代日本人の可能性。以上の小見出しから見て取れるのは、この座談会が、西洋モダニティの限界を討論することを通じてそれを「超克」することを目標としていたこと、そして近代の超克という意味において日本文化の優位性を強調していたことである。しかしこの小見出しの方向性から座談会の内容を探ろうとしても、あまり収穫は得られない。参加者それぞれの思考の方向性が異なっていたため、いずれの討論も深められる前に相殺された。この座談会の真の内容を探るためには、話題にとらわれない分析の方法を探求しなければならない。

座談会の参加者には、『文学界』の同人の他、「京都学派」から来た二人の学者、および神学、自然科学、音楽などの学科の知識人がいた。彼らの参加により討論は立体性を帯びたものの、もともと焦点がぼやけていたテーマについてさらに纏まりにくい議論が交わされた。一方で彼らの参加、とくに京都学派の「代表選手」の参加により、「近代の超克」座談会の位置づけに参照系が与えられた。京都帝国大学の哲学者西谷啓治と歴史学者鈴木成高は、少し遅れて、京都学派の学者たちが開いたもう一つの座談会「世界史的立場と日本」に参加している。その記録は『中央公論』に三回にわたって分載され、『近代の超克』とほぼ同時期に単行本化された。[5]「世界史的立場と日本」は完成度の高い座談会であり、座談会「近代の超克」の混乱ぶりを浮かび上がらせる。「世界史的立場と日本」を参照することにより、私たちは「近代の超克」が多分野交流の失敗であったと断言せざるを得なくなる。

一九五二年一月、『文学界』は「近代の超克」の続編とも称される座談会「現代日本の知的運命」を開いた。(6) 討論された内容はさておき、より注目すべきは座談会の人員構成である。かつて「近代の超克」座談会に参加した『文学界』の同人は基本的にみな現れたが、それ以外の学者たちは姿を消した。十年を隔てて行われた二回の座談会にある種の関連を見出すならば、そこではっきりするのは、「近代の超克」とはもともと文学者たちが発起し彼らによって継承された討論だったということである。「近代の超克」に参加した学者たちの戦後の活動がそれをさらに証明する。その二年後、別の座談会で「現代とは何か」という問題が討論された。司会を務めたのはかつて「近代の超克」に参加した鈴木成高であった。(7) この座談会は「世界史的立場と日本」で議論された世界史の哲学の問題をある種の屈折した形で継承したものであり、「近代の超克」の内在的な方向性とはまったく接点を持たなかった。

二つの座談会「近代の超克」と「世界史的立場と日本」の内在的な方向性の違いを詳細に比較することは極めて重要である。同じように西洋モダニティに挑戦し大東亜共栄圏のイデオロギーとして作用しながら、討論の方向性には微妙なしかし根本的な差異があった。この点を比較することで私たちは問題の焦点に接近する経路を見出せるかもしれない。混乱に終わり結果を残さなかった「近代の超克」ばかりが繰り返し分析の対象になりながら、理路整然としていた「世界史的立場と日本」の方が付帯的にしか扱われないのはいったい何故なのか？　この奇妙な現象の背後に何か歴史のロジックが隠されているのではないか?

座談会「近代の超克」は河上徹太郎の司会で始められた。彼が最初に持ち出したのは「ルネサンスの近代的意味」であった。(8) このことは討論全体に特別な出発点を与え、近代についての議論がルネサンスを起点として行われるきっかけとなった。問題を説明するようにと指名されたのは京都学派の鈴木成高であった。鈴木は座談会に提出した論文においてルネサンスの評価問題に触れてはいたが、彼の意図は明らかにルネサンスを起点とすることへの疑義の提起にあった。歴史学者として、鈴木は話題を歴史学の内部の学術的な複雑性に向けようと試みる。「殊に西洋の学界では、最近十数年来だいぶん議論があるやうです。例へばルネサンスとは如何いふことであるかといふことについても、ルネサンスは古代の復活であるといはれたり、或はルネサンスは人間と自然の発見であるとか、自我の発見であるとか、……併し歴史学の内部では、さういふ概念的な規定だけでは困る点が起つて来て、そこから沢山の学問的問題が起つて来るのです。さういふことについては日本でも大類《おおるい》(伸《のぶる》)博士あたりの書かれた物もありますし、またそれは専門の学問のことですから、一般の人はさういふ問題に余り深入りする必要はあるまいと思ふのです(9)」。

鈴木成高が試みたのは実は京都学派のお家芸であった。京都学派はイデオロギーを表現するときもそれを学術化しようと試みる。しかも彼らはこうした学術化を、「一般の人はさういふ問題に余り深入りする必要はあるまい」と考えていた。座談会「世界史的立場と日本」はそうした態度を前提として進められている。

しかし座談会「近代の超克」では鈴木の態度は文学者たちに認められなかった。彼の学術的な発言はすぐにさえぎられ、マルクス主義から転向した文学者である林房雄のぶしつけな質問にさらされる。「あなた御自身は、ルネサンスはどういふ風に思つて居りますか」[10]。鈴木成高は話題を再度学術に向けようとし、自分の専門が西洋の中世史であってルネサンスの専門家ではないことを強調しながら、今までのルネサンス観があまりに「近代化」されすぎていると婉曲に指摘した。彼の意図は、ルネサンスとは中世の否定であると同時に中世の継承でもあるということである。ところが彼の発言は司会者河上徹太郎に再びさえぎられ、このようにまとめられる。「つまりルネサンスは中世の結論になるわけですか」[11]。鈴木は困惑する。というのも文学者たちが用いているのは、具体的な問題を処理しえないと鈴木が指摘したばかりの「概念規定」にほかならなかったからである。対話は困難に陥る。しかし鈴木はそこで妥協した。「結論といつても困るのですが、簡単に言へば、斯う言つて宜いだらうと思ひますね」[12]。

現在の常識から言えば、近代についての問題、とくに近代性の問題を論じるならば、すくなくとも一八世紀のフランス革命をポイントにする必要があり、それまでの啓蒙主義の問題が重要な話題となるであろう。ところが日本の文学者たちが組織したこの座談会では近代はルネサンスに関連づけられた。これを文学者たちの歴史考証癖に帰することはもちろんできない。ここで思い出されるのは三〇年代中期の日本文壇の一時期、文芸復興期である。

昭和八年、つまり一九三三年は、日本文壇にとって豊作の一年であった。谷崎潤一郎など大家の代表作と新進文学者たちの秀作が同時に登場したのみならず、『文学界』『行動』『文芸』など後世に影響を与える「純文学」雑誌が創刊された。これより以前いわゆる「純文学」雑誌は『新潮』ただ一誌であった。一九三四年には改造社が「文芸復興叢書」を出版している。こうした動きの背景にあるのは、かつて隆盛を極めたマルクス主義思想文化運動が二〇年代中期以降退潮しはじめたという事実である。言うまでもなく、三〇年代日本の政治情勢のファシズム化と白色テロの横行がこうした局面の直接的かつ主要な原因である。しかしマルクス主義が「理論」の形で日本知識界に移入され、真に日本に根ざした思想伝統を生みださなかったことも要因の一つとして無視できない。マルクス主義は一つの思想的立場として、日本知識界に移入されたときから現在に至るまで、一貫して極めて屈折した方法で継承されてきたが、日本に根ざした基本的問題との関係は、マルクス主義知識人にとって常にアポリアであり続けた。三〇年代の前期から中期にかけて、文芸界で一世を風靡したプロレタリア文学運動が退潮し、代わって「純文学」が興隆してきたことには、ある種隠喩的な意味がある。ここに象徴的に示されているのは、かつてマルクス主義理論の魅力に惹きつけられた文学者たちが白色テロという政治的圧力にさらされ、さらにはマルクス主義理論を有効に活用する道が見いだせないという苦境を前にして、行き詰まりを打破する道を求め「純文学」に活路を見出したという事実である。プロレタリア文芸運動とモダニズム芸術運動の合流という少し前の出来事と比べてみると、「純文学」に活路を見出すこの時期の思潮は、日本文壇が再び困難な探索へと分け入ったことを暗示しているだろう。[13] こうした時期、一九三三年から三七年までの四年間のことを、後世では「文芸復興時期」と呼ぶ。この四年間の文芸雑誌を一瞥すると、「文芸復興」という用語の使用率が極めて高いこと、および文壇の各派がそれぞれ異なった用法で使用していることがすぐに見て取れる。それはあたかも「近代の超克」と同じように、確定した内容を持たない扇動的なスローガンのようであった。

河上徹太郎が「近代」の話題をルネサンスへと向けたとき、彼が記憶中の文芸復興期の印象を想起していたかどうか知るすべはない。現在分かるのは、河上が西洋近世の始まりという特定の時期に他から独立した重要な地位を与え、それをモダニティについての討論の起点としたことだけである。こうした方法は歴史学者たる鈴木成高の学術的な習慣とは明らかに相容れないものであり、鈴木は話題を啓蒙時期とフランス革命の問題へと向けずにはいられなかった。鈴木は発言の中で河上の見方を婉曲に否定した。彼はルネサンスを近代の起点と簡単に規定することは不適当であると指摘し、ルネサンスと中世のあいだの否定と継承が絡んだ相関関係こそを議論すべきであると主張した。鈴木は西谷と協力し、ルネサンスの議論を中世と近代の関係についての議論へと転化させ流動性を帯びさせることで、河上徹太郎が強調した独立性を解消しようと試みた。しかし神学者吉満義彦が仕切りなしに口を挟んだため、その努力は途切れざるを得なかった。

一九四二年一月の「世界史的立場と日本」座談会において鈴木成高と三人の仲間は同じようにルネサンスの問題を論じている。二つの座談会の討論を比べてみると極めて興味深い。両座談会とも主に発言しているのは鈴木成高と西谷啓治であり、しかも彼らは両方で同じ話題を語っているものの、文学者たちの枠組みによるコンテクストと京都学派の学者が作り出したコンテクストでは、同じ発言でもまったく異なった指向性を帯びている。

「世界史的立場と日本」においてルネサンスの話題は、歴史哲学についてのさまざまな概念の討論のあと「西洋のルネッサンスと近世史」と小見出しを付けられて登場した。学者たちの討論の中でルネサンスは独立して議論する資格を与えられず、そればかりかその近代性についても多くの注釈が加えられた。鈴木は次のように主張した。今までの世界史は非連続説が強かったため中世とルネサンスのあいだに断絶を見てきたが、それに対して、中世の中に古典がありルネサンスの中に宗教的なものがあると考えることで別の連続史観ができるという。これはつまり、近代の起源を近世のルネサンスではなく、中世に溯って求めるということである。彼はまた、ルネサンスはイタリア史の特定の時期であって全欧的な歴史時期へと単純に抽象化をすることはできないと指摘した。西谷啓治は鈴木成高の議論を踏まえた上でそれを反復し、連続のうちに非連続があり、非連続のうちに連続があると述べた。高坂正顕は話題を文化史の問題から政治史の問題へと展開させ、ルネサンスと植民地獲得過程とのあいだの直接的な関連を指摘した。そして政治史的な意味において西谷の命題を歴史化してみせた。以上から分かるようにこの座談会において、ルネサンスは近代の出発点とは見なされず、ヨーロッパ史および世界史を認識するための連関の一環とされ、独立して議論されることのない相対的な位置を与えられた。河上徹太郎の規定するルネサンスと比べると、近代の起点としての重要性が認められず、また他の歴史段階から独立した絶対的な価値も想定されなかった。それはヨーロッパ近世を組成する要素の一つに過ぎなかった。

京都学派の学者たちは、自分たちの対話空間では「近代の超克」座談会で感じたような困難を感じていない。『文学界』同人は純学術的な議論を好まず、学者たちに一つの「見解」を求めていた。言い換えるならば彼らは、十分な学術的訓練をつんだ学者から有用な結論を引き出そうと望んでいた。ルネサンスについての学者の討論が文学者にさえぎられたことに象徴的にあらわれているように、対話が学者たちによって複雑化され単純な結論から離れそうになると、文学者たちはその討論をさえぎる役割を果たすことが多かった。「近代の超克」全体を覆う混乱の中に見出せるのは以上のような基本構造である。それに対して「世界史的立場と日本」では議論はさえぎられることのない学術的な思考に沿って連続していき、典拠をもとに「世界史」の学理が解き明かされた。両座談会の完成度の違いはこうした内在的構造の根本的差異によるものである。

内在的構造の差異と相補的な関係にあるものとして、両座談会のテーマの違いも見逃せない。表面的に見ると、二つの座談会はともに第二次大戦が白熱化した時期における世界の中の日本の地位を問題化し、日本の優越性とヘゲモニーを鼓吹しようとしていた。しかし議論参加者のポジションが異なっていたため、両座談会のテーマには根本的な差異が生じた。「近代の超克」が定めたテーマは参加者の主体的な自己の問題であった。それに対して「世界史的立場と日本」は参加者の前に存在する学術的な対象をテーマと定めていた。この根本的な差異は「近代の超克」座談会の役割分担の中に明確に示されている。学者たちに与えられた役割は、第一日目の討論において西洋モダニティの基本的問題を解説することであり、日本の近代についての討論は『文学界』同人の使命とされた。第二日目の討論において登場した主役たちは自分自身の体験を語りはじめた。この微妙な差異は第二日目の討論冒頭の小林秀雄と鈴木、西谷の対話にはっきりと見て取れる。

小林秀雄は『文学界』同人の中ではもっとも「東西の学問に通じた」人物であった。この対話においても彼と京都学派の学者は極めて意気投合しており、彼らの対話は全体の中で数少ない和やかな雰囲気を醸し出していた。彼らの話題は歴史の中の変化と不変化のあいだの関係についてであったが、大まかな方向性としては何の衝突もないように見えた。三人はともに、前世の偉人の到達点に後世の人は及び得ないこと、歴史の中の新しい創造とは実は変化という形式によって変わらない歴史を模倣したものに過ぎないことなどの点において、一致を見出した。しかしながら小林の出発点は「反近代」であり、近代の歴史発展論への対抗という意味において歴史の中の変わらないものについての語りを紡ぎ出したのに対して、西谷、鈴木の意図は、現代人と過去の人間との精神のつながりをめぐるパラドキシカルな性質を強調することにあった。両者の差異は河上の介入によって明確になる。小林が古典というものの不変性を主張して進化史観への反撃を行ったとき、彼と河上は次のような対話を行った(14)。

河上 それあ非常に大切なことだが、然し何も歴史と言はなくてもよいのぢやないかね。
小林 歴史と言はないで、なんと言ふの?
河上 もつと普遍的な人間学といふやうなもの……。
小林 或は一つの美学……。

この対話の直後、西谷は典型的な文学者的対話をさえぎり、話題を再び歴史に向けた。多少のやりとりを経て京都学派の二人は座談の主導権を掌握した。文学者たちの「反歴史」論調を押さえ込むことに成功し、基本的に対話の相手を小林一人に限定した。小林も彼らの雄弁に圧倒されたのか独自の「美学観」を歴史の問題へと向けざるを得なくなった。歴史主義の克服という点で意見の一致をみた後、鈴木は小林秀雄に対して、歴史の中の変わらないものをどういうものにおいて観ているのか、と問いかけた。それに対する小林の返答は以下のようである。「僕等が驚嘆したり尊敬したりする処に時間も発展もない。(中略)僕等日常の経験です[15]」。

京都学派の「世界史的立場と日本」では日常経験は討論の対象になっていない。厳格な学術訓練を受けた学者たちは、たとえ個人的な見方を述べるときにも必ず典拠を踏まえた。そのことはもちろん彼らの立場の客観性を保証するものではない。それが保証しているのは彼らが日常性の「拒絶」を基礎として学術的視野を構成したことである。だからこそ、この三回にわたる座談会において学者たちは「近代の超克」よりもはるかに直接的に戦争を論じ大東亜共栄圏の合理性を学術的に論証したにも関わらず、後世の批判は「近代の超克」へのそれほど激しくなかった。それを「世界史的立場と日本」がイデオロギー的な意味で体制に迎合しなかったためとばかり言うことはできない。鈴木成高が文学者たちとのルネサンスの討論で述べたように、「一般の人はさういふ問題に余り深入りする必要はあるまい[16]」と思っていた。日常経験を排斥するという意味において京都学派の学者たちは「一般の人」と彼らの体験まで排斥した。それに対して「近代の超克」の文学者たちは自分たちの日常経験に重要な意味を与えていた。もちろん彼らが「一般の人」や「一般の人」の経験を代表していたと言い切ることはできないが、彼らの考え方では、問題の観察や思考にあたって日常経験を視角としていたことは確かである[17]。

これこそが「近代の超克」の混乱の根源であり、また同時に、他の座談会以上に繰り返し分析され続けてきた原因でもある。日常経験を基礎として文人たちは小見出しにまとめられた一連の話題を組織した。それに対して京都学派の学者たちは学術的問題としてこれらの話題に応対した。かくして一見似たような話題を語っているように見えるものの、語りは全く異なる方向へと引き裂かれることになった。文学者たちにとって「反近代」とは「清潔な吾々の伝統(18)」に対する肯定にほかならず、学者たちにとって日本の優越性の強調は世界史の語りの一部分にすぎなかった。二日目に行われた「我々の中にある西洋」の中での西谷啓治と小林秀雄の対話は、典型的にそれを示している。

小林 (西谷たちの論文は)極端にいふと、日本人の言葉としての肉感を持つて居ない。国語で物を書かねばならんと云ふ宿命に対して、哲学者達は実に無関心であるといふ風に僕等には感じられるのです。如何に誠実に、如何に論理的に表現しても、言葉が伝統的な日本の言葉である以上、文章のスタイルの中に、日本人でなければ出て来ない味ひが現はれて来なければならんと思ふ。さういふ風なことを文学者は職業上常に心懸けて居る。それが文学のリアリティといふものに関係して人を動かしたり、或ひは動かさなかつたりする。……

西谷 ……一般の日本人に分かり易いやうな言葉で書くといつても、実はさういふことをする暇がない。正直にいへば、寧ろ西洋の思想家を相手にして居るといふやうな気持で、西洋人の考へて居るものよりもつと先に行きたい、人に分らせる分らせないといふことよりも、向ふの人が行詰まつた所を突破つて行く、さういふ気持が先に立つのです。(中略)……なほ私の考では現在の日本の文学にも哲学にも非常に不利なことは、哲学者とも文学者ともいへるやうな中間的な、例へばパスカルとかニーチエとかのやうなタイプの大きな人間が居ないといふこ

とで、さういふ人々の出る地盤がないのは文学哲学両方の責任だと感じます。(19)

小林と西谷の分岐は日本知識界の基本的状況を浮かび上がらせている。明治以来近代日本には根深い「西洋コンプレックス」があり、西洋列強に肩を並べたいという願望が「西洋を相手にする」という知識界の視角に屈折して反映されていた。京都学派はその学術活動において、西谷啓治の発言にある西洋に向けた切迫した心情を終始一貫表現していた。彼らにとって文人たちが関心を寄せる日本の問題は、「西洋人が行詰まつた所を突破つて行く」時に不可欠の材料にすぎなかった。京都学派の雄大なる世界史の語りにおいて、「日本」は、近代西洋に代わるべき重要なポジションを与えられてはいたが、論述の目的地とされることは決してなかった。「近代の超克」と「世界史的立場と日本」という題名の差異は、日本的「肉感」を強調する前者の「西洋への対抗」的立場と、日本的肉感を意識する「暇がない」後者の「世界史」的立場とのあいだの微妙な差異を象徴的に示している。

一九四二年前後の歴史状況を念頭においてこの差異を観察すると、一見対立的に見える両者の立場にも基本的な関連があることが見出せる。太平洋戦争の勃発は侵略戦争をめぐる日本知識人のさまざまな立場にしばしの統一をもたらしたのみならず、西洋にいかに対するかという問題にもある種の同一性らしきものを与えることになった。すなわち、東アジアの弱小島国が強大なるアメリカおよび西洋の同盟国に挑戦するというポーズが、日本のそれまでの東アジア侵略によって進歩的知識人が感じてきた焦燥感や罪悪感を後景化させ、真珠湾以降またたくまに日本知識人の基本的な声は戦争支持と大東亜共栄圏支持一色になった。また同時に、明治維新以来一貫して存在してきた日本中心論と西洋中心論の対立、およびそこから派生した複雑な変種の数々が一気に「日本」の立場へと統一された。太平洋戦争という契機によって、西洋近代の衝撃をめぐって日本の内部で生み出されてきたさまざまな分岐がいったん棚上げされる可能性が生じた。「近代の超克」には、文学者と学者のあいだの決してかみ合うことのない、しかし強引に結ばれた協力関係が現れているが、そこにはっきりと示されているのは、当時いったん棚上げされた分岐と、分岐の上に強引に仮構された、日本が西洋に代わって東アジアの強国になるという虚構の「同一性」である。戦後の『文学界』が自分たちの討論に京都学派の学者を呼ぶ力を持たなかったことに見て取れるように、一九四二年の文学者と学者の強引な協力関係とは太平洋戦争によって完成可能となった困難な「文化アイデンティティ」にほかならなかった。それは空前絶後の出来事だった。というのもそれは、肉感と理論的思想、日常経験と学術的思考、近代的主体性および歴史観念と日本の伝統についての語りの立脚点などなど統合しがたい対抗的要素を同一の言語空間の中で統合した出来事だったからだ。ここで強調すべきは、この討論では戦争は中心的議題ではなく背景でしかなかったものの、他のいかなる座談会よりも戦争の暴力性を浮き立たせ、知識界を統合する暴力の強力な機能を示したことである。

しかし問題はここで終わらない。西洋と東アジアあるいは日本をそれぞれ均質で自足した実体と見なすことができない以上、とくに東アジア各国が西洋モダニティの諸要素をそれぞれ受容し融合してきた基本的状況を無視できない以上は、ここまでの分析から「日本対西洋」の二元対立という分析のモデルを導き出すのは不適当である。実際、差異は、日本と西洋、伝統と近代といった対立の中に存在したのではなく、二元対立という思考のモデルが太平洋戦争中に瓦解していくプロセスの中にこそ存在していた。伝統と近代、日本と西洋といった問題にたいして、四〇年代初頭の日本知識人のあいだに真の分岐が存在しなかったといえる。彼らが「近代の超克」で示した対立とは、近代の語りにおいて「日本」と「西洋」をいかに叙述するかという一点をめぐって構成されていた。「いかに叙述するか」をめぐる根本的な分岐こそが、後世の「近代の超克」論に目に見えない影響を与えた。そして『文学界』同人と京都学派の学者の分岐は、その後半世紀にわたるより複雑な議論と分岐の根源となった。

二　竹内好の「近代の超克」

敗戦の甚大な打撃を受け、「近代の超克」という精神的遺産に対する日本知識人の心境はきわめて複雑なものになった。ことにアメリカ占領軍の進駐と東京裁判を経て、日本のナショナリズムと文化アイデンティティはより一層複雑になった。日本の国家主義および民族主義の帝国主義的側面を批判するというレベルならば、批判の任務・範囲は比較的明確であったが、それに反米あるいは戦後日本の無主体的状況の再検討という課題が付加されると、一方的な批判だけでは不充分になる。問題は以下のような点にあった。敗戦直後日本は特殊な「被植民地的」状況にさらされながら、それを否定する道徳的正当性を主張する根拠を完全に失った。既存のナショナリズムと文化アイデンティティはその手詰まりの突破に役立てることはできない。他方で既存のナショナリズムをのぞいて新しいアイデンティティを追求するすべも見あたらない。日本人は、ナショナリズムの問題を避けて新しいアイデンティティを見出すことができるかという厳しい試練に直面した。戦後の批判的知識人たちはそれぞれの方法で問題に挑戦した。共産党系知識人は自らの立場を国際共産主義運動および社会主義陣営の中に組み込もうと試みた。彼らにとって中国社会主義の実践は直接的な思想的資源となった。丸山真男のような批判的知識人は西洋モダニティ理論の中に思想的資源を見出そうとし、それによって日本の新しい民主的な伝統を作る立場に立とうとした。言うまでもなく彼らの批判活動および建設活動は、閉鎖的な日本の言語空間に対して積極的かつ有効な意義を有していた。彼らのおかげで日本人が知らなかった多くの術語に流通の合法性が与えられた。しかしながら、彼らの批判している対象に代わって日本社会の新しい「日常経験」を形成するには、こうした批判は充分でないことに、批判的知識人たちは十分に気づいていなかった。日常経験のレベルにおいて、「近代の超克」の提起した「日本人の肉感」が知識人たちの自家消費するモダニティの言説によって真に形作られることはなかった。社会の劇的な転形期にあって、小林秀雄と西谷啓治が触れた基本的問題、すなわち言説や学術は誰に向けて発せられるのかという問題が再浮上した。

戦後の一億総懺悔のあと、「近代の超克」はひとつの「トラウマ」として京都学派に関係のあった学者たちの戦後の語りから消失した。それに対して「世界史の立場」は、「日本文化フォーラム」という反共親米の色彩を持つ保守派の民間団体によって継承された。京都学派の四人の学者はほとんど皆このフォーラムに姿を現したが、『文学界』の文学者たちはそれとは関係を持たなかった。

「世界史の立場」と「近代の超克」の語りのあいだにもともと存在した方向性の違いが時代状況の下で拡大して壁を形成するまでになった。そして座談会についての回想は完全に文学者たちのものになった。一九五二年四月号の『文学界』に掲載された『『文学界』二十年のあゆみ』と題された座談会で、河上徹太郎、林房雄、小林秀雄などが再び「近代の超克」について触れたが、それは完全に文学者たちの私的活動として描き出された。[20] 当事者にとってこの座談会はもはやノスタルジーの対象であり、思想史上の出来事ではなかった。ところがそれと同時に、この座談会は、戦争中の知識人がファシズム・イデオロギーに協力し、鼓吹したことを戦後批判し反省するための反面教材となり、各層の日本人たちの非難を浴びるようにもなった。そして非難に刺激されるように、座談会の合理的な部分を弁護する「復権」の要求も生まれた。

こうした状況を背景にして、一九五九年一一月、竹内好は著名な論文「近代の超克」を発表した。[21] 論文の中心的論点は、シンボルと、思想と、思想の利用者の三者を区別して、体制から相対的に独立し非イデオロギーの形で現れる思想(竹内のことばでいう「事実としての思想」[22])を見出し、その中から日本の思想伝統を形成するための思想資源をひろい出すことであった。言うまでもなく竹内好は戦後一貫して堅持してきた「火中に栗をひろう」態度を徹底し、この悪名高き座談会の中から戦後日本思想界の真の課題を見出そうと試みたのである。

竹内好が論文の冒頭で冷静に指摘しているように、「近代の超克」は、知識人が純粋に自家消費用につくり出したことばであり、民衆の消費したことばとは異なっていたが、戦争とファシズムの複雑な歴史記憶がまつわりついているという一点においてそのはたらきは共通であった。それゆえ当時三〇歳代から上の世代の日本人なら、この特定のことばを複雑な反応なしに口にすることはできなかった。

竹内好の論文は、知識階級のこの「複雑な反応」をめぐって全編展開されたと言えるだろう。彼の述べるところでは、座談会の当事者には一つの思想運動を推進する能力はなかったが、この雑駁な座談会はあるイデオロギーのシンボルとして定着し、そのため座談会の評価をめぐる「復権」と「否定」の両極端の見方が生み出された。しかし両者はイデオロギー批評という点では一致していたという。竹内好が鋭く指摘しているように、小田切秀雄の「近代の超克」批判を代表とする左翼知識人の理論は、この座談会に抵抗と屈服の二面を認めつつ、しかし結局は屈服であり軍国主義と本質的には同じコースであったと考えた。それは哲学史と思想史の方では「世界史的立場と日本」への評価と大同小異であった。しかし「(小田切のような)そういう解釈は「近代の超克」の復権要求に対して説得的に否を主張できないし、「近代の超克」の現代版であると彼が考えるもの(中略)に対しても同様ではないか」という。(23)

否を主張できないというのは、こうした正しい解釈と具体的な事実のあいだに微妙な乖離があったからである。それはまさに「近代の超克」の主題と実際に語られた話題のあいだに存在した乖離だった。後世の論者は基本的に座談会の小見出しに着眼し議論を行った。そのため問題の現れ方の混乱ばかりをとらえ、この座談会を論じるには外部の要素と結合させなければならないと断言した。しかしながら、この座談会の内在的構造と実際に語られた話題は小見出しには表現されていない。すでに論じたように、この座談会は、特定の文学者集団と学者集団が太平洋戦争の暴力性のもとで創作した困難な文化アイデンティティであり、それが集約的に現しているのは、学術的な方法と日常経験の方法によってモダニティの要素を受容した際のそれぞれ異なった方向感覚、およびそこから派生した一連の問題群であった。近代の問題を処理するさまざまな方法の差異こそがこの座談会の真のバックボーンであり、そしてそれが、座談会とその主題のあいだの微妙な乖離の真の原因だった。実際、軍国主義の手先となったといった類の批判は、正しいことは正しいものの、この座談会の真の内在的構造を説明できず、またこの座談会が当時の歴史において直面していた本当の課題も説明できない。言い換えるならば、小田切のような左翼文学者は、批判を行っているとき実は批判対象の複雑な歴史的様相に目を閉ざしており、それゆえ事実としての思想を十全に処理できていない。竹内好は、「ここで事実としての思想といったのは、ある思想が何を課題として自分に課し、それを具体的な状況のなかでどう解いたか、また解かなかったかを見ることをいう」と述べる。[24]明らかに、正しいイデオロギー的結論ばかりを目指すのとはまったく異なる立場である。竹内好のいう「思想」とは、正しい思想のみならず、さまざまな錯誤さらには有害な思想をも含むものであった。しかしながら思想である以上は、政治体制から相対的に独立した影響力を持っており、それこそが思想が社会に影響を及ぼす根拠であった。「近代の超克」と「世界史的立場と日本」はまさにそうした意味での「思想」性を持っていた。竹内好が述べたように、思想形成を試みて結果として思想破壊に終わりはしたが、しかし根底において、体制への単純な従属を前提としたものではなかった。

それでは、「近代の超克」における事実としての思想とはいったい何だったのか？

竹内好は太平洋戦争をとらえた。竹内によるとこの座談会の真髄は、太平洋戦争勃発という特定の歴史的瞬間における日本知識人の精神状態を伝えている点にあるという。それ以前の十年間にわたる侵略戦争の中での「自由主義」反戦思想の無力ぶりを浮かび上がらせたばかりでなく、侵略戦争と抵抗戦争の二面性を分別することが不可能だった当時の歴史的状況下の現実を伝えているという。竹内は多くの同時代人の回想を引用して痛ましい事実を明らかにした。日清戦争や日露戦争と異なり第二次大戦中の日本は「総力戦」の形態で日本民衆を巻き込んだ。総力戦体制とファシズム侵略戦争は戦争の外部において侵略戦争に反対する余地を完全に消滅させた。実際に、反戦言論の存在は当時の社会的雰囲気ではそもそも許されなかったし、それればかりかほとんどすべての青年知識人が戦場に向かわざるを得なかった。こうした状況下で、「むしろ主観的には神話（「聖戦」「大東亜共栄圏」などのプロパガンダ——引用者注）の拒否ないし嫌悪は一貫しながら、二重にも三重にも屈折した形で、結果として神話に巻き込まれた、と見る方が大多数の知識人の場合に当てはまるのではないかと思う(25)」。その意味で、少数の例外を除いて傍観や逃避から区別される意味での反戦は基本的に存在しなかったと、竹内好は考える。

以上の脈絡において、竹内は河上徹太郎が「近代の超克」の結語に記した一語に注意を向けた。「確かに我々知識人は、従来とても我々の知的活動の真の原動力として働いてゐた日本人の血と、それを今まで不様に体系づけてゐた西欧知性の相剋のために、個人的にも割り切れないでゐる(26)」。戦争状況下におけるこの相剋こそが、ソ連に親近感を抱いていた高杉一郎のような人々の感情を太平洋戦争支持へと直接的に変換させた根源であった。それは日本知識人のアジア主義の歴史的記憶と溶けあい、戦争が正義か否かという問題を完全に消し去った。それはまた抵抗と服従が表面上ほとんど紙一重となる特殊な状況でもあった。戦後世界構造が再分節化され、欧米対アジアという歴史記憶、さらには枢軸国対反枢軸国という戦時中の構造に替わって、社会主義対資本主義の二大陣営構造が形成されると、「日本人の血」も再度流れるべき動脈を求めざるを得なくなる。竹内がよく理解していたように、戦後左翼陣営の批判はこの状況を克服しておらず、戦後も依然として存在する「日本人の血」およびその「二重にも三重にも屈折した形」を処理する能力を持っていなかった。

しかしながら「日本人の血」とは均質ではない。それもまた「近代の超克」の内在的混乱の要因の一つであった。竹内好がこの論文で行ったのは、座談会および極度の緊張下にあった当時の時代内部の具体的状況を腑分けする作業であった。一人の思想家たる竹内好がこの論文で我々に残した重要な遺産とは、後世の人が繰り返し引用し続ける論断そのものではなく、状況のなかで分析するという思想的立場にほかならない。その状況とはまず何よりも総力戦という現実であった。国民は軍国主義者の命令に服従したのではなく、民族共同体の運命のために総力をあげたのだと竹内は指摘する。天皇と、国家と、国民を区別するのは戦後のことであって、その戦後から戦時中を類推することはできないという。竹内好はこの明晰な認識に基づいて抵抗と服従のあいだの紙一重こそが当時のもっとも真実の状況であったことを的確に指摘した。言い換えるならば、彼は戦後作られたいわゆる「反戦力量」の虚偽を見抜き、真の反戦の可能性は主流イデオロギーの中にしかあり得なかったと認識した。なぜならば当時は、主流イデオロギーをのぞいて総力戦という現実に影響力を発揮できる力量は存在しなかったからである。

竹内好はその上で「近代の超克」の中に反戦の契機を求めた。この座談会は言うまでもなく、主流ディスクールを使用し結果として戦争イデオロギーに協力した対話である。しかしその言論空間の中において、主流ディスクール（すなわち戦争ディスクール）を使用しているものの内部からそれを変革する可能性が存在していた。竹内好はその可能性をまず京都学派の体現する「教義は現実に勝る」という立場に見出した。彼らの立場は学者たちが現実に参与するための有効な視角とならなかったし、実際には彼らの理論を「空論」に発展させる結果に終わりはしたが、しかし主流イデオロギーが極度のファシズム化を被っている時代において、理念の独立性の強調は、ある種思想の独立の可能性を暗示したという。[27] 同時に竹内好は、『文学界』同人たちの「日本人の血」への注目、および明治以来の日本社会の「文明開化」と西洋への盲目的追従を批判する態度にも、日本が自我の主体性をうち立てるかすかな希望を見出した。以上を基礎として竹内好は、日本ロマン派の代表人物と見なされる保田与重郎[28]が悪名高き著作活動において示した「あらゆるカテゴリイを破壊することによって思想を絶滅すること」の思想的役割に特別な関心をよせた。いわば毒をもって毒を制すレベルにおいて、こうした思想破壊を意味転換に利用して、脱亜入欧とは異なる別の強力な思想主体を生みだし、京都学派の教義学ではない行為の自由がうち立てられる可能性があったと竹内は述べる。ただしこうした具体的な分析よりも重要なのは、竹内がここで提起した原理的な問題である。いわゆる中央集権国家において、真の民主の可能性は、体制の外での対抗によって生みだされるのではなく、体制の内部からの「修正」の困難な歩みのなかにしかありえない、したがって主流イデオロギーにとって真に脅威なのは、「反体制」の力量とは限らず、むしろ体制内の異分子である。また反体制民主派にとって有効な手段は主流イデオロギーの内部で変革を図ることであり、外部で対抗的ポーズをとることではないという。これこそが「火中に栗をひろう」態度が重要なゆえんである。第二次世界大戦中日本の白色テロの状況はひとつの極限状態として、こうした問題を考察する有効な材料となる。

しかしながら、竹内好は「近代の超克」の中に可能性の実現を見出すことはなかった。彼によれば、「近代の超克」は極限状態における思想伝統形成の試みであり、結果として極限状態に押しつぶされて失敗に終わったものにほかならなかった。この座談会は日本近代史上のあらゆるアポリアを凝縮して爆発させたが、アポリアがアポリアとして認識されることはなかった。「したがって、せっかくのアポリアは雲散霧消して、『近代の超克』は公の戦争思想の解説版たるに止まってしまった」と竹内は述べる。彼は一つの問題を解決しえなかった。それは、太平洋戦争勃発時の日本知識界が、日本軍国主義への支持と反ファシズム戦争を行うソ連への支持を同一視することに何の矛盾も感じなかったのは、いったい何故なのかという問題である。この問題の背後には日本知識人の「近代」をめぐる基本的な認識の枠組みが隠されているのではなかろうか。「西洋」は強力なライバルとしてまた最大の脅威として、近代以来の日本の世界認識を左右し続けた。そして戦争は、近代化プロセスの中の暴力的な一段階としてこうした世界認識に組み込まれたのではなかろうか。しかし問題はなお残る。「近代の超克」がそれとして認識しえなかったアポリアは戦後も残存したのみならず、なお認識・解決されず、竹内好のことばを借りれば、戦後日本の思想の荒廃状態を生みだす要因となった。

そのアポリアとは、東アジアの近代化プロセスの中において問われた日本はいかなる道を歩むべきかという問題である。戦後日本政府は「占領即解放」という観念をやむなく受け入れた。日本はアメリカ軍に縛りつけられ、そのことによって戦争責任を免れた。一方、かつて総力戦に巻き込まれた国民は戦後になると新しい文明開化に酔いしれ、西洋を手本とする近代的経済福祉社会を建設した。日常経験の次元において、人々は、アジア、とくに東アジアに対する日本の責任という明治以来の問題を封印し、アジア主義によって貫かれてきた半世紀にわたるさまざまな試みを封印した。京都学派の学者たちが示していた西洋への切迫した心情が戦後の複雑な政治情勢のもとで合理化され、ある種の道徳的正当性を獲得した。反対に「近代の超克」に示された微弱な「肉感」が開放的な視野のもとで再度問題化されるかすかな希望は抑えられた。日本の軍国主義政府に対抗するという意味において、また天皇制に抵抗して民主主義建設を図るという意味において、西洋の思想的遺産が日本の進歩的知識人の有力な武器となった。しかし同時に、西洋近代に内在したコロニアリズムやオリエントに対するヘーゲル的歴史認識は彼らの盲点となった。五〇年代日本知識界の数々の座談会を見ると、論争の陣営は進歩的知識人と保守的知識人といった基準で厳格に区分されていたわけではなく、むしろ多くの場合、西洋モダニティ理論を利用する方式と習熟の程度によって分かれていたことがすぐに見て取れる。戦後日本の帰属問題によって、日本知識人たちのあいだに表出したイデオロギーと政治的立場は、単純な対立などではなく、はるかに複雑な知的組み合わせであった。日本はいかなる道を歩むべきかという大問題を前提として、知識界の中で、思想分化の基盤となる議論の視角が繰り返し調整され、思想的陣営の再構成が繰り返し行われた。

竹内好は鋭く見抜いていた。新しい東西二元対立モデルによって日本はいかなる道を歩むべきかという問題を解決することはできないのだ、と。というのは、五〇年代末期に日本優越論が再燃し、「日本文化フォーラム」のような文化人の言説において日本は東アジアの指導的国家として描き出された。「近代の超克」が失敗した地点で戦後の日本主義者たちは同じ轍を踏んだのだが、それに対して進歩的知識人は西洋の思想遺産によってこの状況に対処する有効な方法を見出せなかったからである。危機意識をもった竹内好は「近代の超克」の封印を解き、イデオロギー批評によって単純化されていたこの思想史上の出来事から新たな可能性をひろいだそうとした。竹内本人は意識していなかったかもしれないが、結局可能性の実現を見出せなかった彼の試みの意義は、「健全なナショナリズム」を発掘したかどうかにあったのではない。政治的に正しい思想立場が現実の状況の中で問題を処理する際には往々にして無力であるという熟思すべき問題を示したことこそが、彼の試みの意義であった。

竹内好の論文は発表されるとすぐに反響を呼んだ。竹内に異議を唱える見解がいくつか発表され、それによって当時の知識界のこの問題にかんする基本的局面が形成された。一九六〇年三月、雑誌『新日本文学』は竹内好を中心として「『近代の超克』をめぐって」と題した座談会を開いた。その中で哲学者であり大衆文化研究者でもある鶴見俊輔の発言は興味深いものである。鶴見は竹内の論文に賛成できないと述べた。その理由として彼は戦争が不可避であったとは思わないと述べる。明治以来日本の小学校では非戦の常識を原則としてうち立てていて、民衆のあいだに反戦の可能性があったと強調し、総力戦の哲学は日本国民のいちばん深いところにある主な線として成り立っていないと言う。彼はさらに吉本隆明を例に挙げ、竹内好のいう健全なナショナリズムを発掘することは不可能だと述べた。鶴見はあえて単純化して平和の強調と戦争反対を主張した。それは第一に人を殺すのは良くないからであり、第二に負ける戦争はしない方がよいからだという。彼はそのような立場を「算術的平和論」と称した。[29] 竹内好は礼儀正しく、しかし遠慮なく、鶴見のような政治的に正しい立場は無力であると反論した。竹内は太平洋戦争勃発時に鶴見がアメリカにいたことを指摘し、鶴見は戦時中の世代の真実の体験を理解していないこと、とくに一二月八日を境として感じ方が変わったことの微妙な意味を理解していないことを指摘した。ここで竹内好と鶴見俊輔のあいだに示されているのは、同じように進歩的立場に立つ知識人の課題意識の差異である。竹内が扱おうとしたのは戦争中の国民の体験であり、国民体験が算術や形式論理といった教条によって左右できないことに苦悩している。それに対して鶴見俊輔が扱おうとしたのは正しい理論とその応用可能性であった。鶴見はアメリカで大学教育を受けたインターナショナルな知識人であり、日本の大衆文化への関心を一貫して持続させていたものの、彼自身の体験として大衆文化に分け入ることはなかった。微妙な距離感を保つことで、鶴見俊輔はもっとも危険な視角や領域から身を離し終始正しい立場に立つことが可能になった。日本の進歩的知識人のなかで鶴見俊輔は極端な事例かもしれない。しかし彼の進歩性はその極端さによってより明確に表明されている。

三　荒正人の「近代の超克」

鶴見俊輔とは異なり戦時中の体験を出発点としながら、しかし竹内好に対立した意見も発表された。それは荒正人を代表とする左翼知識人の意見である。荒正人は日本共産党への入党経験を持ち、のちに意見の食い違いから離党した進歩的知識人であり、学生時代から情熱的な文人気質で名を馳せていた。彼は一九六〇年三月から雑誌『近代文学』に長編評論「近代の超克」の連載を開始し、同年八月号まで計六編を発表した。この評論は、脇道にそれることが多くしかも何の説明もなく八月号でうち切られてしまったが、しかし竹内好の同名論文に対する反応として鶴見俊輔より本質的な批判となっている。というのは、彼は戦争中のある種の「体験」を基盤として重要な問題を提起し、しかも竹内好の盲点を衝いているからである。

連載の第一回目で荒正人は相当の見識を示した。彼は以下のように指摘する。竹内好には理想の形の「近代の超克」があるらしく、実際の座談会を離れて欠席者まで計算に入れ、出席者については選択的な見落としをした。こうした方法は座談会そのものを議論するには不適当である。たとえば座談会でもっとも良くしゃべった神学者吉満義彦を竹内好は完全に無視したが、吉満はいちばん熱心な「近代の超克」論者であった。荒正人は、「近代の超克」は発表されたままの形でしか扱うことができないもので、特別の愛着を抱く必要は感じないと強調した。

荒正人自身もその後の議論で座談会そのものから遠く離れてしまったが、しかしこの指摘は竹内好の議論の方法に潜在的にひそんでいた限界を的確に指摘していた。竹内好はたしかに自分で作り上げた理想の形の「近代の超克」をイメージしていた。しかもそれは、「火中に栗をひろう」態度で日本思想とナショナリズムの可能性を掘り起こそうとする竹内の戦後の活動と直接的な連関をもっていた。竹内好の論文の中で座談会そのものは議論の対象になっていない。彼が論じたのは特定の時代および歴史的文脈の中における座談会の位置づけの問題にほかならなかった。このような論旨は竹内の限界でありながら、この限界はまさに彼の問題意識に基づいている——すなわち、彼はもっぱら座談会に現れた特定の時代の雰囲気ばかりに関心を寄せ、座談会で語られた内容にそれほど注目しなかったのである。言うまでもなく、こうした限界の帰結として、座談会の内容の整理から出発する精神的遺産の継承はできなかった。たとえば竹内は「近代の超克」と「世界史的立場と日本」の差異を完全に無視し、後者を前者の中に組み込んでいる。その結果彼は知らず知らずのうちに、特定の時代の思想形成に関わる多重的な可能性を思考することを妨げられた。

つづいて荒正人は、竹内好が述べた「帝国主義を打倒するには帝国主義によるほかない」という観点に対して厳しい攻撃を加えた。その理由として荒正人が強調したのは、竹内の観点ではソヴィエト連邦の反ファシズム戦争を位置づけることができないことであった。荒正人の竹内批判はいささか強弁のきらいもあるが、しかしここには彼らの重要な分岐が示されている。竹内の観点では、ソヴィエト連邦の反ファシズム戦争は背景にすぎず第二次大戦の有機的な組成要素として考えられなかった。戦争とモダニティに対する竹内の関心の起点は、あくまでも東アジアが西洋モダニティの衝撃にいかに反応するかという点にあり、ソ連はヨーロッパ内部の分裂を示す徴と見なされていた。特殊な思想的資源であるソ連は常に竹内好の思考の盲点となっていた。[30] 同時に竹内好は、東京裁判をきっかけにして、日本とアメリカは東アジアの植民地争奪戦争をしただけで、文明対野蛮、正義対侵略の戦争ではなく帝国主義対帝国主義の戦争であったという観点を固めた。[31] それに対して荒正人は、第二次大戦を考える視角として一貫してソ連を重視しており、アメリカに対しても、ソ連および中国の同盟国として、歴史の行為としては民族統一戦線を援けて日本ファシズムに対抗したという命題を導き出した。したがって、アメリカは帝国主義であり戦後東アジアで行っていることは明らかに拡張主義的かつ植民地主義的であると認めるものの、しかし竹内好のような日本とアメリカを同等視する観点には反対を貫いた。そしてファシズムと反ファシズムという図式を基本軸として第二次大戦を多角的にとらえるべきであると主張した。[32] 以上の観点を前提として荒正人は資本主義への批判を展開し、「近代の超克」は資本主義を否定しなかったという一点において近代を超克していなかったと鋭く指摘した。彼はさらに「近代の超克」と同月に発表された座談会「復古の真意義」を取り上げ、それが個人主義を否定しながら資本主義を否定しなかった点で「近代の超克」と同じであることを指摘した。[33] さらにその次の回で荒正人は、竹内好が戦時中に書いた「大東亜戦争と吾等の決意(宣言)」および「『中国文学』の廃刊と私」を取り出し、竹内好を侵略戦争の手先となったファシズム知識人として容赦なく描き出した。[34]

事実に即して言えば、荒正人の戦争把握は竹内好よりもはるかに当時の国際情勢および政治判断に近かった。[35] しかし情勢がすでに変化した現在の観点から考えると、真剣に再考する必要のあるひとつの難しい課題が浮上する。竹内好は「近代の超克」において、モダニティの衝撃に対して日本はいかに対応すべきか、東アジアにおいて日本が「健全なナショナリズム」をうち立てるにはどうするべきかといった思考を提起したが、それらは鶴見俊輔の理論応用や荒正人の厳しい攻撃によって粉砕されたのであろうか。鶴見や荒の作業は竹内好の問題意識に取って代わり新しい「日本優越論」に十分な反撃をしえたのであろうか。

同年一二月、『近代文学』は荒正人、竹内好、花田清輝、山室静の四人による座談会「日本人と文学」を発表した。花田は『近代の超克』と題する著書を出版していた。竹内好は高く評価していたが、[36]それはエッセイ集であり扱う話題が散漫であったため影響力は限られていた。またこの座談会において、荒正人が竹内好を厳しく批判する論文の連載から四カ月足らずにして二人は率直な対話をした。これは真の危機意識のもとでのみ可能となった感動的な協力関係に見える。

どのような事情かわからないが「近代の超克」は座談会の中心的話題にならなかった。しかも参加者のあいだの差異が大きすぎたため討論は全体として散漫で皮相的なものとなった。ただ話題がナショナリズムからインターナショナリズムへさらに日本文化論へと展開したあと、荒正人と竹内好のあいだで極めて抑制された議論が始まった。広島長崎の核爆弾の責任問題を論じることを通じて荒正人は太平洋戦争の反ファシズム戦争としての性格を再度強調した。竹内はチャンスを待って、日本とアメリカはともに帝国主義であるという方向に話題を運んだ。荒正人と竹内好の分岐は以下の点にあった。荒正人は太平洋戦争を日米両国の戦争と見なすことに反対し、それが枢軸諸国と反枢軸諸国の対決であったと強調した。それゆえ必然的にソ連の位置づけが問題となる。それに対して竹内好は、アメリカが戦後西洋諸国の上に立って盟主の位置を占めており日本は実質的にはアメリカだけにシャッポを脱いだという主張を曲げなかった。それゆえアメリカをとくに取り上げて真っ向から対決することが必要となる。荒正人は、日本はまず侵略戦争の開戦責任を追及すべきであり、そうしなければヒロシマの問題も議論できないと主張した。竹内好はその原則には同意しつつ、アメリカは日本の降伏がはっきりわかっていて原爆を落としたことを強調した。二人の議論はなんの進展もないままうやむやのまま終わり、二人の立場が交叉しあうことはまったくなかった。

とはいえこの議論はその後にわたる日本の進歩的知識人内部の基本的な分岐を象徴的に示している。四〇年が過ぎた現在、日本の知識人はほとんど実質的な進歩のないままヒロシマ問題において荒正人と竹内好の問題意識を反復しているように見える。これはいったいどうしてなのだろうか。

基本的な思考の手がかりは、やはり竹内好の「近代の超克」の中にある。皮肉なことに、あまたある「近代の超克論」の中には、政治的に竹内好よりも正しくまた読解として竹内より精緻なテクストがいくつもあるが、竹内好のこのテクストほど時空を超えてたびたび言及されるテクストはほかになく、民族主義ないし大東亜主義の「嫌疑」濃厚な竹内のテクストばかりが日本思想史上の名著となっている。

それはこのテクストに疵がないからではないだろう。進歩と反動がインターナショナリズムとナショナリズムへと単純な分類をされる状況下において、竹内好だけが、問題はその種の分類の中にはないことを鋭く見抜き、もっとも直接的な方法によって日本対西洋、ナショナリズム対インターナショナリズム、資本主義対社会主義といった二元対立的思考を早急に打破せねばならないと主張したからだと私は確信する。竹内好は二元対立に替わる理論モデルを見出すことはなかったが、戦争経験者の感情記憶を揺り動かし、感情記憶の中に生きている原理を発掘しようと試みた。竹内好の見るところ、戦後行われた戦争に対する省察はむしろ生きている原理を覆い隠すものだった。なぜならば、日本のモダニティの問題は第二次大戦を頂点としながら、様々な形での対外拡張として戦後も基本的に生き延びていたからである。一つの世代の人間がイデオロギー以外の思想を持たず一つの時代が思想史上の空白となることがあるとは竹内好は考えなかった。戦争の歴史の中から現代の思想形成の基本的方向を峻別し、思想と暴力のあいだの複雑な関係を見極めること。それが竹内好の基本的課題であった。彼が「近代の超克」の中に思想形成のかすかな手がかりを求めたとき、極めて難しい問題が存在した。すなわち、彼が発掘・再建を試みた日本の思想的遺産はほとんどすべて「汚染」されていた。歴史的に日本の軍国主義と関係を持っていたのみならず、新しい時代状況下でも基本的には日本の保守派あるいは右翼のイデオロギーとなっていた。そればかりか、竹内好本人も戦時中に「汚染」されたことばを用いて思想の創造を試みたことがあった。竹内好が戦時中の感情記憶や体験に訴えかけ、感情・体験の中に生きている原理を求めようとしたのは、抽象的な表現によっては微妙な差異点が隠されてしまうであろうことを知っていたためであった。たとえば対外侵略のイデオロギーの中には、歴史上萌芽的に発生しながらすぐに摘み取られた東アジアへの責任問題が隠されている。また西洋に対抗する日本ナショナリズム・イデオロギーの中には日本を世界史の一部分にしようとする努力が含まれている。竹内は問いかける。もしこうしたすべてを「正しい」理論によって消し去ってしまったら、いったい思想伝統を形成し歴史的責任を担うことのできる思想遺産が日本に他にあるだろうか。外来の思想と観念をいかにして日本の思想・観念へと転化させ、日本の日常生活経験に作用させるのだろうか、と。

竹内好がこの問いかけを転化させ日本の思想的遺産を追求し洗い清める行動を始めたとき、直面したのは左翼知識人からの抵抗であった。いかにして状況の中で原理を求め、原理の生命力を保つか。それはすべて自己否定の能力にかかっている。竹内好を鶴見俊輔のような知識人から区別するのは、彼に具わった複雑な現実に分け入る能力である。また竹内好を荒正人のような知識人から区別するのは状況の中で原理を追求する本能である。竹内好にとって理論は状況を認識する際の出発点でも終着点でもなかった。それはただ状況の中で生きつづけているものにほかならなかった。竹内好と荒正人の分岐に現れているように、竹内が追求する原理は流動的で成長するのに対して、荒は既定の原則に執着した。この分岐はあるいはそれ自体が原理的なものかもしれない。それが未解決のまま残されているため、往年の竹内好と荒正人のあいだの分岐が現在なお基本的な分岐として残存している。アポリアをアポリアとして認識せよという竹内好の呼びかけは、彼自身に向けた、そして日本思想界に向けて提起した重要な課題であった。残念ながら、竹内自身も解決し得なかったこのアポリアは同時代人に注目されなかった。数々の論争の中で彼の努力はまったく異なった方向へとねじ曲げられた。六〇年代後半に竹内好が評論家廃業を実行したとき、彼に唯一できたことは、解決しえず注目もされなかったこのアポリアをただ後世の人々に残すことであった。

四　廣松渉の『〈近代の超克〉論』

竹内好が評論家を廃業し『魯迅文集』の翻訳に集中していたとき、一九七四年から七五年にかけて、もう一つの「近代の超克論」が雑誌『流動』に連載された。それが単行本としてまとめられたとき竹内好はすでにこの世を去っていた。

新しい「近代の超克論」は左翼哲学者廣松渉によって書かれた。彼の残したテクストは貴重である。このテクストがなかったら、今日「近代の超克」という思想史上の出来事を整理するにあたって多くの技術的な問題に直面するかもしれない。

廣松渉のテクストは極めて難解である。それは彼の用いる言葉と文体が難解だからではない。前の世代の人のように明快に問題を提起しないがゆえにである。彼はイデオロギー批判と思想分析のあいだでいつも揺れ動き、両者を有機的に組み合わせる方法を最後まで見出せなかったように見える。しかし彼は竹内好の批判に一定の紙幅を費やしているため、私たちはそこに廣松のテクストに分け入る手がかりを見出すことができる。

廣松渉の竹内好に対する批判は第七章で展開された。つまり廣松は竹内好の課題を立論の出発点とはしなかった。実際に、廣松渉の思考が多くの部分で竹内好の影響を受けているのは事実だが、廣松自身は竹内のテクストが重要な問題を提起しているとは考えず、まして竹内の開いた思考に沿って課題を深めていく必要を認めなかった。廣松は、竹内のテクストがその後の「近代の超克」評価の大勢を決していると考え再検討の必要を感じた。しかし竹内のテクストがその後の評価の大勢を決したのは何故なのか、こうした大勢がどれほど簒奪され利用されてきたのかといった諸問題には、廣松渉は関心を持たなかった。

廣松渉の竹内好に対する批判は以下の二点に向けられた。一、竹内好が、戦時中の「近代の超克」論は戦争とファシズムのイデオロギーにすらなりえなかったと書いたこと。二、大東亜戦争から太平洋戦争にわたる日本の戦争の二重性格が腑分けされず、それゆえアポリアがアポリアとして認識されなかったとしていること。

廣松渉は竹内好が提起した問題の核心をたしかにとらえている。ただ残念なことに、彼の批判は鶴見俊輔や荒正人による往時の批判を超えるものではなく、荒正人に及ばない部分すらあった。まず第一点目について廣松渉は次のように批判した。京都学派は開戦の詔勅を完璧に説明してみせる教義学を持っていただけにすぎなかったとしても、それだけで充分に戦争とファシズムのイデオロギーとして認定されるべきである。たしかに彼らの思想の力は現実を動かしたわけではなかったかもしれないが、「思想の力」なるものが「現実」なるものを動かすわけではない。彼らの解釈が多くの青年学徒に大東亜戦争の世界史的意義を納得せしめたということは、現実に能動的な契機となったということである。第二点目について、廣松渉は故意にか知らずか誤読をして批判を加えた。「竹内氏は『近代の超克』はいわば日本近代史のアポリアの凝縮であった」こと、「復古と維新……国粋と文明開化、東洋と西洋という基本軸における対抗関係が……一挙に問題として爆発したのが『近代の超克』論議であった」ことを明記しておられる。これは「近代の超克」論議がまさに「アポリア」を解決の課題として認識の対象にしたということの謂いではないのか。戦争の二重性格についても同断であろう。尤も、氏としては、それはアポリアの真の認識ではなく、また、戦争の二重性格の真の腑分けではない、と言われるのかもしれない。最終的な認定としてならばあながちに異を唱えるに及ばないにしても、しかし、当座の問題としては、「近代の超克論」が氏の謂われる「アポリア」や「二重性格」をそれなりの仕方で認識し、それの〝解決〟ないし止揚統一を志向したということ、その故にこそ往時のイデオロギー的要求性に応え得たのだということ、この側面を押えておく必要があると考える[37]」。

竹内好の文脈をまるで無視する廣松渉のやり方は単なる強弁ではない。往時の荒正人と竹内好の分岐と同じように、ここには廣松渉と竹内好の分岐が現れている。両者の分岐は、竹内好が火中に栗をひろおうとするのに対して、廣松渉が対岸の火事を見るような明晰さを求めていることにある。言い換えるならば、竹内は戦争の直接的体験者として、かつ大東亜共栄の理念に正当性と可能性を求めようとして失敗した経験者として、「近代の超克」から歴史の臨界状態および特定の時代状況下で臨界状態を有益な方向へ転じさせる必要条件を見出し甦らせようとした。それに対して廣松は、戦時中には幼少であった間接的体験者として、歴史の裁判官を演じることに関心があった。とくに廣松渉は、六〇年代末世界的に湧き上がった学生運動による既成秩序への反逆という課題を目の当たりにし、資本主義体系の内部から生まれた再度の「近代の超克」要求に直面して、新たな「日本ロマン派」イデオロギーを解体するのが自らの課題と考えていた。しかし竹内好と異なり、一貫して西洋近代哲学に依拠して仕事をしてきた廣松渉には、理論の上では西洋中心主義に反対できたが、感覚の上で東洋にモダニティの問題を処理する思想的遺産があるとは思えなかったようだ。まして彼が活動していたのは、中国では文化大革命が猛威を振るい日本では右傾化が進行していた時期である。竹内好のように東アジアのオルタナティブなモダニティを思考することは極めて困難であり、西洋近代以来の思想的遺産に依拠して歴史を再発掘するほか方法がなかった。かくして、廣松渉は京都学派と同じように雄大な「近代を超克する」語りを築き上げたが、当然の帰結として、竹内好の語りのもっとも基本にある思想的契機——歴史の対象の内部に身を置き、歴史を動かす真の力を求めるという契機はおろそかになった。廣松渉の叙述は極めて戦闘的であったが、それに必要な内在的緊張力は欠けていた。それゆえ彼は歴史の裁判官を演じることはできたが、歴史の中のもっとも躍動的な部分をとらえるチャンスを逃すことになった。

廣松渉は、「近代の超克」にイデオロギー的な作用があったと認定することを前提として、またこの座談会に思想的模索や思想的失敗の契機を求めないことを前提として、座談会に対する思想的整理を行った。哲学研究者たる廣松渉にとって、「座談」という特定の言語空間をとらえるのは相当に困難であった。それゆえ彼は座談会そのものの分析を基本的には避けた。彼は冒頭から京都学派の世界史の哲学を話題にしたが、しかし京都学派が三回にわたって行った座談会を正面から扱うことは避けた。こうして彼は、京都学派の学者たちの座談会での対話、とくに対話に含まれる潜在的な分岐や衝突を扱うことなく、もっぱら彼らの専著もしくは論文を材料とすることになった。言うまでもないが、個別の著作に比べての座談会の特徴とは、個々の思考のあいだの交錯や衝突、さらには交錯や衝突に暗示される思考の組み合わせの可能性を読みとりうる点にある。荒正人が指摘したように竹内好も二つの座談会に視線を集中させていたわけではなかったが、竹内は明らかに、昭和前期から中期にかけての特定の言論空間、およびその空間の内部で織りなされる多様な思考と主流イデオロギーとのあいだの緊張関係に着目していた。そのため竹内はシンボル化した「近代の超克」に対して内在的な峻別作業を行うという困難な課題を提起しえた。廣松渉も時代の思想状況に関して雄大な深層構造を築き上げようと試みたが、彼は基本的に「座談」の思考に分け入らなかったため、その空間意識は形骸化したものになり、概念に流れるばかりとなった。彼は「近代の超克」と「世界史的立場と日本」を混同したのみならず、竹内好への批判に基づいて、両者の立場の微妙な差異を単純化し、両者とも主流イデオロギーの手先であったと見なした。廣松渉は言う。竹内好は二つの座談会および日本ロマン派の範囲でしか問題にしておらず、三木清のようなイデオローグを視野の外においている。「そのかぎりでは、成程《なるほど》、氏の認定が生ずるのも謂《い》われなしとしない。だが、氏の視界で『近代の超克』論を処理しようとするのは、昭和思想史論の方法論的手続としては狭隘にすぎるように思われる(38)」。

廣松渉は明らかに置き換えをしている。それは彼が『文学界』同人の思考に分け入れなかったことのやむをえない結果であった(39)。彼は竹内好が一言触れただけの三木清を、『文学界』同人であり京都学派の出身でもあったことから、文学者と学者をつなぐ重要なかなめと見なした。三木清を『文学界』の代表と見なすことにより、廣松渉は文学者たちの討論を棚上げし主張の学術的な整合性を保つことができた。しかしながら、三木清が『文学界』および同人を代表できるかという問題はさておくとしても、より大きな問題として、この置き換え作業が一つの理論的なすり替えであることが指摘できる。すなわち、歴史上の明確に限られた範囲を持つシンボルであった「近代の超克」が無限に拡大され、昭和思想史全体の基本的構造とされたということである。その基本構造とは、廣松渉が関心を寄せていた、天皇制を頂点とする国家独占資本主義の社会構造およびそのイデオロギーである。日本の国家独占資本主義およびそのイデオロギーに対する批判は、マルクス主義者たる廣松渉の基本的な思想課題であった。彼が竹内好の「方法論的手続き」を狭隘にすぎると批判したのは、竹内が文明論と文化論の視野でしか問題を扱わず、社会史的角度から廣松渉と同様の課題を扱わなかったためにほかならない。その他の課題(たとえばアジア主義など)についてなら、廣松渉の竹内批判は確かに的を射ていた。しかし「近代の超克」についての彼の批判は彼自身の弱点をさらけ出すものであった。廣松渉は雄大な社会史と観念史の語りにおいて、竹内好を批判することによって、竹内好によって提起され荒正人等によって明確化された重要な思考を見逃した。一つの言論空間たる「近代の超克」が日本の近代思想史上に持った意義は、座談会参加者あるいは関係者の個人的観点と同等視することはできず、まして社会史的問題に単純に還元することなどは不可能であった。そこに示された問題の多層性、および当時の社会的雰囲気のもとでいわくいい難い感覚に明確な形を与えたことの独特な効能は、ごく少数の座談会だけが果たし得たことであった。その点においては、これと比肩しうる単独の著作は一つとしてない。衝突や対抗ばかりでまた高度に妥協的でもあったこの座談会が、歴史分析を図式化から救い出す契機となり得たのは、まさにこの感覚に形を与えるという意味においてであった。

廣松渉がこうした問題にまったく関心を持っていないことは明らかである。彼は「近代の超克」

における京都学派のはたらきを過度に強調し、事実を曲げて京都学派の学者だけが座談会の基調を確定したと認定したばかりでなく、この座談会が担いうる社会・歴史的内容をはるかに超えるものを引き受けるよう強いた。全一〇章にわたる長編において、彼は京都学派の高山岩男の世界史の哲学、西田幾多郎の哲学の位置、三木清の哲学のイデオロギー的隘路、日本資本主義の特質、昭和維新と日本共産党の転向声明が持つ社会史的な意味、日本ロマン派の民族主義的心情とその世界観の関係、文学者たちの近代の超克論の虚無主義的傾向などといった諸問題を論じた。しかしこの博大に見える枠組みにこめられた問題は、実は極めて明瞭であった。簡単にまとめると以下の数点になる。

一、廣松渉の見るところでは、スローガンとしても座談会としても「近代の超克」は超克すべき近代が何であるかという問題を解決していない。対象が不明瞭だったため討論も成果を生みださなかった。それに関連して、京都学派の学者による世界史の理念および近代を超克しようとする課題も、現状を突破する有効な理論モデルを提起することはなかった。

二、廣松渉は、思想とイデオロギーを区別する竹内好の方法に反駁することにより、座談会そのものであれ当時の知識人であれ、皆主流イデオロギーの一員となっていたことを強調した。彼は同時に知識人の思想的役割を強調はしたが、しかし思想をイデオロギーから区別するやり方には一貫して反対した。

三、廣松渉は西田哲学および京都学派の世界史の理念を分析し、いわゆる「土着対外来」といったモデルが歴史状況にそぐわないこと、当時の京都学派や『文学界』同人のあいだでは日本と西洋は単純な形で分割されていたわけではなかったことを明らかにした。この点において当時の知識人の課題意識はかなりの水準に達していたと廣松は考えた。

四、廣松渉は二章を費やして昭和政治史と社会史の分析を行い、「大東亜共栄圏」が対外侵略と内部の力関係の調整を一つに結合させていった様相を明らかにした。とくに満州侵略の際の国際・国内関係を分析し、内外の危機の調整がいかに相関関係にあるかを示した。

緻密な思考を行う哲学者たる廣松渉のテクストは問題の多面性を注意深くとらえている。彼が導き出した結論の多くはほとんど批判の余地がない。彼はイデオロギー批判と思想的立場の双方に気を配り、哲学や歴史学の理論的な概念を分析して、同時に理論以前的な「心情」も忘れていないように見える。抽象的な結論のレベルでは彼には何も遺漏がないと思える。しかしここで見落とされがちなのは、結論の背後に隠された基本的問題である。廣松渉は正しい立場から多方面に気を配った分析を行ったが、二つの基本的視角のあいだの差異を曖昧にし、激しい批判的言辞によって差異それ自体の重要性を覆いかくしてしまった。その差異とはイデオロギー批判と思想批判の立場の差異である。イデオロギー批判が追求するのは立場の正しさと現実を直接的に指導する役割である。したがって廣松渉が四〇年代の知識人に下した批判は、基本的に、彼らがイデオロギー的に悪魔と徒党を組んだこと、および彼らがモダニティのアポリアを脱出する道を指し示さなかったことなどに向けられた。他方で思想批判は、決して主流イデオロギーとの対抗関係あるいは現実における進路の提示とそのまま相同じではない。それは流動する状況の中の原理に着目し、そのような原理に身をなげうつものである。廣松渉の論述において彼の思考の方法はしばしば結論と背馳している。

イデオロギーの中で思想を整理しようとする結論の意図は論証の枠組みになっておらず、分析は「近代の超克」に対するイデオロギー的批判に集中している。最も精彩をはなっている昭和社会史の分析ですら、思想的な意味での整理ではまったくなく、彼が竹内好を批判するときに用いた「狭隘」としか言いようのないものであった。

竹内好は論述において京都学派の空論と大川周明のような現実の活動家の言論を区別して、この二つの言論の性質を二つの方向からとらえるべきであると暗示した。また竹内は日本近代の一連の「アポリア」の中でこの座談会をとらえ、多様な要素が「一挙に問題として爆発した」ことを強調し、これにより座談会の範囲を確定した。竹内は当時の多様な力関係を集中的に分析したが、座談会を社会・政治権力の直接的な投影とは見なさなかった。それに対して廣松渉は竹内好の論述のもっとも微妙な感覚をとらえず、座談会の容量を拡大することで竹内好の問いを消散させた。表面的に見ると、廣松渉は視野がより広く、より大きな問題の枠組みを提起したように見える。しかし突きつめて考えると、廣松渉は、竹内好が提起した「思想伝統の形成」という困難な課題を「文化形態論」へと単純化し、資本主義体制を分析する社会史的角度によって竹内の不足を補おうと試みたことで(40)、竹内好を継承するチャンスを逃した。廣松渉の雄大な枠組みの中に、正しい批判的立場や観念分析・社会史分析は充分にあるが、思想伝統を建設しようとする努力は不足している。この長大なテクストには前人に対する批判が満ちあふれていたが、もっと指摘すべきことは、戦争についての叙述が傍観者のポジションから行われたことである。傍観者のポジションの帰結として、廣松は「近代の超克」に含まれている「理論以前的な心情」を「今日的風潮」への「前車の轍」とあいまいに解釈するにとどまった。これについて行われた整理と批判は極めて粗雑である。また竹内好が紙幅を費やして論じた当時の知識界をおおう特定の精神状態を、廣松は「現状に対する絶望を介したシニシズム、および、西欧文明に対する見極めの覚識に反照された国粋的な美意識」と簡単にまとめた。(41)

かくして、竹内好にとってはもっとも重要であった思想生成の可能性のポイントや、当時の知識人が日本の太平洋戦争とソ連の反ファシズム戦争を同等視したのはなぜなのかという竹内のこだわった難しい問題が、廣松渉によってたやすく否定された。また当時の小林と西谷の対話に現れた「日常経験」の問題もこのような傍観者の立場によって解消された。問題は、廣松渉のような批判的知識人が「今日的風潮」の危険性を意識していたか否かにあるのではない。こうした風潮に応えた彼の方法が似て非なるものであることこそが問題である。廣松渉は、竹内好が批判した日本マルクス主義者の轍を再び踏み、日本の複雑な現実問題を「外部的な」あるいは「理論的な」方法によって単純化し置き換えた。その結果彼の批判への情熱と現実に向けた責任感は、批判の対象と無傷のまま共存せざるを得なくなった。

この無情な宿命は、その後の歴史の中で廣松渉自身の論述において表出した。

一九九四年三月一六日、『朝日新聞』夕刊「文化欄」に廣松渉の評論「東北アジアが歴史の主役に」が掲載された。同文は、欧米中心の世界観が崩壊に向かう時代にあって日中を基軸に「東亜」の新体制をうち立て、それによって世界の新秩序を形成しようとの構想を述べたものであった。彼はこう述べる。「東亜共栄圏の思想はかつては右翼の専売特許であった。日本の帝国主義はそのままにして、欧米との対立のみが強調された。だが、今では歴史の舞台が大きく回転している。日中を軸とした東亜の新体制を！ それを前提にした世界の新秩序を！ これが今では、日本資本主義そのものの抜本的な問い直しを含むかたちで、反体制左翼のスローガンになってもよい時期であろう[42]」。

二一世紀を目前にして廣松渉がこの楽観的で短絡的な展望を打ち出してから一年たらずにして、世界では第二次世界大戦終結五〇周年の記念行事がはじまり、半世紀前の日中、日韓のあいだの戦争の記憶が再び活性化された。「東亜の新体制」「世界の新秩序」といったいまだ洗い清められていない「スローガン」が、どうしてこの複雑な状況に向かい合えるというのだろうか？ それがどうして日本の「反体制左翼」のスローガンになるのだろうか？ 『〈近代の超克〉論――昭和思想史への一視角』の政治的に正しい理論批判は、廣松渉自身がまったく歴史的責任を負わなかったことの帰結として、この問題を解決できなかった。かつて竹内好を大いに悩ませた「日常経験」――戦争体験者が有しているイデオロギーをも含む経験――、およびこの経験を内部から変革し新しい日常経験を創造しようとする努力は、廣松渉の外在的批判の立場によって解消された。『朝日新聞』の短文は、廣松の熟慮を示したものではないかもしれない。この短い文章でもって彼の仕事を批評するのはフェアではない。しかし、ここで指摘したいのは、この短い文章と気宇壮大な『〈近代の超克〉論』のあいだに論理上も感覚上も対立は存在しない、ということである。廣松渉の短文の論理展開から用語に至るまでが、彼が十数年前批判した京都学派の世界史の哲学と驚くほど相似しているのだが、それを彼の転向と見なすべきではないだろう。また彼が自分の十年前の批判を自ら否定したものとも考えられない。むしろ、彼の十数年前の批判の仕方そのものから、十数年後の彼の「論理」が生み出されており、両者の内在的な関連は極めて緊密である、と考えるべきである。自分自身が批判対象の状況の内部に飛び込まなければ、状況を変革する有効な思想的武器を手にすることはできない。それどころか状況に変化が生じるや、批判者が批判対象のロジックに陥ることすらある。廣松渉の短文の論理展開、さらには用語までもが、彼が十数年前批判した京都学派の世界史の哲学と驚くほど相似していることは、熟思されるべきである。

五　西尾幹二の『国民の歴史』

廣松渉が日本左翼に向けて大東亜共栄圏理念の再利用を呼びかける文章を発表してから二年たらずの一九九六年一二月、日本社会に「新しい歴史教科書をつくる会」なる組織および「自由主義史観」の思潮が現れた。「自虐史観」を批判すると称して戦争の歴史の修正を試みるこの風潮は、実のところ、ある種の「理論以前的」な「心情」によって「近代の超克」を現在の問題として再提起する動きにほかならなかった。その基本的な要点は次のようなものである。日本が第二次世界大戦中に犯した犯罪は世界の他の国に比べて特別なものではなく、戦後の経済賠償を通じてすでに清算は終わっている。日本人は自己否定と自己憐憫の対立から抜け出て第三の道すなわち自由主義的歴史観を樹立しなければならない。この理論的にストレートな思潮はすぐに反響を引き起こし、とくに若い世代の日本人たちの感情をとらえた。この思潮を批判しようとする進歩的知識人にとって最も困難だったのは、批判のための優れた武器を見つけることであった。廣松渉の前車の轍に示されているように、正しい立場やイデオロギーはこうした「心情」を十分に批判することはできず、また理論分析も抽象的なレベルで批判を完遂することは困難であった。他方で竹内好が道半ばで挫折した課題は、未解決のまま長い時間が過ぎ去っていた。

一九九九年一〇月、「新しい歴史教科書をつくる会」会長の西尾幹二は八〇〇頁近い大著『国民の歴史』を出版し、一ヵ月たらずで第二刷を出した。産経新聞社が発行するこの大著はわずか二〇〇〇円という廉価で発売された。伝えられるところでは二〇〇〇年にはミリオンセラーを達成したという。日本の批判的知識人のどれほどがこの本を真剣に読んだか分からないが、あまり学術的でないこの著書と「自由主義史観」の影響力は笑ってすませられる問題ではない。

『国民の歴史』の文章は簡明でわかりやすい。日本を人格化し、古代から現代までの苦難の歩みを語っている。日本は情理をわきまえ、自尊心を持ち、信用を重んじてきたが、近代の複雑な国際関係において苦悩と無念ばかり感じることになった。とくに強調されたのは、西洋列強が世界をあやつる近代以後の国際関係において、日本は西洋列強の国際条約を遵守したにもかかわらず常に非難され利用されてきたということであった。韓国併合にせよ中国侵略にせよ、白人の植民地にされる窮地から隣国を救い出そうとした行動にすぎず、国際政治力学によってもたらされた選択の結果であり、日本は何も悪いことはしていない。韓国の二〇万人の慰安婦というのはただのデマである。大虐殺で考えられるべきはナチスのことであり、一般的な意味で組織的な虐殺といえばスターリン、毛沢東、ポル・ポトのことである。他方で日本国民は戦争中に苦難をなめ尽くした。原爆の傷を負ったただけでなく無数の空襲を堪え忍び、その恐怖感は数世代にわたった。本書はまたアメリカが一貫して日本を仮想敵にしてきたと訴え、アメリカこそが近代の国際政治経済における真の覇者であったと強調した。そして敗戦時の日本が一糸乱れずこの現実を受け入れて世界を驚かせたことを、思い出させようとした。

天皇の終戦の詔勅が与えた国民全体をつつんだシーンとしたあの一瞬の沈黙がもたらした深い暗示には、異国人のうかがい知ることのできない重みがある。異国人がこれをみて、日本人は戦闘をやめたもののいまだ戦争をやめていないこと、無言の抵抗意志、不服従の意向を持ちつづけていることを見抜いている証拠である。(43)

この情景は本書全体の主題を象徴していると言えるだろう。西尾の見るところ「無言の不服従」こそが、国内の批判的知識人と世界に対する現在までの「多数」の日本人の態度であった。『国民の歴史』と「新しい歴史教科書をつくる会」の活動とは「無言」を「有言」に変えることである（本書とグループ活動としての会の運動とは直接的関係は無いと西尾は述べているが）。『国民の歴史』は以上を基礎として、古代にあっては中国から独立し近代には西洋から独立した日本の主体性をうち立てようとした。そのため本書は、戦争責任を追及し日本社会を批判してきた知識人および彼らの社会的影響力を激しく攻撃し、西洋中心論の価値体系と歴史・現実を激しく攻撃した。抽象的な議論の中に西尾本人を含む戦争体験者の創傷体験を対照的に差し挟み、その上で、日本人こそが真の被害者であるという前提に立って、歴史に対する道徳的判断を停止し国際政治力学の中で歴史を「客観的」に論じ直すべきであるという呼びかけを示した。

イデオロギー的に考えても学術的に見ても、あるいは資料の使い方から言っても、この本の欠陥は明らかである。しかし進歩的エリートが一顧だにしないこうした著作こそが、日本知識人の批判的立場が直面しているアポリアを浮かび上がらせる。『国民の歴史』は、日本の知識界が『近代の超克』以来織りなしてきた近代の衝撃をめぐる思想建設に対する全面的な反動である。竹内好が「アポリア」と語った日本の主体建設の問題は「有言の不服従」の中に徹底的に解消された。『国民の歴史』は、第二次世界大戦中の日本人の創傷体験と日本民族に対する英雄主義的エクリチュールを基礎として、厳しく批判され脱構築され続けてきた日本をめぐる想像を、最も単純な方法によって再縫合してみせた。そして否定された記憶に訴えかけることで、日本人の「日常経験」を再構築しようとした。それが意味するのは、進歩的知識人が西洋の思想資源によって行ってきた日本ナショナリズム批判の有効性が問い質されたということである。私たちは今日はじめて、竹内好が「火中の栗をひろ」おうとした理由を理解できるのかもしれない。そして、竹内好による日本の主体建設の試みが抽象的なナショナリズム批判によって簡単に解消された結果がもたらされたマイナスの効果を、今日はじめて知ることができるのかもしれない。『国民の歴史』は竹内好が最も望まなかった方法によって彼の予言を現実化した。民族主義は、「それが無視されたときに問題となる性質のものである。民族の意識は抑圧によっておこる」(44)。

竹内好は「近代の超克」の整理に着手したとき「健全なナショナリズム」を見出すことを目指し

ていた。竹内好にとって「近代」とは自己否定と自己更新の契機であり、実体化可能な対象ではない。竹内好の一連の論述にはある危機感が終始一貫していた。戦争の歴史の内部に分け入らなければ、そして戦争中の日本人の複雑な精神や心情を実際に体験しなければ、真の批判的主体は生まれず真の可能性も出現しないと彼は感じていた。竹内が「近代の超克」の結びに書いたとおり、戦争に投入された全エネルギーが浪費であって、継承不可能であるならば、伝統による思想形成も不可能になる。伝統によらない思想とは竹内好の言うところの「自力」でない思想であり、既成秩序の主流イデオロギーと思想的結論によって権威づけられたものである。それを竹内は「エセ知性」と呼んだ。竹内好の言い方は「日本主義者」もしくは「反近代主義者」との誤解を受けやすいかもしれない。しかしそうした浅薄な誤読を取り除くことができれば、竹内好の行っているのが東洋対西洋、伝統対近代などといった二項対立における抽象的な議論ではなく、現実の状況の中での思考であることが見て取れるだろう。

『国民の歴史』はこうした状況を見事に示した。半世紀を経て、この著作は再び「近代の超克」の封印を解き、通俗的かつ挑戦的なポーズで戦後日本の進歩的知識人たちの批判を全面的に否定してみせた。そして立場や傾向がさまざまな批判的知識人を「現実が見えない知識人」と一括りにし、彼らに対して「政治には政治の道を歩かしめよ。学問はどこまでも学問の領分を守るべし。学問の名において政治に空想を持ちこむな。戦前も戦後も現実が見えない教養派の政治空論はもうそろそろ打ち切るにしくはなし(45)」と警告した。この批判に妥当性はないが、竹内好が日本のマルクス主義知識人に向けた批判を反面から実証してもいる。戦後の「近代の超克」をめぐるさまざまな議論を結びつけて考えるならば、『国民の歴史』の出現は思想伝統の形成の方法を考え直す契機となるかもしれない。批判を廣松渉式の歴史の裁きによって単純に位置づけたり、あるいは荒正人式のインターナショナリズムによって単純に理解すると、一つの重要な問題が視野から漏れてしまう。日本人の「日本人」としての文化アイデンティティを否定的な批判のみによって解消することは不可能であり、何らかの再構築の形や思想の可能性が与えられないと、それは「無言の不服従」もしくはより破壊的な形で突然表出する。「日常経験」の次元における文化アイデンティティの問題は理論分析よりもはるかに複雑である。日常経験とはイデオロギーや理論の視野の外へと常に排除されているものであり、それゆえ理論的な正しさは日常経験とくに感情経験の「正しさ」を保証できない。日常経験での無言とは存在しないことと同じではない。それがひとたび爆発すると、理論はしばしば有効な対応ができず、ましてそれを簡単に変革させることはできない。こうした状況は、批判理論と保守的現実のあいだに存在しているばかりでない。進歩的知識人たち自身が直面しているアポリアでないと誰が言えようか。

日常経験を小林秀雄の意味ではなく竹内好の意味で重視するとき、「火中に栗をひろう」ことの必要性が生じる。日本ロマン派が火中から拾い出したのは亡骸だけであったが、竹内好は生命の養分を取り出すことを目指した。「火中の栗をひろう」ことに伴う危険性は「政治的な正しさ」を失うリスクである。「近代」が日本や東アジアにもたらした最大の衝撃はこの危険であったのかもしれない。近代以来の東アジアにおいて西洋の理論的資源はある種の革命的要素にしばしば転換された。この複雑な転換はたいてい、さまざまな単純化とそこから生じる政治的正しさを伴っていた。

いわゆる「伝統対西洋」といったモデルの出現はこうした転換中に生じた単純化の帰結である。同じように、伝統の発掘にもさまざまな単純化がまとわりついた。西洋近代の衝撃に応答するという大前提のもとで、自国の文化は「西洋」に対する対立概念へと実体化され、その結果自国の思想資源の発掘は保守あるいは反動のポジションとしばしば結びつけられた。実際に、保守や反動がいわゆる「本土文化」に拠りがちだったことも確かだった。こうした状況下で自国の思想資源を発掘するには、各種の保守勢力と一線を画する必要があるばかりでなく、「時代の潮流におくれる」危険をも引き受けなくてはならなかった。この作業の難しさは以下の点にあった。直観的かつ実体化された自国のイメージと常に衝突しつづけなければならず、同時に、時代に半歩遅れるポーズをとって「西洋」と「自国」の思想資源を融合させ、二元対立の単純なモデルを打破し続けなければならない。こうした二面作戦にもたらされる直接的なリスクとは、「自己が自己であるためには、自己を失う危険も冒さなければならぬ[46]」というものであった。その結末は外在的に政治的正しさを失うことよりもさらに深刻である。しかしながら、東アジアの各民族が自分たちの近代の思想伝統を形成するためには、このリスクを引き受けることが避けられない選択であった。

竹内好が深い関心を寄せた魯迅の「歴史的中間物」意識とは、東アジアの民族がこのリスクを引き受ける一つの道筋にほかならなかった。竹内好は中国の近代文学の伝統について述べたときこう語っている。「「文学革命」以前から最後まで生き残ったものは、魯迅がただ一人である。……なぜ彼が、この長い生命を得たのであるか。魯迅は先覚者ではない[47]」。中国の知識人が思想伝統の形成といった課題をあつかう際に直面する具体的な問題は、日本の知識人とまったく同じではないとしても、「火中に栗をひろう」ことは同じように必須の手続きである。魯迅は先覚者ではない。竹内好も先覚者ではない。しかし先覚者が時代によって一人一人と淘汰されたあと、「歴史的中間物」は少しずつ存在の重みを増していく。伝統と歴史はこのように私たちの思考に深い影響を与えるが、しかし直接的に継承できるような伝統は存在していない。歴史的中間物がそれ自身の「掙扎《そうさつ》」を通じて示した立場は、『近代の超克』の文学者たちのような伝統の代言者のポーズとはまったく異なるものである。『国民の歴史』のような伝統を単純化し実体化する思考ともまったく異なるものである。さらにある種の批判的知識人のような先覚者の立場とはいっそう異なるものである。掙扎を通じて現れたこの立場は、主体の内在的自己否定の原理に基づいて、思想伝統の建設に力を注ぐものであった。竹内好が中国の近代と日本の近代の差異を強調し、日本の優等生文化を激しく非難したとき、彼は日本にとっても東アジアにとってもなじみのない一つの原理を語っていた。近代化の衝撃は、政治・経済・軍事的な侵略として東アジアの外部から到来したのは確かであるが、モダニティの衝撃は、原理的な必然として東アジアの内部において生まれるはずである。竹内好は、抵抗のないところに近代はないと語る。抽象的概念の次元で竹内好の近代観を理解すると、彼はヘーゲル式歴史主義モデルから抜け出ていないように見えるだろう。しかし歴史の状況の中において、論争の中において、さらには座談の中において理解するならば、新しい問題が浮かび上がってくる。竹内好がたゆまず求めた「抵抗」を媒介とする東アジアの「近代」は、「近代の超克」のような歴史的出来事を再認識し再整理する中にこそ存在するのではなかろうか。抵抗の契機が右翼・保守知識人の日本イメージに回収されたり、抵抗の可能性が左翼知識人の先覚者のポーズに解消されたりするとき、竹内好は私たちに教えてくれる。「火中に栗をひろう」試みをやめてしまったら、私たちは自己の近代を失うことになるかもしれない、と。

注

第一章

(1) 藤田省三は一九七七年に、竹内好を追悼する文章「竹内好」の中で、つぎのように書いた。「竹内好氏は一つの定点であった。魯迅に迫ることをもって出発し魯迅文集を仕上げながら此の世を去ったからそういうのではない。もちろんそのことを含む。しかし、仕事の表面づらではなくてその仕事の進め方、論調、語法、語調、そうしたもののすべてにおいて彼は独自であり独自のあり方を通して普遍的であった。例えば、なぜ彼が、自分とはまるで違う(ユーモアのセンス一つとっても分かる)魯迅に迫ることをもって彼の仕事を出発させたか、なぜ彼が魯迅文集の完成を彼の最後の仕事として選んだか、ということ自身が彼の問題であるだけではなくて我々の問題であり時代の問題であり現代日本社会の問題であった。そういうものとして彼は彼の魯迅理解を問題とした」(『藤田省三小論集　戦後精神の経験Ⅱ』影書房、一九九六年)。

(2) 狩野直喜および日本の支那学に関する簡単な紹介としては、拙著「日本近現代文化思潮中的中国古典戯劇研究」(『学人』第六輯、江蘇文芸出版社、一九九四年九月)を参照。

(3) 戦後『中国文学』は復刊されるが、編集者が交替しているため、本稿のテーマからははずれる。

(4) 最も典型的な代表は狩野直喜であろう。支那学の開山の祖ともいうべきこの研究者が残した革命的功績は、しかし、彼が標榜した純粋学術を打ち立てるというスローガンのもとで、覆い隠されてきた面がある。支那学を創始した二〇世紀初頭、狩野直喜は支那学と漢学との基本的な違いを以下のようにまとめていた。両者の違いは、支那学が「支那で生まれた文化」を自己の研究対象とし、そのため人文科学と自然科学のあらゆる分野にわたるとともに、古代から現代までの悠久の歴史をカバーするのに対し、漢学はわずかにいわゆる「経史子集」の専門知識を取り扱うだけで、それらを生み出した文化全体を見ようとしないというところにある、と。

狩野直喜は、科学的な支那研究を打ち立てるためには、以下のようなものが必要だと考えた。まず第一に純粋学術の立場、すなわち知識の追求を実用目的の上に置く立場を培うこと。その次に、あらゆる角度から多面的に対象に向き合う習慣を養成すること。すなわち一つの分野の知識の中に閉じこもらず、多種多様な知識の交錯関係の中で自己の研究対象を理解するよう努めるということ。第三に、できるだけ様々な「色眼鏡」をはずし、客観的に支那文化そのものにアプローチすること。こうした意味において、狩野直喜はフランスのシノロジーが備えていた科学性を高く評価し、それを日本の支那学の手本としたのであった(『支那学文藪』〔みすず書房、一九七三年〕所収の「支那学研究について」と「支那学研究の目的について」の二篇を参照)。

(5) 青木正児「支那かぶれ」『中国文学月報』第一四号。この中で青木は学生時代に狩野直喜の指導のもとで努めて西洋趣味を脱し、次第に中国趣味を培っていったプロセスについて、特にそのプロセスの中で、自分の日本趣味と次第に形成されつつあった中国趣味との間の、排斥から融合に至る微妙な関係について回想している。そこで青木は、狩野直喜のことばを引用しつつ、自己の中国趣味を「支那かぶれ」と呼んだのであった。

(6) 武田泰淳「新漢学論」『中国文学月報』第九号。この中で武田泰淳が提示した基本的論点は、次のようなものだった。すなわち、漢学もなんの取り柄もないわけではなく、その漢籍に関する知識はまさに新しい東洋学を生み出すための基礎である。もっとも、漢学それ自体が進歩性を失い、方法論的に遅れていて、学問的に体系化されていないといった欠点をもつことも否めない、と。しかし、武田泰淳は、だからといって漢学の価値を否定するのには不賛成で、漢学の「個人主義」と「孤立主義」を克服し、新しい漢学を打ち立てることを提案した。

(7) 「目加田さんの文章」『中国文学月報』第五九号、一九四〇年二月。

(8) 「支那と中国」『中国文学』第六四号、一九四〇年七月。

(9) 吉川幸次郎「翻訳時評(二)」「翻訳時評(三)」『中国文学』第七八号、第七九号、一九四一年一一月、一二月。

(10) 筆者の丸山真男に関する研究を参照(中国語論文は『学術思想評論』第三輯、遼寧大学出版社、一九九八年、日本語論文は「丸山真男におけるフィクションの視座」『思想』一九九八年六月号)。丸山が指摘した通り、日本の二〇年代においてのマルクス主義は、政治思想としてだけでなく、一種の理論ブームとして、大勢の若者を魅了した。このブームの産物でもあるのだが、日本の知識人が「科学方法」という名のもとで、マルクス主義理論を理解しようとした。従って、三〇年代に日本プロレタリア文学運動は挫折したのに伴い、「科学精神」と対立する形で「文芸復興」というスローガンが唱えられ、「文学主義と科学主義」というまったく実らなかった論争さえも起こされた。その努力は突き詰めれば、文学という「非理論的」なもので日本マルクス主義の「理論的」「科学的」スタンスと対決することである。

(11) 竹内好「翻訳時評」『中国文学』第七〇号、一九四一年三月。

(12) 「支那を書くということ」『中国文学』第八〇号、一九四二年一月。

(13) 吉川幸次郎「翻訳時評(二)」『中国文学』第七八号、一九四一年一一月。

(14) 吉川幸次郎「翻訳時評(三)」『中国文学』第七九号、一九四一年一二月。

(15) 竹内好「返答」『中国文学』第六〇号、一九四〇年四月。

(16) 吉川幸次郎・竹内好「翻訳の問題」『中国文学』第七二号、一九四一年五月。
(17) 竹内好「支那学の世界」『中国文学』第七三号、一九四一年六月。
(18) 竹内好「支那語の教科書について」『中国文学』第七八号、一九四一年一一月。
(19) 同上。
(20) 『魯迅』の脱稿日は一九四三年一一月九日だったが、一二月一日に竹内は召集令状を受け取り、一二月二八日に出征、湖北省咸寧に派遣された。それで竹内は後年、自分は遺書を書くつもりでこの本を書いたと言っている。一九四四年一二月、『魯迅』は日本評論社から出版された。校正は武田泰淳。初版は三〇〇〇部であった。
(21) 方法論のレベルで、この点は非常に重要な意味をもっている。大量に存在する魯迅研究および竹内好研究の中で、この二人の作家と思想家の観念と思想を単に観念と思想としてだけ取り扱うような例が散見されるが、こうした研究が実際には魯迅や竹内の思想の核心に迫ることができないことは言うまでもない。研究対象の様々な要素を、研究者がもはや単に要素それ自体としてだけ取り扱うことをやめ、対象の生涯の本源的な中心軸をめぐる様々な有機的構成要素と見なすとき、それらの要素ははじめて私たちをその中心軸へと導いてくれるのである。
(22) 「無物の陣」は魯迅の散文「このような戦士」(『野草』所収)に由来する。魯迅はつぎのように自分の戦いをも含めた、中国の当時の思想闘争の状況を描いた。「彼が無物の陣に足をふみいれると、出会うものはみな彼に形どおりのおじぎをする。このおじぎが敵の武器であることが、彼にはわかっている。(中略)だが、彼は投槍をふりかざす。(中略)一切のものが地面に崩れ落ちた。——しかし、ただ一枚のコートだけが残り、その中は無物であった。無物のものはとっくに逃げさり、勝利をえていた」(日本語訳は基本的に学習研究社版『魯迅全集』を参考にしたものである)。ここで、「敵と出会わない」ような戦いぶりが語られる。竹内と支那学者との論争も、このようなまったく接点が見つからないものであった。

(23) この六章のタイトルは順に、「序章——死と生について」「伝記に関する疑問」「思想の形成」「作品について」「政治と文学」「結語——啓蒙者魯迅」。

(24) 千田九一「長泉院の夜——中国文学の廃刊に寄せて——」『中国文学』終刊号、一九四三年三月。

(25) 『竹内好全集』第一巻、筑摩書房、一九八〇年、一五七頁。

(26) これについて、竹内が一九六三年に書いた「日本のなかの中国」ができない話」では、「「日本のなかの中国」という問題設定は、中国問題を他在的に考えない、という方法規定を含んでいる。これは私にとっては、戦後一貫した基本態度であ」ると説明していた(『竹内好全集』第一三巻、四九〇頁、参照)。竹内が戦後、堅持し続けたこの基本態度は、彼の思想的起点において早くも形成されていたものであるが、ほとんどその生涯にわたって誤解され曲解されたことは、残念なことと言わざるを得ない。

(27) 例えば、かつて支那学者と論争した当時、竹内は次のように書いていた。「僕は支那人を愛さなければならないとは信じない。だが僕は、ある支那人たちを愛する。それは、彼らが支那人であるからでなく、彼らが僕と同じ悲しみを常住身にまとっているからである。」(「支那と中国」『中国文学』第六四号、一九四〇年八月)また「『中国文学』の廃刊と私」の中でも、次のように強調していた。「存在としての支那はあくまで私の外にあるが、私の外にある支那は越えらるべきものとして外にあるので、究極においてそれは私の内になければならぬ。自他が対立することは疑いえぬ真実であるが、その対立が私にとって肉体的な苦痛である場合にのみそれは真実なのである。つまり支那は究極において否定されねばならぬ」。

(28) 一九四六年『中国文学』は旧同人の手で復刊されたが、竹内はすぐに復刊後の本誌に思想の枯渇とオリジナリティの喪失を感じ取った。同年八月に書かれた「覚書」という一文では、復刊後の『中国文学』に対し厳しい批判を突きつけている。その中で、竹内は再び「党派性」の意義を強調し、党派性は問題を具体的で焦点の絞られたものにする点、すなわち思想に個性を獲得させる点に意味があるのに対し、この新しい雑誌にはそうした特徴が具わっておらず、問題をむやみに大風呂敷なものにしていると非難した。竹内は次のように言っている。「私の考によれば、「隣邦支那を敬愛」すること一般「支那の文学に親しむ」こと一般、そんなものは存在しない。そういう言葉は無意味である。ただ、そういう無意味な言葉に凭りかかることで安心している人々は存在すると云える。そしてそういう人々は、「日本文化の復興」という創造的の仕事とは縁がない」(「覚書」『竹内好全集』第一三巻、九四—一〇一頁)。

(29) 『竹内好全集』第一四巻、四五四頁。原文の「対者」は、おそらく「対立物」という意味であろう。この点は支那学者の早期の知的活動に如実に現れている。青木正児は「支那かぶれ」の中で中国文化に触れたときの抵抗感とそれが次第に「支那かぶれ」へと変わっていった経緯について論じている。こうした「かぶれ」と竹内のとった態度との違いは、前者がわずかに趣味のうえで中国に近づこうとするのみで、自己の心身すべてをその中に投入しようとしない点にある。言い換えれば、そうした支那かぶれは支那を自己否定の一部として取り扱うことはないのである。注(27)に引いた竹内の中国研究の態度を参照すれば、支那かぶれが一種の自己保存を前提とする投入であることに気づくだろう。日中戦争期当時、支那という異文化を研究するために打ち立てられたこの「外国文学研究」の立場は、むしろ進歩的意義をもっていたと言うべきである。だが、客観的には、それも近代文化の国民国家的枠組みを強化し、研究者がこの枠組みから逃れ、個体の生《せい》の角度から外国文化に入っていくことを可能にすることはなかった。

第二章

(1) 「学者の責任について」『竹内好全集』第八巻、二七三頁。

(2) だが、竹内も実体的な地域概念を自らの世界史の図式の中に持ちこもうとしていた。例えば、文中でヨーロッパ近代の内在矛盾によってもたらされた分裂をソヴィエト、アメリカと東洋という三つの部分として対象化し、ロシア革命はヨーロッパの矛盾の産物であり、アメリカは超ヨーロッパ的形態でヨーロッパと対立し、東洋は抵抗を通じて非ヨーロッパ的形態を打ち立てたと論じている。しかし、竹内の論述全体の中では、この手の分析は重要な価値をもっていないので、基本的に無視して構わないだろう。

(3) 『魯迅』自注一、『竹内好全集』第一巻、一五五頁。

(4) 吉川幸次郎・竹内好「翻訳論の問題」『中国文学』第七二号、一九四一年五月。

(5) 「中国の近代と日本の近代」の中に次のような記述がある。「国粋主義や日本主義が流行したことがあった。その国粋や日本は、ヨオロッパを追放するということで、そのヨオロッパをのせているドレイ的構造を追放することではなかった。いまは反動で近代主義がはやるが、近代をのせている構造はやはり問題にしない。つまり主人を取りかえようとしているので、独立を欲しているのではない。……日本文化のドレイ的構造をそのままにして、上にのっている部分だけを入れかえようとする」。

(6) 一つの面白い傍証として、筆者が一九九一年に東京で観た、現代日本の劇作家井上ひさし作の魯迅を主人公にした芝居『シャンハイムーン』がある。この芝居の結末部分では、魯迅に次のような決意を表明させていた。すなわち、陰鬱とした心理を脱け出し、様々な治療を受けて健康を取り戻し、この上海で雑文を武器としてこの世界の欠点を暴露し続けるという決意である。と同時に、魯迅に、周囲の日本人の「生き方」から自己を治療する良薬を学び取ったとも言わせていた。言い換えれば、魯迅は井上ひさしの描き出した日本のヒューマニストによって，彼自身，ドレイの地位から脱け出した一人のヒューマニストへと変貌したのであった。半世紀近くの時をへて，底の浅いヒューマニズムは，日本のポピュラーカルチャーの支持のもと，かくも無惨に魯迅を改竄したのである。もしも竹内がこの世にあったら，いかなる感想を漏らすであろうか。

(7) 筆者の丸山真男に関する論文を参照されたい(『思想』一九九八年六月号)。

(8) 戦後，一九四六年以来，日本の文学界から哲学界に至るまで，主体性をめぐる一連の論争が行われた。論争は多くの問題にわたっていた。例えば，精神と物質との弁証法的関係，政治と文学との関係，文学における人間性の問題，マルクス主義の文学芸術観と芸術における個性の独立の問題，等々である。しかし，この論争は論争というより，むしろ一種の時代の雰囲気と言うべきで，戦後日本の「近代主義」的知識人が世界の潮流に応えようとした努力と彼らのマルクス主義理論に対する浅薄な「清算」を反映したという以外は，建設的な成果を残すことはなかった。哲学の領域では，その後，廣松渉がこれについて批判を行ったが，文学の領域では，現在に至るも真の意味での総括を行った者は出ていない。

(9) 「日本におけるナショナリズム」(一九五一年)および「戦後日本のナショナリズムの一般的考察」(一九五一年)(いずれも『丸山眞男集』第五巻，岩波書店，一九九五年刊)参照。丸山真男は，アジアの各国の中で，日本は「ウルトラ・ナショナリズム」を経験する過程でナショナリズムの処女性を失った唯一の国であり，これに対し他のアジア諸国におけるナショナリズムは青年期の若々しいエネルギーに満ちている，と提起した。明らかに，丸山真男は民族主義が社会革命の構造において占める位置のレベルで「処女性」の問題を検討したものと言えよう。丸山の民族主義概念およびこの問題における丸山と竹内との差異と共通性については，筆者は別稿にて検討する予定なので，ここでは省略する。

(10) 東京大学出版会から一九五四年に出版された単行本『国民文学論』には，竹内の論文一七篇と対談一篇が収録されている。そのうち国民文学論争と直接関連する八篇はのちに『全集』第七巻に再録され、その他の文章は対談を除いて、その他の各巻に分散して収められている。

(11) 第二次大戦中の一九三七年から一九四三年頃にかけて、国家主義の立場から日本精神と日本の民族主義を強調する「国民文学論」がずっと存在した。それは論理的には、「日本浪漫派」と同様、軍国主義イデオロギーと明確に線引きすることは難しい。こうした特殊な時代の雰囲気によって、当時の知識人たちの「国民」をめぐるある種の思考は国家主義の枠組みと区別することはできず、後世の人々にも引き継がれることになったのである。

(12) 「近代主義と民族の問題」『竹内好全集』第七巻、三六頁。

(13) これに対し、本多秋五の『物語戦後文学史』はとても正確な判断を行っている。「国民文学の問題は、竹内好が提起したそもそものはじめから、日本人の魂を底深くさぐることを要求する問題であった。それが文学運動にもち込まれたとき、『人民文学』派においても、新日本文学会においても、政策論議の浅い平面にさえぎられ、一時的な話題に浮き上がってしまったのである」(中巻、二四二頁、岩波同時代ライブラリー、一九九二年)。

(14) この論争は一九四六年五月に平野謙が発表した「ひとつの反措定」と同年八月に中野重治が発表した「批評の人間性(一)」によって火ぶたが切って落とされ、主として平野謙・荒正人と中野重治との間で繰り広げられたもので、戦前のプロレタリア文学、とりわけ小林多喜二文学の評価および人間性と文学との関係の問題をめぐって激しい論争がかわされ、一九四八年まで、三年ほど続いた。

(15) 「中国文学の政治性」『竹内好全集』第七巻、七頁。

(16) 「魯迅論」は竹内好が最初に発表した魯迅に関する文章であり、『中国文学月報』第二〇号(一九三六年一〇月)の「魯迅特集号」に掲載された。

(17) 近代主義ということばは日本語においては、西洋起源の思想ないし文化モデルを日本の現実に単純に当てはめ、そのまま適用しようとするやり方を指す。戦後、このことばの意味内容は変わり、日本の知識界における第二次大戦戦勝国の理論モデルの模倣を意味するものとなったが、そこにはまた新中国におけるそれに相当する部分の引き写しも含まれる。

(18) 「国民文学論について竹内好氏へ」『伊藤整全集』第一七巻、新潮社、一九七三年、二七五―二七六頁。

(19) 「国民文学の問題点」『竹内好全集』第七巻、四三―四八頁。

(20) 「中国文学の政治性」『竹内好全集』第七巻、一二―一三頁。

(21) 「権力と芸術」『竹内好全集』第七巻、一四二―一七一頁。

(22) 一九五九年に発表された「プロレタリア文学Ⅱ」(この文章は岩波講座『日本文学史』第一三巻に収録された。同叢書の第一五巻には丸山真男の「近代日本の思想と文学」も収録)の中で、竹内は次のように書いていた。「芸術としてのプロレタリア文学には実りがほとんどなかった。しかし、芸術をうむための条件をつくる思想運動としては、これほど強力なものは他になかったのである。プロレタリア文学運動は、それが強力であるために特殊日本的、つまり小田切のいう「移植観念的」、私の用語での「近代主義的」に結晶したが、同時にそのことによって天皇制構造に二重写しとなる特殊日本的な運動経過をたどった。天皇制の本質究明のためには、どうしてもプロレタリア文学を手がけなければならない。そしてそれは、日本の革命思想を発掘するほとんど唯一の源泉でもある」(『竹内好全集』第七巻、二四二頁)。

(23) 野間宏「国民文学について」『野間宏全集』第一六巻、筑摩書房、一九七〇年、一一頁。

(24) 同上、五―二〇頁。

(25)『竹内好全集』第七巻、六三—六四頁。
(26) ここでは、実体化された抽象と理論的抽象とを区別する必要性を強調したい。後者は機能性に基づく理論思惟であり、その特徴は非直観的方式によって現実の状況に開ける思惟過程を進ませるところにある。かくしてこのような抽象はフィクションとしてしか成立できない。もしも理論的思惟は真のフィクションという機能を備えるとすれば、それは必ず現実プロセスにおける重要な問題(この種の問題はつねに複雑であり逆説の性格をもつ)を注目しつつ、かつ簡単に現実に還元できない形で分析の構造を作りつつある。その一方、実体化された抽象性はまったくこのような機能を持たない。この種の抽象思惟は理論思惟から結論を借りてくることに甘んじる。借りてきた理論的結論は実体化され、具体的な現実問題はそのままの形で実体的結論に当てはめる。理論思惟におけるもっとも重要な「思惟過程」そのものが欠如したため、これらの「抽象的分析」はつねに単純的で、生産性がなく、思考そのものの基盤になる緊張感が欠けている。この種の実体的抽象性を踏まえた「思想批判」の氾濫は、知的生産にとって大きなマイナスになるのはいうまでもない。
(27)「国民文学の問題点」『竹内好全集』第七巻、五〇頁。
(28)『野間宏全集』第一六巻、一三頁。
(29)「文学の自律性など」『竹内好全集』第七巻、六五頁。
(30)「政治と文学」『野間宏全集』第一六巻、六六頁。
(31) 同上、六六—六七頁。
(32) 同上、六九頁。
(33)「文学の自律性など」『竹内好全集』第七巻、六四頁。

第三章

(1) 『竹内好全集』第一四巻、二九七頁。
(2) 『中央公論』一九四二年一月号、二頁。
(3) 『思想』昭和一七年一月号、奥付頁。
(4) 前坂俊之『言論死して国ついに亡ぶ 戦争と新聞 1936-1945』(社会思想社、一九九一年一一月)、一七九―一八〇頁。本節で引く言論統制に関する資料は、主に本書によっている。
(5) 竹内好は一九五九年に執筆した「近代の超克」において「紙一重」の語を使用している。この語は竹内好の基本的視角を理解する際のキータームであると筆者は考える。彼は一貫して、思想史の紙一重に歴史の緊張関係を探し求め、それによって思想伝統をうち立てようと試み続けた。竹内好の「近代の超克」については、本書第五章「「近代」を求めて」を参照。
(6) 当時の日本人が太平洋戦争を「大東亜戦争」と呼び、東アジアと東南アジアを米英に対抗するための基本単位と考えていたことは、注目すべき基本的な思考である。一九四二年初めの代表的雑誌には、「大東亜の政治」「大東亜の経済」「大東亜の建設」といったテーマの文章が次々と掲載されたが、関心の中心は、東アジアと東南アジアの戦場であった。その構造は、三木清が『中央公論』四二年一月号に発表した「戦時認識の基調」に示されている。「今や支那事変は決定的な段階にまで飛躍した。事変の遂行を絶えず妨害してきた米英に対して、日本は遂に戦争を決意するに至った」。太平洋戦争は、まさにこの意味において、日本の東アジアおよび東南アジアへの侵略と相補的関係にあった。
(7) 『湘風』(財団法人湘風会発行)は五月号に一編だけ文章を発表している。「無敵海軍の大作戦」、署名は伊藤正徳。講演原稿で、日本海軍がいかに天下無双、天下無敵であるかを語っている。『湘風』は中国古典を論じる文章に紙幅をさいていたが、日本漢学の色彩が極めて濃厚で、影響力のある中国研究の雑誌とは言えなかった。

(8) たとえば、鶴見俊輔『竹内好　ある方法の伝記』(リブロポート、一九九五年一月)、一二九頁。この宣言を竹内の戦後の思想の基礎と見なし、また、「『中国文学』の廃刊と私」および竹内好が中国文学研究会を代表して「大東亜文学者大会」に出席することを拒否した事件と並べてこの宣言を考察し、この行動上の汚点のため、竹内は苦しい立場にたったと論じた。

(9) 『竹内好全集』第一四巻、二九六頁。

(10) 鶴見俊輔『竹内好　ある方法の伝記』、一二四—一二五頁。

(11) たとえば一九六三年、鶴見俊輔等と座談会を行った際、竹内好はこの宣言について弁明をしている。彼は、当時太平洋戦争を肯定することに託して日本の中国侵略戦争への不満を述べようとしただけであり、同時に、雑誌の自己防衛という意図もあったと述べた。しかし彼は自己の行為が「転向」であったとは認めていない。「大東亜共栄圏の理念と現実」『思想の科学』一九六三年一二月号、一〇頁。

(12) 竹内好「大東亜文学者大会について」『中国文学』第八九号、一九四二年一一月、総二六五頁。

(13) 「後記」『中国文学』第七二号、一九四一年五月、総九三頁。

(14) 竹内好「大東亜文学者大会について」同上、総二六六頁。

(15) 『魯迅』「作品について」『竹内好全集』第一巻、八〇頁。

(16) 『魯迅入門』「歴史的環境」を参照。本書は一九五三年東洋書館から刊行された。『竹内好全集』第二巻、七五—一〇八頁に収録。

(17) 『魯迅入門』「伝記」『竹内好全集』第二巻、六六頁。ここで竹内は、魯迅のこのような現実の事件を「餌食にする」という思想的素質を、「文学生命の長い」と呼んでいる。

(18) 家永三郎「竹内さんと私」(『竹内好全集』第四巻「月報」三頁)参照。家永三郎の述べるところでは、竹内好は日本の「組織」一般に反感を持っていたので、訴訟のために「組織」をつくることにも否定的な態度をとり、当然その活動に介入することもなかったという。しかし竹内好が家永三郎の勇気に高い評価を与えていたことは、感動的である。

(19)「竹内好の手紙(上)」一九四三年一一月二一日付松枝茂夫宛(『辺境』第五号、一九八七年一〇月、記録社)五一頁。

(20)『魯迅』「政治と文学」の章、『竹内好全集』第一巻、一四三頁。

(21)「二年間」『中国文学月報』第五七号、一九三九年一二月、総一一八頁を参照。

(22)同上、総一一八頁。

(23)「北京日記」『竹内好全集』第一五巻、一七八頁。

(24)同上、三三八頁。

(25)「中国文学研究会結成のころ」『竹内好全集』第一五巻、三九、四一頁。

(26)「竹内日記を読む」『丸山眞男集』第一二巻、岩波書店、一九九六年、二八頁。

(27)福沢諭吉『文明論之概略』(岩波文庫、一九九五年)一二頁。中国語翻訳は商務印書館一九九二年版、三頁を参照。

(28)「竹内日記を読む」同上、二八頁。

(29)同上、二九頁。

(30)「竹内好の手紙(上)」一九三八年一〇月一二日付松枝茂夫宛(『辺境』第五号)七頁。

(31)数ヵ月後の一九三九年一月一四日、日本軍人が参加するような状態のもとで、偽北京大学成立典礼が行われた。竹内好はその日の日記に冷ややかに観察を書き記している。ただし極めて事務的な記述の中に一つだけ興味深い描写がある。それは某北大「留平教授」の、脚を組んでものに臆しない態度と、人の会釈に対して丁寧に挨拶を返すこととのあいだの微妙なコントラストである。『竹内好全集』第一五巻、二八〇頁。

(32)「竹内好の手紙(上)」一九三九年七月八日付武田泰淳宛(『辺境』第五号)一二頁。

(33)「二年間」『中国文学月報』第五七号、総一一八頁。

(34)「竹内好の手紙(上)」一九三九年一〇月二七日付松枝茂夫宛(『辺境』第五号)一七頁。

(35) 前掲注(5)参照。

(36)「竹内日記を読む」同上、二八頁。

(37) 本多秋五『物語戦後文学史』中巻(岩波同時代ライブラリー、一九九二年)二六七—二六八頁。

(38) フランスに亡命したロシアの思想家・宗教哲学者シェストフは、日本文学者の翻訳を通じて日本に入ってきた。フランス文学を専攻した河上徹太郎は、一九三四年、阿部六郎との共訳でシェストフの『悲劇の哲学』を翻訳出版した。いわゆる「シェストフ体験」とは、ドストエフスキーとニーチェについて論じたこの著作から発生したものである。注意すべきなのは、日本の知識人は特定の時代において、ある種の「誤読」をしてシェストフを受容し、自己の思想課題をシェストフに投影したことである。いわゆる「シェストフ体験」とは、シェストフに対する精緻で正確な理解の上に立てられたものではない。日本の知識人たち自身の焦慮が基礎になっている。だからこそ、かえってそこからはその時代の思想状況や雰囲気を読み取れる。

しかし、シェストフの著作の最も基本となる構造は見逃された。それは、彼が人類の魂の秘密をさぐったときの宗教感情である。シェストフの描くドストエフスキーとニーチェが悲劇の哲学の主人公となったゆえんは、そして「異常現象」が人類の魂をさぐる入口となったゆえんは、過酷な現実の中におけるシェストフの非妥協的な宗教感情と関わっている。シェストフは確実でない真実や転倒された価値を述べたが、その真の意図を、「不安」といった概括によって表現することは難しい。なぜならば彼は、既成の道徳的基準や科学・理性といった確実な基準によって事物を見ることはなく、静態的で概念化された基準を必要としていなかったからである。

第四章

(1) 「屈辱の事件」『竹内好全集』第一三巻、八〇—八二頁。

(2) 「中国のレジスタンス」『竹内好全集』第四巻、三四頁。

(3) 竹内好のこの語彙を彼なりの特定な文脈において理解する必要がある。戦争三部作に潜んでいるサブテーマとして、竹内好はかつての日本人(特に早期のアジア主義を担っていた大陸浪人というパターン)が抱いた、侵略とは異質な責任感を発掘しようとした。「自然」という限定をしたのは、歴史のある段階に至って、このような責任感が完全にファシズム軍国主義に回収されたものの、あえてそれと異なる可能性を求めるからである。竹内好は、その自然な責任感を、アジア、特に中国に対する侵略の痛みという形で、「たより」として考えている。

(4) 「戦争責任について」『竹内好全集』第八巻、二一六—二一七頁。この文章の前半(二一二頁)では、ヤスパースの「四つの罪の概念」に対する丸山真男の意見、および丸山の戦争責任観念の分類を述べている。「第一は、誰に対する責任かということをハッキリさせること。たとえば自国の国民に対するのと他国に対するのと。後者はさらに英、米、ソ、中国、アジア諸民族などに分かれる。第二は、責任を負う行為の性質による区別。たとえば錯誤や過失による責任と犯罪に対する責任のちがい。第三は、責任自体の性質による区別。ここに範疇区分の例としてヤスパースが引用される。第四に、主体の地位および職能による差。たとえばリーダー、下級リーダー、追随者といったもの。また積極的協力者と受益者は区別しなければならない」。なお、ここでいう「可能的巨像」とは、日本人におけるアジア、特に中国に対する侵略の痛みを指しているが、竹内好は、当時のファシズム対民主主義という図式によっては、このような痛みを「自然な責任感」として認識できないと痛感したからである。

(5) 極東軍事法廷で東京裁判に参加した判事は、一一カ国から構成された。そのうち日本の侵略戦争の被害国で判事を派遣したのは中国とフィリピンのみであった。インドを加えても、アジアから判事を派遣できたのはわずか三カ国のみであった。

(6) 戦後、アジア被害国の数カ国は、日本のB級以下の戦犯を個別に審理した。中国も一九四六年、当時の中華民国が裁判を行った。新中国成立後、国民党政府の裁判が、戦犯を処罰し人民の感情をおさめる目的を達成しなかったとして、周恩来総理が中国政府を代表して日本に抗議を行い、再度軍事裁判を行った。しかしA級戦犯の審理は極東軍事法廷で行われたため、東京裁判が事実上の権威となった。

(7) 例えば、靖国神社の遊就館にはパールの写真が飾られ、彼の言葉も文脈なしに引用されている。パールに関する研究は、インドにおいてもまだ蓄積されていないため、不明なところが多い。それにもかかわらず、パールは単純に日本を免罪するために判決書を作ったというのは事実違反だと断言できる。

(8) 「日本とアジア」『竹内好全集』第八巻、六九頁。

(9) 同上、七一頁。

(10) 同上、七二―七三頁。

(11) 同上、七四頁。

(12) 同上、七八―七九頁。

(13) 同上、九一頁。

(14) 実際、当時東京裁判に疑問を提起した言論は多くなかった。その中で代表的なものとして、反共親米知識人竹山道雄の『昭和の精神史』(一九五五年「十年の後に」と題して雑誌『心』に連載、その後単行本化された)がある。同書の基調は、昭和前期の日本の侵略戦争を批判する進歩派知識人の歴史叙述に抵抗し、日本国家の無罪のため弁護することにあった。しかし前提として、東京裁判を文明の代弁者と見なす立場は承認している。

(15) 梅棹忠夫の文明生態史観については、「アジアは何を意味するか」で触れたことがある(『主体弥散的空間』江西教育出版社、二〇〇二年)。簡単に述べると、彼は政治とイデオロギーを根拠にアジア、ヨーロッパなどと地理風土を分けることに反対し、それゆえ、アジア内部の一体感を作ることに反対した。彼の文明生態史観が強調するのは、生活様式を基準として文明形態を分けることであった。文化本質論と系譜観念に挑戦した彼の論は、日本知識界に大きな反響を呼び起こした。

(16) 「日本とアジア」九一頁。

(17) 福沢諭吉「丁丑公論緒言」『福沢諭吉全集』第六巻、岩波書店、一九七〇年、五三一頁。

(18) 日高六郎編『1960年5月19日』、岩波新書、一九六〇年一〇月、五頁。

(19) 同上、一五一—一九頁参照。

(20) 同上、二五頁。

(21) 「共同討議 現在の政治状況——何を為すべきか」『世界』一九六〇年八月号、二二六頁。

(22) 同上、二三二—二三三頁。

(23) 清水幾太郎「安保戦争の「不幸な主役」——安保闘争はなぜ挫折したか 私小説風の総括」『中央公論』一九六〇年九月号、一八八頁。

(24) 同時期の他の知識エリートと異なり、清水幾太郎が関心を寄せていたのは、一貫して、運動中のそれぞれの組織の具体的作用であった。また運動のカギとなる時期、指導部の指導の誤りによって、政府に方針を変えさせるチャンスを逃したことにこだわった。彼は文章中で、日本共産党などの政党や組織が運動に与えた破壊的作用を強く批判している。そして、民主主義の抽象的な議論が攻撃目標を転移させ、その重い代価として、安保運動は勝利の可能性を失い失敗という結末を余儀なくされたと述べた。

(25) 「共同討議 現在の政治状況」『世界』同上、一二三一頁。

(26) 「基本的人権と近代思想」『竹内好全集』第九巻、七—四二頁。

(27) 「日本の独立と日中関係」。一九六〇年三月の講演で、『世界』一九六〇年五月号に発表した。のちに『竹内好全集』第九巻に収録、六九頁。

(28) 竹内好の「独立」と「平等」の理解については、余計な註釈は不要であろう。しかし彼の「形式」の理解については説明が必要である。竹内好は「日本の独立と日中関係」において、新中国が国連に参加しない問題を例にして、日本人と中国人の「形式」についての感覚の違いを説明している。「日本では、新中国が国連へ参加せず、アメリカの承認も得ていないのが、中国の国際的地位を弱めていると考えやすい習性があるが、中国の立場からすると、このような考え方は本末顚倒である。国連が中国を締め出しているのは、中国にとっての損失であるよりもむしろ国連にとっての損失である、と中国人は考えている」(『竹内好全集』第九巻、七六頁)。日本人の形式感覚についての竹内好の分析は、今日でも日本社会および普通の日本人に適用可能である。中国人の形式感覚が主体性に依拠していたかどうかは別に論じる必要があるが、日本人一般の形式感覚がさまざまな意味の「潮流」を基準としていることは否定できない。

(29) 「本土化」という語彙は中国語から借りてきたものである。中国語としての「本土化」の意味は、外来的な原理とか文化とかは中国に移入されてから、中国の文脈に合わせて意味転換が行われ、中国の状況に対応できるようなものに変わる。「本土化」されたものは決して元のままではなく、中国の文化要素として新たに位置付けられる。日本語の「土着」と、その訳語である「ローカル」にはない語感が含まれている。

(30) 竹内好は、「私たちの憲法感覚」「『戦後』同人の問いに答える」「不服従運動の遺産化のために」（いずれも『竹内好全集』第九巻所収）などの文章において、民主主義に対する彼の感覚を正確に表現した。まとめると以下のようになる。それは日本人にとって身近でないことばである。民主の観念は安保運動の中で育てられ培養されたものの、日本の民主運動には独立の要素が欠けていた。より重要なのは、民主主義ということばは特定の状況の中でこそ意味を持つことである。それは闘争のシンボルであるばかりでなく、政治の力関係でもある。

(31) 「私たちの憲法感覚」『竹内好全集』第九巻、一三六頁。

(32) 「辞職理由書」『竹内好全集』第九巻、九九―一〇〇頁。

(33) 「世評に答える――雑感 一」一九六〇年八月、『竹内好全集』第九巻、一六九頁。

(34) 「近況報告――雑感 二」一九六一年一月、『竹内好全集』第九巻、二四〇頁。

(35) 『戦後』同人の問いに答える」一九六〇年九月、『竹内好全集』第九巻、二三一頁。

(36) 同上、二二七頁。

(37) 「収穫は大きい」一九六一年五月、『竹内好全集』第九巻、三二九頁。

(38) 「戦争体験の一般化について」一九六一年一一月、『竹内好全集』第八巻、二三二頁。

(39) 筆者の「丸山真男におけるフィクションの視座」を参照。『思想』一九九八年六月号。

(40) ここでいう「感情記憶」は、厳密的な心理学の術語ではない。一般論としての概念ではなく、特に戦争記憶の性質を指している。竹内はこの概念を使ったことがないが、彼は戦争に関する記憶を論じたときに、明らかにその中に潜んでいた感情の問題を重視している。竹内の努力は、このような感情記憶を直観的な位相で扱うのではなく、それを個人の次元から分離し、思想史の対象として、そして思想のエネルギーとして、慎重に扱うところにある。

(41) 本書第五章の「「近代」を求めて」の中の竹内好と鶴見俊輔の議論を参照。

(42) 「大東亜共栄圏の理念と現実」『思想の科学』一九六三年一二月号、思想の科学研究会編、思想の科学社、一八頁。

(43) 同上、一九頁。

(44) 七〇年代初頭、竹内好と鶴見俊輔のあいだで「ネーション」の問題で不一致が生じない対談が一つだけあった。それは、その対談が、自己の戦争体験を被害国の被害者に投影し、国民の枠を超えた歴史感受性を構築するにはどうしたらよいかをテーマとしていたためである。竹内好がこの対談で強調したのは、日本の敗戦時に多くの日本人が帰国を迫られ、しかもかなりの日本人が日本国籍の放棄を選択したことであった。日本人には、日本人となる選択しかなかったわけではなかった。しかし大多数の日本人は選択できないと思っていた。竹内好は中国の状況を対照させて、中国人にとって、国家は選択可能なものであると述べた。「真の被害者は誰か」（『潮』一九七一年八月号、潮出版社）を参照。

(45) 竹内好「学者の責任について」の第三節参照。この節には、マルクス主義歴史学者井上清の竹内好に対する批判が記述されている。井上は、竹内好によるアジア主義の整理と、「反動的小説家」林房雄の「大東亜戦争肯定論」とを根本的に対立させることはできないと考えた。『竹内好全集』第八巻、二五二—二五九頁。

(46) 上山春平「大東亜戦争の思想史的意義」『中央公論』一九六一年一月号、のちに『大東亜戦争の遺産』中央公論社、一九七六年、所収、二二頁。

(47) 上山春平「不戦国家の防衛構想」『中央公論』一九六五年一月号、のちに『大東亜戦争の遺産』所収、七九―一一二頁。
(48)「大東亜戦争の思想史的意義」同上、一四頁。
(49)林房雄『大東亜戦争肯定論』番町書房、一九六五年、七六頁。
(50)同上、一七頁。
(51)同上、一二二―一二三頁。
(52)同上、二三六頁。
(53)座談会「大東亜戦争をなぜ見直すのか」『潮』一九六四年新春特別号、七四頁。
(54)同上、六九頁。
(55)同上、八七頁。
(56)同上、八六頁。
(57)「『竹内好評論集』刊行のいきさつ」『竹内好全集』第一三巻、三六七頁。

第五章

(1)河上徹太郎・竹内好他『近代の超克』(冨山房百科文庫、一九九四年第六刷)、一六七頁。
(2)『文学界』一九四二年一〇月号は「近代の超克」と題して座談会の記録を掲載した。一九四三年七月、創元社から同名の単行本が出版された。初版は六〇〇〇部。
(3)林房雄、小林秀雄、河上徹太郎他、座談会「『文学界』二十年のあゆみ」『文学界』一九五二年四月号、一〇八頁。
(4)「超克」という日本語には困難な対象を超越し攻略するといった意味が含まれており、明確な暴力性と感情的色彩が見える。四〇年代初頭、このスローガンは、その内容の曖昧さのゆえに当時知識界全体を広範に覆っていた特定の気分を伝達しえた。明治以来の西洋を手本とした近代化のマイナスの影響を清算し、西洋とくに英米の経済・文化的浸透に攻撃を加え、さらに東洋の強国として日本の指導的立場を確立するというのである。もっともこうした気分は上記のような簡単な概念によって伝えきれるものではなく、空気中に充満する感覚として大量の青年が戦場に送り出され侵略戦争に命をなげうった残酷な現実の中に統合されていた。こうした状況下で、文学界による扇動的なスローガンがかえって最も有効に当時の時代的な気分を伝達しえた。スローガンとして「近代の超克」は当時の気分を伝えている。以下に触れる「世界史的立場と日本」と比べるとそれはより明確である。「世界史の哲学」をスローガンとして利用するのは困難だった。

（5）この座談会は三回に分けて行われ、四人の学者だけで進められた。西谷、鈴木に加えて哲学者高坂正顕と高山岩男が参加している。総合雑誌『中央公論』は一九四二年一月、四月、一九四三年一月の三回に分けて座談会の記録を掲載した。それぞれのテーマは、「世界史的立場と日本」「東亜共栄圏の倫理性と歴史性」「総力戦の哲学」である。一九四三年三月、中央公論社から単行本『世界史的立場と日本』として出版された。初版は一五〇〇〇部。「近代の超克」と比べると、この座談会は、文学者が参加していないためか討論が学術的に深められており、また現実を見る態度も一貫していた。座談会の完成度を言うと、「世界史的立場と日本」は「近代の超克」をはるかに上回っている。発行部数も「近代の超克」の二倍半にのぼっている。しかし同時に、この規模も大きく完成度も高い座談会が後世にはほとんど正面から扱われず、また論じられるとしても「近代の超克」の論考の中で付帯的に扱われるだけであったことに注目する必要がある。

（6）『文学界』一九五二年一月号、六―八五頁。

（7）創文社編集部編『戦後日本の動向』「現代史講座」別巻、創文社、一九五四年、一六七―二九五頁。

討論は二部に分かれた。第一部は「現代とは何か」と題され、鈴木成高が司会した。参会者は、上原専禄、竹山道雄、林健太郎、丸山真男、務台理作。第二部は「世界と日本」と題され、林健太郎が司会した。参加者は上記の各氏の他、都留重人が加わった。

(8) これは座談会の最初の小見出しである。『近代の超克』(冨山房百科文庫)一七五頁。

(9) 同前、一七七―一七八頁。

(10) 同前、一七八頁。

(11) 同前、一七八頁。

(12) 同前、一七八頁。

(13) この時期を「文芸復興時期」と呼ぶことの是非について日本文壇の中で繰り返し論争があった。少なくとも「近代の超克」座談会の開かれたときにはこの呼称は存在しなかった。しかし一九三三年から日中全面戦争勃発までの四年間に日本文壇が重大な転換をとげたことはまぎれもない事実である。野口富士男『感性の昭和文壇史』(文芸春秋、一九七六年初版)九八―一五二頁、参照。

(14) 『近代の超克』二二〇頁。

(15) 同上、二三一頁。

(16) 前掲注(6)に同じ。

(17) 日常生活および日常性の二〇世紀前半における意味についてはハリー・ハルトゥーニアンが精緻な分析をしている。彼は、近代の日常生活についてのディスクールが社会全体の日常性ディスクールを形成したことを指摘している。「近代の超克」座談会はこのディスクールの頂点であった。都市的な理解に根ざした、かつ自己の経験を普遍化する方法への批判を、それは圧迫し排除したのだった。『思想』一九九七年一二月号、一三一頁参照。本文は異なった意味において「日常経験」の概念を用いている。

私が指摘したいのは、同じように知識人の自家消費の対象でありながら、文人たちにとっては日常経験が討論の視角になりえて、学者たちには拒絶されたことである。

(18) 『近代の超克』二四四頁。河上徹太郎の発言。

(19) 同上、二四八—二四九頁。

(20) 『文学界』二十年のあゆみ」同前、一〇八—一一一頁。ここでの林房雄の発言によると、「近代の超克」座談会は河上徹太郎が一人で企画したもので、ほかの同人は友情的軽率から賛成したという。また和式旅館で行われたことや、最後には皿まで壊してしまったことなどが語られている。河上徹太郎は、鈴木成高や西谷啓治を呼んだことを語ったが、ほかの同人はそれにまったく反応しなかった。

(21) この論文は「近代の超克」座談会とともに『近代の超克』(冨山房百科文庫)二七三—三四一頁に収録されている。

(22) 同上、二八三頁。

(23) 同上、二八二頁。

(24) 同上、二八三—二八四頁。

(25) 同上、三〇一頁。この一文の前に竹内は、戦争勃発当時『文芸』の編集部にいた高杉一郎の回想を引用した。真珠湾攻撃のニュースが伝わった晩、高杉は家に帰って、モスクワから出版されていた英語版『国際文学』の、ソヴェート・ロシアがドイツ軍から攻撃をうけたときの特集号を見つけだした。あくる朝、彼は日本の作家たちに原稿依頼の手紙を書き、『国際文学』とまったく同じ形式で日本人の「戦いの意志」を表明する号を出すことにした。高杉の原稿依頼をことわってきた作家はひとりもいなかったという。引用に続けて竹内は次のような分析をした。高杉は内心ソ連側を応援してナチスドイツを嫌悪していた。しかも理性の上で、日本の対中国侵略も嫌悪していた。それらすべては、彼の中で常に抑圧された形で存在していたが、太平洋戦争時の日本の宣戦によって「解放感」を得た。だからこそ高杉は、ソ連のドイツに対する「戦いの意志」を日本の英米撃滅と同一視することに何の矛盾も感じなかったという。

(26) 同上、一六六頁。

(27) 竹内好および他の日本知識人たちも指摘しているように、京都学派の座談会「世界史的立場と日本」は一般には軍国主義イデオロギーの宣伝と見なされているが、実は体制側に喜ばれなかったばかりか、東条英機など皇道派の弾劾をうけた。もし海軍の庇護がなければ一網打尽にやられたかもしれなかった。

(28) 保田与重郎については以下の研究を参照。橋川文三『増補 日本浪曼派批判序説』(未来社、一九六五年)、Kevin Michael Doak, *Dreams of Difference : The Japan Romantic School and the Crisis of Modernity* (University of California Press, 1994)、邦訳『日本浪曼派とナショナリズム』(柏書房、一九九九年)。日本ロマン派の中での保田与重郎のポジションの重要性は、日本の古典へと遡及しながら美学的ナショナリズムの表現をうち立てた彼の方法と不可分である。近代日本の文明開化に対する全面的否定の態度は、反近代という意味において日本ナショナリズムに根拠を与えた。保田は、西洋近代合理主義的表現法を打破する一つの表現スタイルを創造した。私の見るところでは、それについて真に鋭敏な見解を示したのは、日本ロマン派について専著を発表しなかった竹内好である。

(29) 『新日本文学』一九六〇年五月号、通巻一五四期、一三四—一四九頁。鶴見の見解は一三五頁、一三九頁参照。座談会の参加者には、竹内好と鶴見俊輔のほか、佐々木基一(司会)と伊藤整がいた。竹内好の反駁は一三七頁参照。

(30) 初期のアジア主義者にはロシアの社会変革に参与しようとした者もいたが、竹内好がアジア主義の問題を整理したとき、彼らの活動は基本的には軽視された。言うまでもないことながら、竹内好のアジアの問題への思考には、日露戦争の歴史的記憶が無意識のうちに残っている。それはアジア各国において「有色人種が白人に勝った戦争」と評価され、ロシアは西洋の一部分と見なされた。

(31) 注(29)に示した座談会において、竹内好はこの観点をはっきりと述べている。中国との関係において、日本の犯した罪とアメリカの悪を同等と言うことはできないが、植民地争奪戦争という点では、日本も悪ければアメリカも同じ程度に悪いという(一三九頁)。座談会がさらに進行して、民族革命を重要視すると中国のような国は大国主義に陥り、小国は過激なナショナリズムに陥る危険があるのではないかという話題になったとき、竹内好は、そこには西欧的近代の評価の問題がかかってきていると語った。竹内は、第三勢力の根底にある西欧に対する不信が、日本では評価されないけれども、受け入れなければならないと述べ、さらに、そういう西欧不信のある感じが、太平洋戦争を合理化するひとつの根拠になっていると述べた(一四七頁)。ここで思い出されるのは、竹内好が太平洋戦争勃発直後に書いた「大東亜戦争と吾等の決意(宣言)」である。その思想の基礎は、まぎれもなくここで言うような西欧不信であった。

(32) 「近代の超克」(二)(『近代文学』一九六〇年四月号、一一一六頁)。この観点は三頁。

(33) 「近代の超克」(三)(『近代文学』一九六〇年五月号、一一四頁)。この観点は二頁。

(34) 「近代の超克」(四)(『近代文学』一九六〇年六月号、一一五頁)。

(35) 日本による真珠湾攻撃の翌日、中国共産党は宣言を発表している。「この太平洋戦争は、日本ファシズムがアメリカ、イギリスおよびその他の国を侵略するために起こした非正義の略奪戦争である。アメリカ、イギリスおよびその他の国における抵抗の戦いは、独立、自由、民主を守るための正義の解放戦争である」。『民国史大辞典』(中国広播電視出版社、一九九一年)五六五頁より転引。

(36) 花田清輝『近代の超克――現代日本のエッセイ』(講談社文芸文庫、一九九三年)。竹内によれば、戦後の「近代の超克」を扱った文章の中で、花田の著作だけが近代を真っ向からあつかった。というのも、花田は日本的な民衆を基礎としていたからだという。『新日本文学』一九六〇年五月号、一四八―一四九頁参照。

(37) 廣松渉『〈近代の超克〉論――昭和思想史への一視角』(講談社学術文庫、一九八九年)一七一―一七二頁。

(38) 同上、一六九頁。

(39) 廣松渉が日本ロマン派や『文学界』に触れたのは、三木清など「昭和研究会」の学者や京都学派の学者たちの「近代の超克」論の深みを浮き立たせるためであった。彼は、文人たちの自家告白の類の議論は「とくに『近代の超克』などと銘打たずとも、文芸放談会ということで充分ではないのか」と皮肉な言い方すらしている。さらに廣松渉は、文人たちは「理論的体系として近代イデオロギーに代るべきものを提示することや、社会的実践として近代社会の歴史的現実を打破・止揚するということ」を成し得なかったと指摘し、彼らの発言を「そもそも空語にすぎなかった」と批判した(一九七―一九九頁)。

(40) 廣松渉は直接的にはこのような観点を述べていない。しかし竹内好の視野を「狭隘にすぎる」とした批判(一六九頁)、近代に対する三つの了解基軸の設定(一七九―一八〇頁)、および全体の立論の方法を結びつけて考えるならば、彼の観点は容易に見て取れる。

(41) 同上、一八二頁参照。

(42) 『朝日新聞』(夕刊)一九九四年三月一六日。

(43) 西尾幹二『国民の歴史』(産経新聞ニュースサービス、一九九九年一〇月)六四三頁。

(44) 竹内好「近代主義と民族の問題」『竹内好全集』第七巻、三四頁。初出は『文学』一九五一年九月号。

(45) 『国民の歴史』六八三頁。

(46) 竹内好「近代とは何か」『竹内好全集』第四巻、一九八〇年、一三一頁。

(47) 竹内好「魯迅」『竹内好全集』第一巻、九頁。

あとがき

本書は私の博士論文の大部分によって構成されている。博士論文には丸山真男に関する一章と、日本のアジア主義言説に関する一章があるが、本書には収録しなかった。もともとは、丸山真男と竹内好を二つの軸にして、現代日本の思想課題の一側面を照射しようと考えていたが、丸山真男に関する研究は、今の段階では完成できず、丸山はただ竹内好にアプローチするためのステップとして触れるに止まった。この二つの軸を有機的に関連させることはもともと困難なことであり、そのためには膨大な資料を処理し、方法論を工夫することが必要であるため、この仕事にはいまだに手をつけないままである。日本のアジア主義に関して言えば、これは竹内好のもっとも関心があった問題であるが、この章は竹内を軸にしたものではないので、本書の構造からやや遊離している。そういう意味で、本書はただ前段階的な研究にすぎず、著者として満足できるものではない。

本書の最初のバージョンは、二〇〇一年台湾巨流出版公司から出版された。それを踏まえて加筆したものが、二〇〇五年に大陸で北京大学出版社から改訂版として出版された。この二つのバージョンに基づき、日本語版を制作することになった。最初に執筆した頃から今までに、すでに七年を経ていながら、いまだに昔の原稿を読むというのは、思考がかなり変わってきた著者にとって、愉しいことではない上、さらにこれに手を加えるというのは全く楽な仕事ではない。このような理由で、大幅な改筆は断念し、最低限の手入れですませることにした。未熟さを未熟さのままに、読者に提出するのは、著者としては心苦しいことであるが、思考を成熟させるために、段階的な研究をあるがままに積み上げていくことがかえって著者にとってはこれからの発展につながることになるかとも思う。この本の出版によって、つぎの出発のエネルギーが得られれば、と期待する所以である。

偶然なことではあるが、本書の下敷きになった博士論文は、竹内好がかつて教鞭をとり、そして職を辞した場だった東京都立大学で執筆したものである。同大学の法学部に滞在したとき、指導教授の宮村治雄氏から受けた指導は甚大であった。論文の中の主要な収穫は、宮村氏の豊かな学殖によって得られたものであるのはもちろんだが、それよりさらに感謝すべきことは、私の政治ないし政治学に対するそれまでの偏見が是正されたことであった。宮村氏の指導のもとで、私ははじめて政治学の想像力に惹かれ、特に政治思想史という分野において緊張感に溢れる知的生産の可能性を知ったのだ。その上、国家の政権だけを政治と見なし、身近な日常政治を軽いものとして見のがしてきたという私の知的習慣も正され、またさらに政治感覚が社会生活のすべての面にあり、かつあるべきものだ、ということにも気づかされた。その結果、これまで文学者とされてきた竹内好を、政治思想史の対象として扱うことも成り立つはずだ、と考えるようになった。

本書を執筆した過程で、かつて竹内好の助手だった飯倉照平氏をはじめ、東京都立大学人文学部中国文学研究室の方々のお世話になった。竹内好本人が通うことはなかった南大沢キャンバスのモダンな建築の一隅で、私は奇妙にもある種の「臨場感」を感得していた。東京都立大中文研究室にとっては、竹内好は「伝統」的な存在であったろう。そこで得られる「臨場感」も、おそらくそれを認めたうえで初めて成立した感覚に違いない。「伝統」というのは、ときには実在に頼るものではなく、後人の思い出によって再生するものだということを、私は身をもって経験した。この本が世に出るとき、「東京都立大学」がどうなっているかは大いに気にかかることである。しかし、その先行きがいかなるものであろうとも、私にとって、かつて南大沢にあったあの都立大、そしてそこで得られたすべては永遠である。

本書の出版をきっかけに、岩波書店の小島潔氏と深い議論を交わすことができた。小島氏から、私は編集者がただ書物を編集し、世に送るだけではなく、編集という特定な手段を通じて自己実現を図りもするということを実感させられていた。あたかも思想史研究者が研究対象と格闘しながら間接的に自己実現しようとするように、編集者も無数の著者の原稿を基に間接的に自己実現している。編集者が自分の顔を出すことなく自己実現できるということは、決して彼が自分の考えと一致する原稿を選ぶということを意味しない。個々人の著者によって、互いに矛盾しながらも立体的な知的空間をつくることで、編集者は時代の課題に自分なりに答えようとする。彼にとって、単独の書物はその知的空間に位置付けられるのでなければ、ほとんど意味を持たない。研究者は往々にして自分の書物を過大視するが、優れた編集者にとって、すべての書物はただ網の目にすぎない。ある意味において、思想史研究もこのような「空間意識」がなければ、うまく達成できるとは考えにくい。その点は自分の研究に対しても、自分の研究対象に対しても、まったく同じである。かくして編集者としての小島氏から私が学んだことは、研究者の仕事の倫理そのものだった。

本書はまず私の二人の友人によって日本語に訳され、それをふまえて加筆したものである。原文の表現の不十分さもあり、友人らにとっては愉しくない仕事ではなかったかという心配もあった。時間と実力と両方ともに余裕がない私にとって、この二人の方の力をお借りして、日本の読者に本書を捧げることができるのは、非常にありがたいことである。ここで、訳者である鈴木将久氏、清水賢一郎氏に、心からお礼を申し上げたい。

最後に、この本が偶然北京での中国語版の竹内好論文集と同じ年に出版されることを特記しておきたい。というのは、竹内好の論文を中国語に訳す仕事をきっかけに、竹内の長女の裕子氏、筑摩書房の河野徳子氏と知合うことができたからである。彼女たちから、いつも変わることなく暖かいお心遣いをいただいてきたことに、心から感謝したい。

ここまで書いてきて、ふと竹内好のエピソードを思い出した。彼は『魯迅』を書きあげ、なぜか喜びの感情が湧かぬ、一種の後悔めいた感覚にとらわれ、「無精に寂しくて仕方ない」そうだ。竹内好と同じ感じがするというような、昂ぶった話をするつもりはない。この本が『魯迅』と並べられるほどのものになるはずもない。しかし、今になって、初めて竹内の心持ちがわかったような気はする。そして、その心持ちを説明する言葉が、私にはまだないのである。

二〇〇五年初春　北京にて

竹内好略年譜

一九一〇年(明治四三)

一〇月二日、長野県南佐久郡臼田町に生まれる。

一九一三年(大正二)　三歳

一一月、父の転勤にともない一家で東京に移住。

一九一七年(大正六)　七歳

四月、麴町の富士見小学校に入学。

一九二三年(大正一二)　一三歳

三月、富士見小学校を卒業。四月、東京府立第一中学校に入学。

一九二四年(大正一三)　一四歳

一一月、母起よし、死去(四〇歳)。

一九二五年(大正一四)　一五歳

七月、父および義母と別居し、叔父夫婦のもとで暮らす。

一九二七年(昭和二)　一七歳

三月、中学四年で一高、三高を受験するも、失敗。

一九二八年(昭和三)　一八歳

三月、東京府立第一中学校を卒業。四月、大阪高等学校に入学。

一九三一年(昭和六)　二一歳

三月、大阪高等学校を卒業。四月、東京帝国大学文学部支那哲学・支那文学科に入学。

一九三二年(昭和七)　二二歳

八月、朝鮮・満州を旅行。帰途北京にて孫文『三民主義』を入手。

一九三四年(昭和九)　二四歳

三月、自宅で「中国文学研究会」第一回準備総会。同月、東京帝国大学を卒業。卒業論文は「郁達夫研究」(提出は一九三三年一二月)。

一九三五年(昭和一〇)　二五歳

二月、『中国文学月報』創刊。

一九三六年(昭和一一)　二六歳

一〇月、魯迅、死去。死去以前に準備を進めていた『中国文学月報』の「魯迅特集」刊行。

一九三七年(昭和一二)　二七歳

一〇月、武田泰淳の出征を送り、北京留学に出発。

一九三九年(昭和一四)　二九歳

三月、父武一、死去(五四歳)。一〇月、北京より帰国。

一九四〇年(昭和一五)　三〇歳

四月、第六〇号の刊行を機に、『中国文学月報』を『中国文学』と改称し、生活社発売。同月、回教圏研究所所員となる。

一九四一年(昭和一六)　三一歳

一二月、『中国文学』一月号のために「大東亜戦争と吾等の決意(宣言)」を執筆。

一九四二年(昭和一七)　三二歳
二月より四月まで中国旅行。一一月、第一回大東亜文学者大会に招待されるも不参加。
一九四三年(昭和一八)　三三歳
一月、武田泰淳宅に同人集まり、「中国文学研究会」の解散と『中国文学』の廃刊を決定。一一月、日本評論社に『魯迅』の原稿を渡す。一二月、応召。同月末に中国湖北省に到着。
一九四四年(昭和一九)　三四歳
一二月、『魯迅』刊行。校正は武田泰淳が行なった。
一九四五年(昭和二〇)　三五歳
八月、日本降伏をうけて現地で召集解除。
一九四六年(昭和二一)　三六歳
六月、東京に帰着。復刊されていた『中国文学』を批判する「覚書」執筆。一二月、倉石武四郎から東大助教授に招聘されるも、受けず。
一九四七年(昭和二二)　三七歳
一一月、東大東洋文化研究所の公開講座で魯迅について講演。
一九四八年(昭和二三)　三八歳
一一月、「中国の近代と日本の近代」(のち「近代とは何か」と改題)発表。
一九四九年(昭和二四)　三九歳
三月、杉照子と結婚。七月、「思想の科学研究会」発会式に出席。
一九五一年(昭和二六)　四一歳
九月、『現代中国論』刊行。

一九五二年(昭和二七)　四二歳

一月、雑誌『文学』(岩波書店)の編集委員に加わる(一九五七年二月まで)。八月、『日本イデオロギイ』刊行。

一九五三年(昭和二八)　四三歳

六月、東京都立大学人文学部教授となる。七月、思想の科学研究会会長となる。

一九五四年(昭和二九)　四四歳

一月、『国民文学論』刊行。七月、「魯迅友の会準備会」を設立。

一九五六年(昭和三一)　四六歳

五月、増田渉・松枝茂夫と共編の『魯迅選集』(岩波書店)刊行開始。八月、原水禁世界大会中国代表として訪日した許広平と会う。

一九五七年(昭和三二)　四七歳

四月「魯迅友の会」発足(一九七九年三月解散)。安保条約改定反対運動に加わる。

一九五九年(昭和三四)　四九歳

七月、丸山真男らと共編の『近代日本思想史講座』(筑摩書房)刊行開始。一一月、「近代の超克」発表。一二月、部落問題研究所主催の公開講演会で講演(大阪朝日講堂)。

一九六〇年(昭和三五)　五〇歳

五月、「安保批判の会」代表の一人として岸信介首相と面会。同月、衆議院での安保条約強行採決に抗議して東京都立大学に辞表提出。

一九六一年(昭和三六)　五一歳

二月、嶋中事件(風流夢譚事件)起こる。一二月、中央公論社、『思想の科学』「天皇制特集号」を断裁廃棄。

『思想の科学』を中央公論社から切り離すことを主張。

一九六三年(昭和三八)　五三歳

二月、雑誌『中国』を中国の会編集として、普通社より刊行。

一九六四年(昭和三九)　五四歳

六月、普通社の倒産にともない、雑誌『中国』は中国の会が自主刊行する。

一九六六年(昭和四一)　五六歳

四―六月、『竹内好評論集』(全三巻、筑摩書房)刊行。一〇月、サルトル、ボーヴォアールとパネルディスカッション。

一九六七年(昭和四二)　五七歳

九月、講座『中国』(筑摩書房)第一巻「革命と伝統」を野村浩一と共編。

一九七二年(昭和四七)　六二歳

九月、日中国交回復。一二月、雑誌『中国』を一二月号を持って休刊。

一九七三年(昭和四八)　六三歳

六月、「中国の会会報」最終号に「中国の会の解散にあたって」を発表、会としての活動を終える。

一九七六年(昭和五一)　六六歳

一〇月、武田泰淳、死去。同月、個人全訳『魯迅文集』(全六巻、筑摩書房)の刊行開始。一一月、入院。

一九七七年(昭和五二)　六七歳

三月三日、死去。

■岩波オンデマンドブックス■

竹内好という問い

2005年5月27日　第1刷発行
2006年8月23日　第2刷発行
2015年7月10日　オンデマンド版発行

著者　孫《そん》　歌《か》

発行者　岡本　厚

発行所　株式会社　岩波書店
〒101-8002　東京都千代田区一ツ橋2-5-5
電話案内　03-5210-4000
http://www.iwanami.co.jp/

印刷／製本・法令印刷

ISBN 978-4-00-730241-1　Printed in Japan